雙　職

ABRAHAM
JACOB
JOSEPH
MOSES
JOSHUA
GIDEON
SAMUEL
DAVID

—— 扭轉歷史的 16 位聖經人物 ——

ROGER I. KUNG

孔毅

—— 著 ——

ELIJAH
ISAIAH
DANIEL
NEHEMIAH
ESTHER
PETER
PAUL
JOHN

事　奉

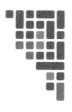

孔毅，Roger I. Kung，上海出生，台灣長大，現為美籍華人。曾任摩托羅拉（Motorola）總公司資深副總裁兼個人通訊事業部亞太區總裁、英特爾（Intel）經理人與領導者的角色，擁有三十多年實戰與管理經驗。

一九九一至一九九四年，擔任摩托羅拉半導體FSRAM事業部全球總經理時，帶領事業部由全球市占率第六名成為全球第一名；一九九五年至二〇〇二年，擔任摩托羅拉通訊事業部亞洲總裁時，帶領團隊在亞洲贏得手機市場第一品牌領導地位，該業務收益也從二億美元提升到四十億美元。

英特爾授予他「iRAM之父」稱號、摩托羅拉稱他「手機中文化之父」，Linuxdevice.com則稱他為「Linux智能手機之父」，為「交大傑出校友」、「交大甲子60領航」得獎人。個人科技成就有：九項全球專利、超過三十篇論文發表，並獲「最佳產品設計獎」（Electronics, 1983）、「最佳論文獎」（IEEE, 1986）；專業成就享譽國際。

二〇〇三年在上海創立上海毅仁（E28）信息科技有限公司。二〇一三年以後分別成立「國際扭轉力企業管理諮詢公司」、「E28領導力學院」，希望成為社會貢獻者，從事「影響有影響力的職場領導者」的培訓及諮詢工作；為基督徒企業家。著有《贏在扭轉力》、《第一與唯一》（啟示）。

謹將此書獻給

我的妻子慶珊
謝謝妳一直與我同甘共苦

女兒繁婷（Julia）和兒子繁德（Jeffrey）
謝謝你們完全了我的人生

孫女祥恩（Liza）、外孫祥和（Arthur）、
孫子祥安（Benjamin）、孫子祥毅（Jacob）
謝謝你們帶給我許多意想不到的歡樂

Content

〈專文推薦〉
用精彩人生榮耀神

周大衛

　　Roger 擁有三十多年的創業、領導與管理經驗，專業成就享譽國際。有九項全球專利、發表超過三十篇論文。二〇一三年退休，成立管理諮詢公司及領導力學院，全職從事「影響有影響力的職場領導者」的培訓及諮詢工作，為教會及社會貢獻心力。並與不少基督徒職場人士、企業家、教牧長執共同關切教會的發展與突破，具體幫助信徒在難以實踐聖經教導的職場中，活出信仰真義，落實職場宣教工作。

　　我與 Roger 認識於三年前，我們請他擔任使者協會的董事開始，Roger 在董事會中時常鼓勵我們拓展視野，並策略性從長遠的角度整合我們的宣教事工。在平日也實質上裝備我們管理及領導的能力，以提升組織的效率及執行力。最近又開始幫助我們做轉型的準備工作。

　　本書深入探討 16 位聖經中信心偉人雙職事奉的典範。他們如何在各自職場經歷數個關鍵時刻，在轉折點上與神互動，回應神的呼召，成功地扭轉了歷史。鼓勵職場信徒以職場為禾場，在職涯中持定基督信仰價值觀，挑戰我們在生命和工作的關鍵時刻以神為中心，找到命定，活出精彩人生，榮耀神。

　　Roger 以豐富的人生智慧和職場經驗，從理論到實踐，深入淺出，具體生動，啟迪思想，與讀者坦率交流。本書概述的

原則，使你的職場生涯和生活都將獲益匪淺，適用於教會主日學和校園查經課程，幫助新一代的職場人士在工作和生活中活出信仰，推動大批職場基督徒參與普世宣教事工，讓華人信徒成為神國的新力軍。

（本文作者為基督使者協會會長）

〈專文推薦〉
在人生彎道中脫穎而出！

周巽正

希伯來書十一章記載的信心偉人，一直都是我非常喜歡的主題，我在「生命培訓學院」甚至開了一門「信心偉人」的課。仔細想想，在這些信心偉人的腦子裡，從來不覺得自己是信心偉人，更不可能想像有一天自己的名字在「信心偉人榜」裡榜上有名！

對這些信心偉人來說，他們不過就是在生活中遇見神，在困境中經歷神，在神的呼召中回應神，在關鍵的時刻選擇在信心裡仰望神。

這些人從來沒有想過全職代職的區隔，更沒有聖與俗之分。他們每一位都有他們在世上的呼召（職場），但在忙碌的日常中，卻仍然敏銳於神國度的旨意，並且清楚知道必須在他們世上的呼召中，帶上神國度的心意，完成神的託付與使命。

孔毅老師的這本書《雙職事奉》，幫助我們跳脫全職代職（聖與俗）的框架，進入無牆、國度性的思維裡。我們看見原來有許多領導力原則應用在這些信心偉人的生活中，透過這樣的對照，孔毅老師幫助我們更深地體會在職場中能如何明白神的旨意，並憑信心去回應神。也明白刻意培養這些領導力，可以幫助我們在人生彎道中如何脫穎而出！

過去幾年，孔毅老師成為我生命中非常寶貴的導師。很多

思維上的脫框與突破，都是藉由跟孔老師一對一討論而得到的
亮光。我相信這本書對你也會有很大的幫助。

（本文作者為台北靈糧堂執行牧師）

〈專文推薦〉

我不求你叫他們離開世界

柳子駿

　　到現在，還是有大部分的基督徒，一直被一個中世紀所發展出來的理論叫「聖俗之分」給深深地困惑著，這個理論最主要的核心思想就是：你在世界上的工作一點也不重要，神只對你的屬靈感興趣。所以，這個教導從中世紀以來，一直告訴教會的信徒：唯一能服事神最好（最高等）的方式，就是全時間的傳道人，其他外面的工作，都是屬世界的，與屬靈是無分的。

　　這樣的教導，讓信徒誤以為只有教會中的服事才是真正屬靈的；只有讀經、禱告才是專注在神要我們做的事情，漸漸「不食人間煙火」、「離群索居」，成天只會定罪周遭所有的人，自以為高尚、聖潔，最後失去成為光和鹽的機會，退縮到教會中，成為屬靈怪人。

　　我記得有一個在職場表現非常卓越的會友，在大型企業中擔任高階的管理人，一次機會我們有了以下的對話：

　　會友：「牧師，你知道嗎？我在公司最不喜歡用的員工，就是基督徒的員工。」

　　我：「哦？為什麼？基督徒通常不是都比較忠心、耐操，態度優異、為主作光的好員工嗎？」

會友:「剛好相反」,他說:「基督徒員工,利用上班時間讀經禱告就算了。遇到問題,不先檢討自己能力不足,反而怪罪周圍的人都是仇敵魔鬼。他們在教會內外是雙面人,完全沒有見證,反而讓未信主的人反感。」

「我不求你叫他們離開世界,只求你保守他們脫離那惡者。」(約 17:15)

耶穌在約翰福音的這段禱告,清楚地告訴我們,祂向我們的旨意不是離開世界、不是自成一格,也不是成為奇怪的小眾、自以為滿足,反而要我們學會「處於」而不「屬於」這個世界的神國生活方式。

而這正是孔毅老師在本書最想要表達的。以孔老師這麼多年在職場的經驗,管理和經營大型跨國企業、閱人無數,加上忠心、認真查考聖經,並多年帶領查經班而寫出的鉅作,書中一一讓讀者發現,每個被上帝使用的人都有一個共同經歷,就是在職場上發光發熱、活出命定。孔老師的書,是當前對於在職場上想要服事神的人,都需要拜讀的好書,也是對於一個想要更明白神心意的弟兄姐妹,一本不能錯過的、能指引方向的必讀佳作。如果你也跟我一樣,想要看到神的國更大的彰顯在我們身處的這個世代,你一定要讀這本,好叫我們能看到,神的國不只在教會彰顯,更是行在地上(家庭、職場、國家、社會),如同行在天上。

(本文作者為台北復興堂主任牧師)

〈專文推薦〉

像荷花上的露珠，閃耀光輝

倪文海

　　何等恩典！孔老師乘勝追擊，這本圖文並茂的《雙職事奉》，栩栩如生地擺在讀者的面前。這是孔老師《贏在扭轉力》系列叢書的第三本。第一本書《贏在扭轉力》所講的重點是工作當中的扭轉力，特別強調如何把工作做好；第二本書《第一與唯一》所講的重點是生命的扭轉力，從找到每個人的特色和唯一開始，竭盡全力做到第一，完成使命，以正面回應造物主之目的，榮神益人。

　　這本新書《雙職事奉》正好是以上面兩本書為基礎，運用五力，深入淺出地去分析和展示了聖經中十六位人物，點亮他們如何在工作中，在他們的時代，在他們各自的崗位上，活出鮮活的見證，重點是雙職事奉全能的上帝。本書的另一個可貴之處也在於，作者毫不保留地剖析了聖經人物失敗的地方，以及為什麼會失敗，好讓我們這些恩典時代的信徒可以引以為鑒。這些聖經人物之所以成為改變歷史的偉人，不是他們才能有多偉大，身材有多高大，而是他們持守和順服了上帝賦予他們的命定與呼召。他們是普普通通的凡人，卻活出了堅強的信仰。

　　回看我的生命軌跡，我自己是典型的海歸學人，在中國大陸出生長大，有幸進入到中國科技大學這樣知名的高等學

府，後來憑藉 GRE 和 TOFEL 以及鄧小平改革開放之東風，
順利地自費出國留學。從 1986 年大學畢業、23 歲出國留美，
到 2003 年的四十歲生日，披荊斬棘，職業生涯節節攀高。在
我進入一家美國北卡高科技企業的第三年，從擁有的股票裡，
就實現了百萬美金的夢想，實現了多少人追求的五子登科的高
臺：帽子、車子、房子、妻子和兒子。

　　然而，神的道路高過人的路，神的意念高過人的意念。在
我追求學業和工作生涯的同時，在我還是很可憐的大陸窮學生
時，上帝先找到了我，引導我一步步認識祂、並走上了服事祂
的道路。從 1987 年復活節的一次車禍信主，到 2004 年蒙召
再回大陸創業，再到今天跟老師學習在職場上服事神，經歷了
點點滴滴的成長：做過兒童主日學的老師，當過青少年主日學
的輔導，做過校園學生團契的負責人，當過跨文化宣教部的負
責人，在回國前的最後一年，被華人基督教會選上作執事會主
席。在我過去的十幾年當中，一直忠心耿耿在教會以長老的職
分服事，以服事軟弱的肢體為樂。

　　在我半百的歲月裡，我的人生留下了欣慰的雙職事奉的簡
歷。如果我以這樣的雙職事奉為傲，以在教會服事為榮，我的
事奉觀是不完備的，甚至是錯誤的。我不得不說，我自己深受
傳統教會聖俗論的影響，比較容易把工作當作俗，把教會當作
聖，認為在教會的服事，才是最榮耀和最討神喜悅的。我在工
作上犯了許多弟兄姐妹常犯的錯誤，就是沒有盡心盡力地發揮
自己的特長，把工作做得更好。

　　過去在大陸這幾年如火如荼的創業生涯裡，職場就像一個
火爐，熬煉著人的心。如何把職場當作服事神的戰場，全力以

赴，如何在挑戰中依靠神，克服自己的局限和視野，如何活學活用聖經，落地到當今的事業；感謝神，我很幸運，一路有孔老師的陪伴和教導，讓我在創業的路上，少走了許多的彎路。聖經的每個例子，都與我們現在的職場息息相關。

你看以斯帖的例子：末底改托人回覆以斯帖說：你莫想在王宮裡強過一切猶大人，得免這禍。此時你若閉口不言，猶大人必從別處得解脫、蒙拯救，你和你父家必致滅亡。焉知你得了王后的位份，不是為現今的機會。（斯 4:13-14）

孔老師跟我說，這就是以斯帖的定義時刻，神很尊重我們的自由，祂在看以斯帖如何回應，魔鬼撒但也在看她如何回應，這是爭戰的時刻。如果以斯帖的反應是自保，不是正面行動，神自有祂的辦法、興起別的人完成使命。我們在工作中有太多這樣的時刻。專心依賴神，相信神會為我們開路，真的是我們這些職場人需要學習和磨練的地方。這樣的學習，其實比在教會烈度要高得多。

你看擺在但以理面前的挑戰與選擇：但以理卻立志，不以王的膳和王所飲的酒玷污自己，所以求太監長容他不玷污自己。神使但以理在太監長眼前蒙恩惠、受憐憫。太監長對但以理說：我懼怕我主我王，他已經派定你們的飲食。倘若他見你們的面貌比你們同歲的少年人肌瘦，怎麼好呢。這樣，你們就使我的頭在王那裡難保。（但 1:8-10）

我記得那一次是孔老師第一次提出「合作卻不妥協」的概念。但以理是與太監長協商，而不是一味反抗，既解決了但以理及另外三個猶太人的飲食與信仰問題，又照顧到了太監在王面前的交代。這個例子一下子解決了我工作中的聖與俗的困

擾，把但以理這個遙不可及的聖經人物，搬到了我們這個現今生活中。多麼好的指點與教導！

　　我最收益的一次經歷是去一個教會，分享一篇關於大衛戰勝歌利亞的資訊。作為孔老師的學生，我也是第一次運用《贏在扭轉力》書中的五力，去講述大衛如何戰勝身材高大的歌利亞——一戰成名，其背後是多年的曠野訓練、與獅子搏鬥的經驗。

　　在人看來，大衛使用了遠距離和非貼身的彈弓技術。這樣的技術避免了身材弱小的劣勢，靈活遊動反而成了博弈的優勢。另外大衛雖然充滿信心，但是在戰術上充分考慮到了最壞的結果，撿了五顆光滑的石子去迎戰歌利亞。感謝神，大衛只用一顆彈丸就打死了歌利亞。當我鼓勵弟兄姐妹時，講著講著也鼓勵了自己，不要總是埋怨自己身材矮小，資源不夠，人數又少。無論是創業或教會，一定要有新意，一定要敢於創新，才能取勝。

　　是啊！時代在變，形勢在變，國家的需要也在變。神的教會需要再復興，職場宣教是多麼好的管道。不要埋怨，不要裹足不前，不要害怕，聖經的真理永遠不變，但是方法和形式可以不斷創新以適應時代的需要。

　　最後我還是引述孔老師最經典的語錄：「如果一滴水落在湖裡，它就失去了身份，但是它如果落在一片荷花葉子上面，就能像一顆珍珠一樣發出光輝。」我們需要選擇合適的未知，發出光來。朋友們、弟兄姐妹們，仔細品味這十六位聖經人物的故事，對照自己，找到自己的特色，找到自己的命定，活出美好雙職事奉的見證。

看哪，神的帳幕在人間。他要與人同住，他們要作他的子民，神要親自與他們同在，作他們的神。（啟 21:3）

願我們共勉。

（本文作者為迦美信芯通訊技術有限公司董事長）

〈專文推薦〉
關鍵少數的我們，是神國的大使

陳志敏

　　第一次見到孔毅老師，是在 2015 年的夏天，經由當時的台積電研發副總林本堅長老，介紹給「新竹科學園區信望愛社」的核心同工認識。從邀請他定期來新竹演講和做全方位領導力培訓開始結緣，我和老師的關係就從同工到成為第一屆「導師班」學生，發展到亦師亦友的家人和朋友關係。

　　當時老師是以社會貢獻者的身分，來陪訓和建造美中台的華人基督徒，幫助主內弟兄姊妹用對的方法把工作做好、來榮神益人。這個職場傳承者的呼召，就是老師回應主耶穌在馬太福音第 28 章的大使命；上帝預備老師四十年帶他進入命定，職場宣教就是上帝給老師的使命。

　　老師給我的第一印象是：溫和穩重、敬虔、為人低調，雖擁有豐富的人生閱歷和令人望塵莫及的職場成就，卻是謙卑地對待每一個人的長輩。經過一段時間的相處，近距離觀察到：老師其實是一位處事原則堅定又有智慧、深具研發工程師特質的跨國企業總裁和企業家。凡事實事求是、做事精準、堅持創新研發（out of box thinking）邏輯思考，是一個解決問題的專家，也是一個對神充滿信心、對晚輩用心提攜的教練。

　　感謝主的恩典，我很榮幸參與到老師前兩本書《贏在扭轉力》與《第一與唯一》的出版和新書發表，以及 DVD 教材的

規劃工作。

《贏在扭轉力》不單單是對年輕學子或是職場新進工作者，從基層主管一直到高階主管都適用，甚至是執行長或創業家也很有啟發。透過有系統、循序漸進的架構，搭配案例分享，讓讀者可以有一個全方位，在五個工作能力向度成長（即扭轉五力），幫助每個想要在工作中有所作為的人；同時也是讓信主的基督徒可以藉著扭轉五力把工作做好，在職場中為主作見證。

《贏在扭轉力》出版之後得到很好的回響，我自己也訂購了將近七十本送給部門的工程師和公司同仁，也在公司的讀書會分享，一起學習扭轉五力，也應用這五個能力當作面談選才及考核的評估工具。

2017 年 4 月，老師發表第二本書《第一與唯一》，透過每個人都想要的「追求幸福和成就」的這個基本需求為出發點，進而引導出人生的命定。這本書幫助我把自己的信仰歷程、工作經歷和呼召做一個很好的整理，使我確信走在上帝的呼召、活出命定。我相信這本書對每一位基督徒都很有幫助，藉由這本書可以梳理自己的工作、信仰和生命，活出自己的唯一與第一。

2019 年 8 月，非常開心聽到老師要出第三本書，很期待看到書的內容。然而，讓我更驚喜的是，當聽到老師要我寫推薦序時，我實在又惶恐又驚喜。惶恐的是我從沒想過會寫書序，怕辜負老師的期待，喜的是可以先看到書稿；翻閱之後真是如獲至寶。

《雙職事奉》把十六位大家耳熟能詳的聖經人物的故事，

標示出他們面對的關鍵時刻和如何運用五力來扭轉困境和危機。以及如何在定義時刻中，因著明白自己的職份和使命，勇敢站立、挺身而出，進而扭轉劣勢，成就上帝所託付的使命。全書精彩萬分。

第一章講到信心之父亞伯拉罕的故事。我回想起自己信主的歷程，就是從不信到相信（1994 年聖誕節受洗），從相信（掛名的基督徒）到信任（1998 年訪韓聖會中遇見神領受異夢），再從信任（認真的信徒）到堅信的過程（辭去高薪工作、妻子病逝的生命考驗）。

我遇見神領受職場宣教的呼召的經文，也是亞伯拉罕蒙召的經文：「耶和華對亞伯蘭說：你要離開本地、本族、父家，往我所要指示你的地去。我必叫你成為大國。我必賜福給你，叫你的名為大；你也要叫別人得福。為你祝福的，我必賜福與他；那咒詛你的，我必咒詛他。地上的萬族都要因你得福。」（創 12:1-3）我的工作、家庭和信仰都在上帝的引導中蒙受極大的祝福，上帝也帶領我一步一步地走在祂給我的命定中。在教會、在職場、在神的國度中，讓祂的應許也成就在我的身上，藉我來祝福周遭的人。

感謝主，2017 年初，有幸成為老師第一屆的導師班學生，透過每個月一次的線上禱告會，每半年為期三天的導師班集訓中，以及舉辦老師好幾場的領導力講座和培訓課程中，老師花最多的心力就是訓練我們最重要的兩個基本功：「獨立思考」和「靜力操練」。

老師深切知道在東方的教育體系和考試文化下，接受填鴨式教育和鼓勵背標準答案為學習模式的人，很容易在進入職場

之後碰到瓶頸或是成為一個平庸的工作者。因此，敦促我們要常常操練獨立思考，建立自己嚴謹的思考、破解思考的盲點、爭取思考主導權、不要人云亦云，透過主動思考，從混亂無序的資訊中快速整理出重點，以邏輯力來說服人，甚至鼓勵我們要勇於挑戰權威，將思考主導權轉為話語主導權，才能發揮更大的影響力。這個操練讓我在工作中，無論是與部屬的一對一輔導，或是與上司的一對一會議，都給我很大的幫助。

　　第二個操練是靜力的練習，老師說這是超理性的操練，透過安靜獨處，與自己的心對話，與上帝對話，尋求心中最大的平安以及上帝的引導。我知道在現今忙碌緊湊的生活中要有一段安靜獨處的時間實屬不易，這個功課對我來說，還有很多學習的空間；我的經驗是：有做就有效果。有時候，上帝提醒我要調整優先順序，或是等候一個新的想法。幾次下來，都有事半功倍的果效或是遇見一個新的機會。

　　加入導師班還有一個很棒的恩典。就是我可以從台灣、北京和上海導師班同學的生命故事中，親耳聽見、親眼看見他們在每一次的關鍵時刻中，如何應用扭轉五力來突破困境，大大地激勵彼此，也把我們導師班同學的情誼更凝聚在一起。

　　在台灣，九成以上未信主的人都在教會外，因著神聖的不滿足，我學習做主的門徒，希望成為有生命有使命的基督徒，來回應主的大使命，為要得著這些靈魂，神給我的使命是做職場宣教：把工作做好是職場宣教，建立辦公室祭壇是職場宣教，成立新竹科學園區信望愛社也是職場宣教，工作上跟以色列人建立關係、傳福音也是職場宣教。

　　不但如此，對我來說，把家庭婚姻經營好、建立家庭祭

壇，這也是職場宣教；在教會開「信仰與工作合一」的成人主
日學，牧養小組如何用「聖」的方法，將看似是「俗」的工作
做好、做對也是職場宣教。我想我退休後也會繼續做職場宣
教，時間場域儘管不同，生命的軸線沒有改變。沒錯，是會很
忙碌，但是神會賜給我做決定的智慧，給我好機會，也會給我
恩典和出人意外的平安，祂是真實可信的。阿們。

約瑟當年在埃及是少數、但以理在巴比倫、以斯帖在波斯
也是少數，然而他們卻在關鍵的時刻作了扭轉歷史的事（信靠
神）。職場的基督徒也是環境中的關鍵少數，只要願意為主傳
福音、做福音的使者，上帝的心滿足，這些關鍵少數就是神國
的大使，奉差遣在執行上帝頒布的大使命；神也會信實地照著
祂的應許成就，祂要與我們同在，直到世界的末了。

（本文作者為美商應用材料公司資深處長）

〈專文推薦〉

這是二十一世紀宣教的棒子

彭蒙惠

　　認識 Roger Kung 的人，都知道他是一位成功的企業家。與眾不同的是，他不僅在職場上，身兼專業工程師、經理人、高階管理者及創業者的角色，作為一個基督徒，他見證耶穌基督、透過生命祝福周圍的人，是體貼 神心意的好管家。

　　「職場信仰運動」推手彼得・魏格納博士（C. Peter Wagner）強調「七山策略」（7 Mountain Strategy），基督徒要在愛和憐憫中服事，活出耶穌的榜樣，與 Roger 從 神所領受的異象不謀而合。 神在華人教會，已興起許多像 Roger 一樣身體力行職場宣教的管家，二十一世紀宣教的棒子，就在你我的手上。

　　藉由 16 位耳熟能詳的聖經人物，再次激勵我們，當一個見證 神偉大的平凡人，以職場為禾場，成就卓越，榮神益人。

　　誠摯推薦《雙職事奉》，期盼更多的基督徒，在任何職場上活出基督，見證 神對世人永恆不變的愛。

Doris Brougham

（本文作者為救世傳播協會創辦人）

〈專文推薦〉
我們工作是為了成為

廖文華

「在我職業生涯中，總共沒投進超過 9000 次，我輸了將近 300 場比賽；有 26 次我被託付要投出比賽致勝的關鍵一球，但是沒進。我在生命中失敗了又失敗，而這就是我為何成功。」
——麥可喬登，NBA 球星、被譽為「空中飛人」、「籃球大帝」

孔老師輕輕的一句話，對我的生命產生了大大的影響！

孔老師在我的教會分享職場講座時，提到他每天早上起床，第一件事是 50 分鐘聆聽神的聲音，不是讀經、也不是禱告，也沒有放敬拜音樂，就是全然安靜。在這 50 分鐘的安靜聆聽中，他一天百分之七十五的事都完成了。

這句話對我產生了極大的後座力。從第二天早上開始，我起床的第一件事不再是檢查手機的訊息，而是靜靜地坐在床旁聆聽神的聲音，甚至越來越多：當我在坐車、餐廳裡等待、有空檔的時候，不是反射性的拿起手機，而是沉澱自己的心，靜靜聆聽神那溫柔、微小的聲音。

我一直在想：孔老師在高度競爭、快速變遷的高科技業裡領導與管理，每天必定有很大的壓力，然而他將工作視為呼召、將職場視為服事的場域，邀請神與他同行，運用聖經真理

在建造事業和建造生命。這本書裡談到的這些屬靈偉人，沒有一個過著聖俗二分的生活，他們可能是事業體龐大的農牧產業經營者、高階政府官員、軍隊將領、國家領導人、漁夫、手工藝精湛的工匠。但是共同的是，他們在職場為神發光，也在內在生命中與神緊緊連結。如同孔老師所說，他們活在牆內，也在牆外；他們有工作扭轉力，也有生命扭轉力。我深信孔老師已經默想這些典範很長久的時間，也將這些人物典範內化在他的職場服事與靈命建造中。

孔老師認為怎麼想比怎麼做重要；看重內在生命本質，勝過外在技巧方法；而且將思維、品格、內在生命的更新改變，以有系統、有架構、有理論的方式詮釋出來；甚至謙和、溫柔、誠懇的表達風格，再再讓我想起經典著作《與成功有約》的作者柯維（Stephen Covey）。我相信孔老師的一系列著作，也會如同柯維一樣帶來跨越世代的深遠影響力。

回想起《從 A 到 A+》的作者柯林斯（Jim Collins）與柯維的一段對話。

柯林斯問柯維說：「你是怎麼想出這本書的概念？」

柯維回答：「那並不是我想出來的。」

柯林斯大惑不解地問：「那本書不是你寫的嗎？」

柯維回答：「是我寫的，但在我提出之前，書裡的原則早已為人所知，這些原則更像自然法則，我所作的只是把它們蒐集起來，幫人們做綜合統整的工作。」

孔老師提出的扭轉五力、第一與唯一，亦復如此。這些法則早已存在，神在聖經裡已經教導了我們這些法則，我們需要的是將這些亙古不變的真理運用在我們的生活、人際關係、工

作職場中。

　　東晉袁宏在《後漢書・記靈帝紀上》云：「蓋聞經師易遇，人師難遭」。從孔老師陪伴我們這群中生代接班牧者所付出的點滴與樹立的榜樣，我們可以很感恩地說，神確實為我們預備了領導力與職場宣教的經師與人師。我也深信孔老師的書會為你的職場服事、內在生命帶來洞見與智慧。

　　我一直很喜歡美國作家、藝術家、哲學家哈伯德（Elbert Hubbard）所說：「我們工作是為了成為，而非為了獲得。」（We work to become, not to acquire.）誠然，我們在工作中經歷神，神也藉著工作來塑造我們，而我們更可以透過工作彰顯神的榮耀、帶上神的作為、宣揚神的福音。

　　職場就是我們的禾場，工作就是我們的呼召！外在的工作成果來自內在的生命更新。我們就是神的工作，以至於我們可以在職場中為神工作。聖經以弗所書 2:10 也說：「我們原是他的工作，在基督耶穌裡造成的，為要叫我們行善，就是 神所預備叫我們行的。」

　　回到一開始麥可喬登說的話，或許我們在職場上早被種種挫折失敗壓得喘不過氣來，但是成功就是再站起來、再打下去、再投一球。這本書中提到聖經裡的 16 個職場典範，他們的生命會激勵我們靠主堅持下去，贏在生命的彎道逆境，直到成功得勝！

（本文作者為基督教台北真道教會主任牧師、
夢想之家教育基金會創辦人暨董事長）

〈前言〉

職場宣教，教會再復興！

　　二〇一四年我成立了兩家和企業管理諮詢有關的公司，以「影響有影響力的人」為社會及教會貢獻一些心力。同時自中國、台灣及北美選了七個大城市，固定去做企業培訓以及職場宣教的事工。這五年多來，藉由「職場班」、「人生班」、「一對一輔導」、「導師班」、「接班牧師班」、「教會牧者班」等，接觸到不少的基督徒職場人士，其中不乏企業家、牧者、二代牧師。

　　我們都關切教會的發展，同時也在這些切望中感受到共同的憂慮和思索。以下六個困惑是我們共同的心聲，也是我思考這些問題後、成為我寫這本書的發軔。這些困惑，你是不是也很熟悉呢？

困惑 1：教會講道的內容，難以在生活中落實

　　曾聽過一群離開教會的年輕人很直白地表示，他們不再踏進教會的原因，是因為「聽不懂」牧者講的道。聽不懂的原因不外是：(1) 教條式的邏輯與年輕人開放的思想對接不上；(2) 信息千篇一律只有大道理，以經解經給人感覺與工作及生活無關，導致信仰不知如何落實；(3) 信仰應該可以為個人帶來豐盛的生命，但聖經為何如此枯燥無味？

　　上述這些現況，帶出了一個攸關「聖俗論」的探討。當前有部分的信徒及教會牧者，極力主張「聖俗二分」；他們認為工作、金錢等議題都是俗的，既然聖、俗之間有一道深淵且本質衝突，那就該一律將俗的事物拒於教會之外，也因此常透過講道教導信徒不可貪戀世界上的工作，而是要多委身在教會的神聖事工，方能真正討神喜悅且被神紀念。

　　如此一來，不僅讓神的能力被限制在教會內，也讓職場信徒感到迷惑和孤單，不知道聖經的教誨跟自己切身的工作有什麼關係？

　　神只被我們允許在週末時登場，結果是很多信徒週日上教會「聽道認罪」，離開教會後又繼續偏行己路。

　　認什麼罪呢？一是沒有花時間委身教會事工，二是在職場中做了不討神喜悅的事情。當信徒日復一日、年復一年地，處在信仰與工作、生活違背的景況下，內心自然陷入反覆的矛盾掙扎中，這時教會若沒有教導信仰與工作合一的正確「工作觀」，信徒就會失去屬靈的奧援，變成屬靈孤兒。

　　實際上，除了罪以外，聖與俗都是屬於神，況且神掌管及關心的不僅是教會內的事，基督信仰也從來沒有主張信徒們要住在修道院裡與世俗隔絕。真正的真理護衛是，在難以實踐聖經原則的世俗世界中，仍能活出信仰的內涵——此正是「職場宣教」的主要論點。

　　想突破信仰不接地氣的問題，首先要打破牆內和牆外的界線，並且鼓勵信徒們從牆內走到牆外。職場宣教向來倡導的一個重點是，教會不但要在四面牆內教導信徒心靈世界的更新，更要裝備信徒走出牆外，讓他們學習將信仰落實到工作及生活中。

可能有些牧者將年輕人離開教會的現象，歸咎於年輕人的不順服，因為年長的信徒一路都是以「接受」的態度過來的。但年輕的千禧世代，是截然不同的世代，因成長環境的巨變，他們的思維模式、價值體系、信息接收等，不同於年長的嬰兒潮世代、X 世代，甚至有些地方還是對立的。在接受信仰方面，年長者接受教條式的教導，而年輕人更偏向於實際的好處。

曾有一位受過職場宣教培訓的牧者分享，當他以大衛的一篇詩篇作為真理教導，但以「如何在工作中突破困境」為講道主題，輔以如何做好工作的應用，不僅馬上博得眾多職場信徒的共鳴，也開始吸引一批年輕企業家在教會委身，因而將教會的發展帶到難以想像的開拓境界。

困惑 2：教會的人數增長速度，越來越慢

一群牧者在我的職場宣教培訓課程上，經過觀看課程視頻、分組討論，以及現場對話後，坦承了長期以來都誤解了一件事。

他們原先以為教會人數難以增長是因為：(1) 教會同工不夠努力投入福音工作；(2) 牧者的聖經教導不夠深入；(3) 幫助教會增長的方法及活動不夠全面、不夠多；(4) 教會牧者是否應該再去唸一個幫助教會成長的學位？

直到上了我的課程之後，才終於明白真正的問題是在於「領導力不足」！他們也因此感到不解，既然領導能力如此重要，何以神學院及教會體系內不教這些實用且重要的課程呢？

若有的話，這些牧者就可以少走很多的冤枉路了。

課堂上有一位從牧師父親手中接班的中生代牧者感嘆說：「孔老師，當你提出可以用成就企業的扭轉五力——即激勵人心的魅力、有執行力的動力、能感召人的德力、可以定方向的眼力、有膽有識的魄力——來成就教會，我非常認同。但為什麼教會的同工就只有德力？」

如果教會選擇或升遷同工的唯一標準，是看他屬靈程度的高低，而衡量個人屬靈程度的方式，又是以他順服神或掌權者的程度為標準，領導力不足或是權威式領導，是教會停滯及萎縮的開始。相較於嬰兒潮的信徒接受「權威式領導」，千禧世代的年輕人更偏向「感召式領導」。

因此職場宣教的要務之一，為達到全備的福音，就有必要裝備教會領導階層的管理及領導能力，以便其能協助同工們培養出全方位的領導力（即扭轉五力），而非僅追求德力，如此便可望幫助教會持續增長。

困惑 3：不知如何有效地向未得之民傳福音

有位牧者分享，教會差派幾位宣教士到「一帶一路」的穆斯林地傳福音，結果卻是：(1) 簽證屢屢出問題；(2) 不斷要證明到當地的原因；(3) 折騰了七年，教會花好幾百萬人民幣，卻因毫無成效而告終。

相較之下，其他教會的幾個企業家及商人到當地從事商業活動，得到的結果卻是：(1) 廣受當地政府歡迎、款待及優惠；(2) 企業落地運營起來後，他們也開始傳福音；(3) 在當地

的生意做到哪裡，福音就傳到哪裡──這就是「工作就是宣教」（business as mission）的「雙職事奉」的觀念及作法。

　　這不僅是一個牆外、牆內的案例，也帶出一個雙職事奉的觀念，基督徒藉著工作做到哪裡，福音就傳到哪裡，他們在世界上有職位，在神國度也有使命。

　　以聖經中的雙職事奉典範為例：

　　(1) 約瑟的牆外工作職份是埃及宰相、牆內的國度位份是以色列人入埃及的先導；

　　(2) 但以理的牆外工作職份是外邦宰相、牆內的國度位份是預言外邦歷史的外邦先知；

　　(3) 以斯帖的牆外工作職份是波斯王后、牆內的國度位份是在外邦拯救以色列民族。

　　「10/40 之窗」的那些國家之所以很難廣傳福音，並非派遣過去的宣教士不夠或不好，而是不適用。因為那些國家（伊斯蘭、印度教、佛教）的文化與宗教屬性很強，用基督信仰的角度切入當地，對他們來說等同是宗教威脅，不僅連簽證都拿不到，就算拿到也是一天二十四個小時被監督，根本無法讓福音在當地扎根。

　　反之，若是改用職場宣教的角度切入，差派帶使命的專業人士、企業家及商人進駐當地，協助「10/40 之窗」的國家及社會發展經濟，同時做傳福音的事工，事實證明當地政府通常是樂於敞開雙臂歡迎的。

困惑 4：牆內引發個人的神聖不滿足

我越來越常聽到，教會同工（尤其是年輕的同工）說出這樣的心聲：(1) 教會內年復一年，一陳不變地做崇拜、辦團契、禱告會、做探訪、教主日學，參與的同工一直在做事，靈命卻不見增長；(2) 不斷辦各類活動——像是邀請或吸引新人到教會——不時效法其他教會增長的法寶，看起來教會的「量」雖然暫時有增加，「質」卻停滯不前，甚至退步，不知如何跳出此一負向迴圈；(3) 雖然講台的教導說要在生活各方面活出信仰，但牧長們卻只專注在教會的四面牆內，以聚會人數、教堂大小、奉獻多寡、受洗人數為依歸，幾乎落到在牆內自我取暖的閉門造車地步。教會既與時代需求脫節，失去了應有的社會影響力，教會增長自然受到限制。

雖然對於教會內固定事工的熱情漸失，這些同工對於到教會外去拓展國度性的事工，卻躍躍欲試。

所謂的國度性事工，旨在藉著在教會外的職場及社區活出信仰，為神做美好的見證；在職場及社區建立許多基督的肢體，在原地傳福音，而非只能把人邀請到教會來。另外，在工作中發揮影響力，影響社會人心，或以帶職身份直接參與福音傳回耶路撒冷的國度宣教運動，亦是國度性事工的一環。

同工們表示，雖然過去曾與牧者提過這樣的感動，也獲得牧者的認同，後續卻不見實際行動，以至於他們內心產生了強烈的「神聖不滿足」，最後不是在教會越來越退縮沉寂，就是選擇離開教會，另覓新的心靈歸屬；教會因此痛失人才，甚為可惜！

這也就是為什麼，我一直呼籲職場宣教的重要性，鼓勵教會從牆內跟牆外雙管齊下。

或許大部分的信徒屬性及呼召，是在教會內從事傳統服事，但也有小部分的信徒屬性及呼召是在教會外，進行跨教會、跨地域的國度性事奉，在執行神的永世計畫中，兩者都同樣重要。

針對信徒們屬性不同，教會最應該做的是除了牆內的專注，還要鼓勵並裝備這些神聖不滿足的信徒，協助他們在牆內生命不斷改變的同時，也能找到並勇敢去拓展教會的牆外事工。

此一雙管齊下的模式，可有效解決教會當前遇到的諸多瓶頸，像是難以向年輕人傳福音、無法對社會產生影響力、不知如何「有效地」向未得之民傳福音等等。是故，「職場宣教」跟「傳統宣教」並非對立，而是互補，至終目的都是要去執行神所託付的大使命。

聖經告訴我們，神賜信徒有祭司做牧養、先知做教導、君王做管理的職份及恩賜，在一個體質健全且不斷成長的教會或機構，應該是這三種信徒各盡其職的組合體──百節各按各職，連於元首基督。

但過去我們看到的實際情況卻是，有些神學院及教會只專注在回應祭司與先知的呼召，完全忽略君王職份的呼召及培訓，導致這類信徒可能被拒於教會主流的教導與管理之外，教會也因此難以達到一個卓越組織應該做到的「按才授職」及「分工授權」的至高境界，這便是教會難以復興的根源之一。

教會若是能落實職場宣教的教導，並且協助有君王呼召的

信徒，適時發揮其管理及領導能力，相信必能幫助教會及機構在變化莫測的環境中持續成長。

困惑 5：青年的需求——教導工作

透過提出第五個困惑，我將帶出如何落實牆外的職場宣教工作。目前約莫有一群中生代牧者，在我導師班學員所開設的讀書會上學習，不懂必問、回家也一定會乖乖做習題。我好奇這些牧者為何會如此好學？他們的回答是說，因為看到了教會會友的需要。

他們看到的需要，以四十五歲為年齡界限，大致可分為兩個面向：

一、四十五歲以下的會友，多數被工作纏繞

世界整體經濟不振，導致其在求職或職場晉升方面，遠比上一代來得困難，不少人都在生活邊緣掙扎，工作的不穩定連帶出對信仰產生諸多懷疑：(1) 實踐聖經能將工作做好嗎？(2) 按照聖經的誠信原則工作，真的可行嗎？(3) 神關心我在教會外的工作嗎？

年輕人在工作上，多半不是懶惰、不上進，更多的是無奈！

為什麼以前的教會能夠增長？主要是上一代的基督徒，他們恰逢資訊界起飛的經濟成長，少了職場上的煩憂，反而比較能專注在牆內的信仰尋求。但目前中生代以下的信徒，遇到經濟停滯或下滑，無虞的不多，為了有效教導如何將信仰和工作合一，進而在工作上有所作為，我以《贏在扭轉力》及其課

程，提供青年信徒如何用「對」的方式（牆內），將工作（牆外）做「好」，提供大家一個解決方案。

二、四十五歲以上的會友，多數被生命纏繞

這個階段的會友，工作大致已經定型，開始轉而思考人生的意義，像是：(1) 人生僅止於此嗎？我還該去做什麼呢？ (2) 我的潛能是什麼？為什麼我現在在原地打轉？ (3) 我是信徒，若神清楚告訴我祂的旨意，我願意放下一切跟隨，但神的旨意是什麼？ (4) 關於如何善度這一生，聖經中有確切的方法及答案嗎？

針對這一類的成年基督徒，我以《第一與唯一》及其課程，提供如何在生活及生命中，因著做對「第一」與「唯一」的選擇而找到命定。

以我自身為例。二〇一三年底自職場退休後，我開始致力於在「信仰靈界」跟「工作世界」中間，建立起一座雙向互動的橋樑。依此，我也可謂是一名「雙職事奉者」。

我的牆外工作職份是社會貢獻者、牆內的國度位份是職場宣教者，所以倡導信仰與工作合一的雙職事奉理念——也就是投入職場宣教——便是我的呼召和命定。**因此過去幾年，我先後寫了《贏在扭轉力》和《第一與唯一》，再以這兩本書為基礎，製作了兩套培訓課程，就是希望能提供一個如何在工作上及人生中，用「聖」的觀念和方法，將看似是「俗」的事情做對、做好。**

困惑 6：單一神學解經，框住了信徒的思想

在北美的一個大城市，一家大型華人教會請我在週五晚上的「信仰與工作」做主題演講，主任牧師有事不克參加，而在次日一早與我共進早餐。席間，我分享演講內容，那位牧者原先不怎麼感興趣，後來越聽越起勁，終至忍不住驚呼，年輕信徒提出那些令他們無法解答的工作問題，竟然都可以在聖經中找得到答案！

那次的談話之後，我的課程就成為這家教會最受年輕人歡迎的主日學教材。由此也發現，一般信徒們是如何侷限了聖經的廣泛適用性。

過去的我也被教導成只用神學及教義的角度來看聖經，對神的認知和認識也是片面且模糊不清的。但那時候的我事業一帆風順，在教會中的服事也很投入，即使處在工作與信仰並不合一的景況當中，我也不自知。也就是說，那時我人生的中心不是神，而是事業的成功；即使在生活上絕大部分的想法及決定是依靠神，但在工作上仍是歸己──這對順境中的我來說，一切是那麼的順理成章。

一直到在創業中遭遇多次的失利，用盡了自己的辦法仍不能突破後，我才開始轉而從信仰中找答案。後來因著聖經人物的啟發，我在一次次的堅信當中經歷神的奇妙作為，生命和工作也因此出現了重大翻轉。

事過境遷之後，重新看聖經中的信心偉人故事，我發現他們不但是我堅信神的榜樣，他們在工作上及生命中遭遇過的事蹟，似乎也活生生地在我眼前上演，至此，我在閱讀聖經領受

到的已經不再是單一神學解經所帶出的聖經知識、且與我的切身處境無關；而是為我帶來直入人心，以及在工作、生命上的多元性覺醒。

於是我懂了！原來聖經不只是在教會內對我們產生作用，而是全方位地在個人身心靈、家庭、工作上都能帶來益處。這段親身經歷神的經驗，也讓我對神的認知變得全面且清晰。

因此，當我在做一對一的輔導課程時，常會用聖經人物的故事來跟學員分享，指出他的狀況跟聖經的某位人物幾乎一模一樣，所以可以用同樣的方式來解決問題。起初有學員聽我這麼說，甚為不解，便回應我說：「孔老師，可是我不是那些聖經人物，沒有他們那麼偉大⋯⋯。」

這時我就會進一步提醒學員：「雖然你不是聖經上的人物，和他們信的卻是同一位神，神能為他們成就的，自然也能為你成就⋯⋯。」由此也可看出，當今仍有不少信徒受到單一神學解經的影響，框住了以多面向的角度認知神，殊不知神遠比宗教和律法寬廣得多。而且神不問你能不能，只問你肯不肯！若你肯，神就能！

千萬不要小看自己，或自認不是聖經中的那些信心偉人，這一生就做不了什麼大事情！實際上，所謂的「信心偉人」，正確定義應為那些能夠見證神偉大的平凡人，他們是用內心深處最感動的地方來傳講神。

所以在此鼓勵大家，在認知真理一致性的原則下，不妨勇敢地以多元角度來見證神，以及傳講聖經，並且將內心的信仰跟渴求說出來。神的創造本是多面向，期待每個人都可以順從內心最深的感動，嘗試從自己專精的工作跟唯一的人生角度來

印證信仰，傳講神的偉大。

本書當中論及的十六位聖經人物，像是亞伯拉罕、雅各、約瑟、摩西、大衛、但以理、以斯帖、尼希米、彼得、約翰、保羅等，他們都是信徒們耳熟能詳的聖經人物，生平故事也在教會講台上一遍遍宣講，進而成為無數人的激勵。

只是教會及神學院的宣講和解經，多是從神學、教義及信心等屬靈的角度切入，較少提出他們安身立足的職場工作、和歷史轉折點上如何與神互動扭轉了歷史。這些屬靈偉人，他們大都是在聖殿外、在屬於自己的身份和工作中完成神的使命。

這些人物都在過不去的困境中，靠著內心（牆內）求告神，與神同在後，得神幫助，而在工作（牆外）的作為中扭轉了乾坤！

與先前提及的兩本書（贏在扭轉力、第一與唯一）不同，本書是直接以聖經人物為典範，探討他們如何在各自環境（職場）中回應神的呼召，繼而找到命定、完成使命。還有就是他們在面對工作上的「關鍵時刻」，以及生命上的「定義時刻」時，如何謙卑順服神的帶領，不辱使命完成神所交託的工。

因此我相信，這本書能具體幫助到職場的信徒，讓他們懂得以職場為禾場，在職涯各階段使命必達，以便讓人看到他們的好品行和好作為，將榮耀歸給神。

期待本書的問世，可以讓教會真正明白「雙職事奉」的意義，繼而透過講台牧養和禱告的方式，給予職場人士有力的屬靈遮蓋，使其靈性活潑、靈力剛強，更有信心、有力量地活出信仰。

這些職場信徒不僅主日在教會牆內謙卑服事、喜樂奉獻，

週間在牆外職場上成就卓越、榮神益人，做一個七天而非一天的基督徒。

上帝是造浪者，信徒是衝浪的人。上帝興起的浪潮在哪裡，祂對我們的使命及呼召就在那裡！我們不要去學「如何造浪」，而要學會順著上帝興起的浪潮，一衝而上，就像本書中的 16 位聖經人物，作新時代的「弄潮兒」。

但是，個人、企業或教會運營一定時間後，都會有慣性和惰性。慣性使人陷在過往的成功之中，總想著以老經驗面對「新客戶」，或以老方法來解決「新問題」。惰性使人不願意下功夫去試或應變「新事物」，導致與市場、甚至時代脫節。

綜觀過去 60 年，神在世界各地興起了許多浪潮，其中影響最全面及最深遠的，莫過於：

(1) **人的改變**：從嬰兒潮（1945-1964）、到 X- 世代（1965-1985），再到千禧年（1986-）、即所謂的「新新人類」，因成長環境的巨變，越年輕世代的思維模式、價值體系、信息接收等，不同於年長的嬰兒潮世代、X 世代，甚至有些地方還是對立的。

面對這些不接受教條式教導，以及權威式領導的「新客戶」，逼得政府、社會、企業、以及教會在組織架構上，做出根本的改變——從規則和級別（rules & hierarchy）的必要，到願景和價值（vision & value）的認同。

(2) **事的改變**：近年來移動互聯網科技正以指數級發展的速度，顛覆了所有的行業！打破了以往生活中的時空界限，使得原本時空分離的人事物，在任何時刻，任何地點可以即時整合成一個相互關聯的場景，並以「最低成本／最快傳播／最

大覆蓋面」成為可能。

　　這基於數字化，立於互聯網，移動通訊的信息傳播方式，所引發出人與人互動模式的轉變，成了「新媒體」──從定點、定時的垂直統一（vertical integration），到隨地、隨時的虛擬整合（virtual integration），正以排山倒海的速度及力度，衝擊著社會的各層面。

　　很多教會誤解了「以不變應萬變」的原則，基督信仰所秉持的一主、一神、一信、一洗的福音內容是不變的，但我們在傳福音、宣教及牧養的方式上，要踏著神興起的浪潮而改變。

　　再者，不要以為把文字放上網站，再發表在社交媒體中；或者在網上「開查經班」、「教聖經」、「舉行崇拜」就很「新媒體」了。這只是有其「形」而無其「心」，不進牆內教會的年輕人，仍然不會關注這一類網上的「教會」。我們在牆內傳福音的老態，是將我們認為最重要的宗教知識和作法，強推到接受者的身上，完全不了解也不顧接受者當下最切身的需要是什麼？

　　耶穌在福音書中，是先使瞎子看見、瘸子行走、聾子聽見，解決了這些人最切身、關心的難題後，就很「自然地」將福音傳了出去，這是「利他」的心態及思維。在創造新典範中，最重要、也是最難的是要否定自己！但必須要肯付上此代價，方能在否定自己中成長、「轉型」方能成功。

　　當代信徒的難題已不再是身體上的了，而是年輕信徒多被工作纏繞，成年信徒多數被生命纏繞。在網絡世界中，網民的選擇性高，流動性強，能在網上受到人們長期關注或青睞的組織或個人，必須要有獨一的特色，以區分出來。所以，我相信

將來綜合性、什麼都做，但無特點的「地方性」教會，將很難
生存。能生存並持續成長的是，能在網上及時替關注者解決切
身難題中，將福音自然傳開者。

　　個人的盼望是，從當下「與時俱進」呼應社會需要的應變
能力，能讓教會從「牆內到牆外」，終至長期的「典範轉移」，
讓教會從「有牆到無牆」，最終透過職場宣教，讓教會再度在
耶路撒冷復興！

序章

一趟精彩的工作
及人生探索之旅

　　如前言所述，當代年輕信徒多數被工作纏繞、成年信徒被生命纏繞，所以本書架構是以「關鍵時刻的工作扭轉力」及「定義時刻的生命扭轉力」為兩大主軸，冀希為信友們提供轉變的力量。

　　一開始，我們先從「**停滯**」和「**成長**」這兩個角度來切入！

　　什麼叫做停滯？舉例來說，一份工作做了許久還升不上去，就叫做停滯；信主多年，一直有按照教會的形式走，靈命卻沒有增長，這也叫停滯；企業經營亦然，一旦面臨停滯就是 CEO 該走人的時候。

　　造成停滯的原因通常來自於牆內專注，也就是個人或組織只知一味地向內看。以組織為例，停滯帶來的最大問題就是，讓參與其中的員工相互猜疑、引發內鬥，甚至還會猛做虛工、內耗不斷。

　　一般來說，研發和行銷在立場上本來就是比較容易對立。當組織停滯時，研發部門就會怪行銷部門不懂得賣產品，而行銷部門也會將責任推給研發部門，是因為他們研發設計的產品太爛，才會賣不動。

　　反之，當組織積極向外看，而呈現成長狀態時，身處其中的成員都會感到振奮，組織也會在不斷向外拓展中眾志成城，在進步中許多問題自然迎刃而解。在業績好的時候，原本對立的研發和行銷部門也會變成 buddy-buddy 而相互支援，所以一個成功的領導者，必然是一個能推動組織持續成長的高手。

　　再來就是「**順趨勢**」和「**反趨勢**」的概念。

　　不論是個人、企業及教會，若要保持長期且持續的增長，

圖0.1 彎道超車：贏在拐點

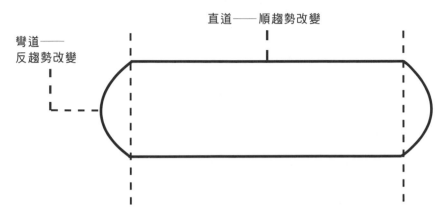

直道——順趨勢改變

彎道——
反趨勢改變

就要學會「管理改變」！但是首先要認知到，「變」是世界上唯一不變的真理。而且「改變」確實是塑造未來的要素，因為沒有改變，未來是不會到來的。更仔細地推敲，改變其實是分為兩類，第一類叫「順趨勢」（trends）的改變；另外一類叫「反趨勢」（anti-trend）的改變。

「順趨勢」就是在既有的趨勢跟數據之間，以理性延伸對未來的一個預測，這也是最常用來討論、敘述改變的，亦是俗稱的「順境」。「反趨勢」呢？是另外一種改變，它是顛覆現有的趨勢、軌道，重新創造出一個新的趨勢跟軌道，亦是俗稱的「逆境」。

舉個例子吧！大家都看過賽車，在賽車場上有直道也有彎道（請見圖 0.1）。

直道代表一個平穩的時期，也就是順趨勢的改變，平穩時期大家都可以開得很好，通常開在前面的，就一直會在前面。

至於彎道，則是象徵一個不平穩的、崎嶇的情勢，也就是反趨勢的改變，亦是大家都會面臨挑戰、不確定，所以我把它稱為「拐點」。

拐點，才是考驗賽車手的應變能力所在，同時也是最有可能在這時刻改變局勢，因著彎道超車脫穎而出。

「順趨勢」是用慣性的思考模式，而「反趨勢」用的是一個逆向思維，所以想要長期成長，你就要學會審度時機，交替使用慣性思考模式跟逆向思考模式，千萬不可以固守單一的思考模式。

人們一般都可以在順趨勢的直道上追求成長，難就難在，當你處在逆趨勢的彎道時，有沒有能耐在逆勢中仍然成長？因為無論是工作或人生，一定都會遭遇逆境，若是沒有學會如何在彎道上超車，就會陷入上述所說的停滯，甚至萎縮的命運。

為了做好「管理改變」，我在管理企業時，會將組織一分為二——其中多數的人員（70%）做順趨勢的管理，在現有的產品及客戶中，追求高速的成長，以及利潤的最大化。參與的部門是產品、銷售及生產，通常屬性是向內「守成」的員工，比較適合做慣性思維，在直道上的工作。

其他較少數的人員（30%）要用逆向思維，去應變或創造出反趨勢的改變，藉著研發出全新的產品或服務，在彎道上找到新客戶後，超越在直道上的領先者。參與的部門是策略、研發及市場，通常屬性是向外「拓展」的員工，比較適合做反趨勢管理的工作（請見圖0.2）。

反趨勢的管理又分兩種，一是「與時俱進」，另外一種

圖0.2 管理改變：守住今日，創造明日

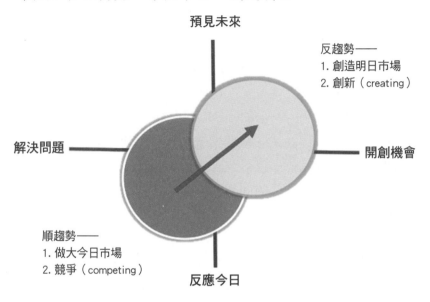

是「典範轉移」。與時俱進是在現有的平台及產品上，用「微創」的方式，做出新產品及服務，以吸引或培養新或年輕的客戶。當做了足夠的微創、而且影響市場後，方能用「原創」創造出全新的平台及產品，進而顛覆市場，這就叫「典範轉移」（paradigm shift）。

就用我在中國做摩托羅拉通訊業務總裁時為例。「手機中文化」是個與時俱進的反趨勢戰略，它是在現有的平台中注入中文，頓時讓企業界及商業界人士及年輕人視為珍寶！手機中文化又分四個微創階段：(1) 中文顯示，(2) 中文輸入法，(3) 中文短信息，以及 (4) 中文軟件開發套件（SDK）。

正當競爭對手忙著在手機中文化中打轉時，我們率先

推出了大屏幕、觸屏,以一隻筆驅動的世界首款「智慧型手機」。將手機原本是傳輸「語音」的典範,轉移到「數字」的典範,立時在互聯網界引起轟動。如此直道彎道不斷替換的管理模式,讓我們的業務在原本就夠大的基礎上,五年內增長了二十倍,也將「摩托羅拉」打造成當時亞洲手機的第一品牌。

什麼叫「典範」(paradigm)?它是一個結合科學和哲學的術語,指的是,在某一種行業或者某一個研究的社群裡,大多數的成員都認可的一個信念、價值與最理想的運作模式,因此他們稱之為典範。任何商業或文化上的改變,都來自於「典範轉移」,也就是說,有人創造了一個更好的新典範,來取代舊的。

本書中,每一位聖經人物都在歷史上要被翻轉的關口,在接受神的呼召後,在與神的互動中創建了個人「雙職事奉」的典範中,扭轉了歷史!當聖經人物在工作上遇到過不去的逆境,我稱之為「關鍵時刻」;在生命上碰到重大選擇的困境,我稱其為「定義時刻」。

主軸一:關鍵時刻的工作扭轉力

我們來看看什麼叫「關鍵時刻」?關鍵時刻真正的涵義就是工作的轉捩點,平時我們固然應克盡職守,一步一腳印地為組織貢獻心力並不斷充實自己,但所處的工作環境往往會突然出現重大的形勢改變,我把它叫做關鍵時刻,譬如:

1. 面對工作難題,迷茫不知其解的時刻
2. 被突如其來的情勢衝擊,害怕到不知所措的時刻

　　3. 感覺已經被逼到人的盡頭的時刻

　　4. 被交代去完成一個不可能完成的任務的時刻

　　5. 長期受到逼迫，必須衝破逆境的時刻

　　6. 面對難題讓你想要轉身逃跑，或是想請別人替你解決的時刻

　　7. 被仇敵追殺，走投無路的時刻

　　8. 明明做了對的選擇，工作景況卻更糟的時刻

　　9. 敵我實力懸殊，但必須以寡擊眾的時刻

　　10. 工作與信仰衝突，必須要擇一的時刻

　　綜上所述便不難發現，關鍵時刻之所以關鍵，主要是因為隨著某個重大事件的發生，將決定日後相關情事的發展。套用在職場情境，就是面對某種局面你必須做出選擇——做對了選擇，你的職場及命運就能往上爬好幾階，若是做錯選擇，則會下滑好幾階。因此它是分別一個人成功或失敗的重要時刻。

　　過去的經驗告訴我，在一般的時刻（直道），我可以憑藉的是努力、知識、經驗等理性的思維，以解決一般成長問題。但每次當我遇到關鍵時刻（彎道）時，在一般時刻所學的努力和累積的經驗知識，這時全都失效，同時你也開始感到害怕。

　　這時就要懂得放棄本身的本能感覺（意即害怕、想逃走的感覺）、能力、掌控，全然信靠內心超理性的信心，來決定未來的走向，並應用將要介紹的「扭轉五力」。在沒有退縮、努力衝破逆境的當中，我這五個潛能也一點一點地被激發出來，不但解決當前的難題，職涯也因此走向上行之路，直到下一個拐點的來到。

　　對應人的基本潛能的「扭轉五力」分別是：

1. 眼力（envision）
2. 魅力（energize）
3. 動力（execute）
4. 魄力（edge）
5. 德力（ethics）

面對受制、不滿的現狀，並且有能力化危機為轉機，首先需要的就是有「**魄力**」去做出艱難的決定，而且必須勇於擔當可能的負面後果，也要有膽有識做好應變工作。

一旦決定改變，下一步就是面對問題，必須要有在腦中得見解決之道的「**眼力**」；眼力是追逐夢想和願景的能力，也是評估局勢並改變方向的能力。

每個人都必須與別人相處合作，同時照顧到自己和別人的情感需求，「**魅力**」能夠在任何情況下，尤其是負面的環境中，激勵自己也激勵別人。

再完美的計畫都必須落實到行動中，特別是在關鍵時刻如何解決難題？「**動力**」能夠讓人在行動中發展出可行的計畫，並且堅持執行直到目標達成。

在關鍵時刻決定走向何方，最終取決於人的「**德力**」。德力不只是講誠信或是一個更高的道德標準，而是能讓個人或企業長期成功的能力，因為它起了區分的原則，讓人在面對重要又有爭議的事情時，有平衡的作用——在圓通中，仍能堅守自己的道德底線。

因為這扭轉五力，是每個人腦中的潛能（恩賜），所以適用於各行各業。但其實質的展現，在不同年齡層以及職場級別上仍有所區別：

表0.3 學習階段的扭轉五力

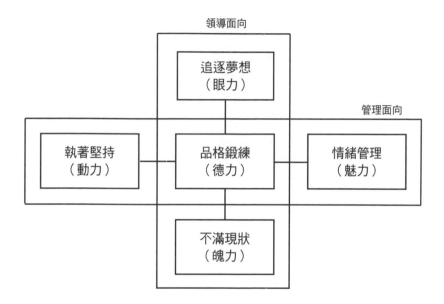

■**對年青的學子或剛入職場的年輕人來說，這五力是（請見表 0.3）：**

眼力（追逐夢想的能力）：對事好奇，不因理所當然而局限自己的思考廣度。

魅力（情緒管理的能力）：懂得相信自己、激勵周遭他人。

動力（執著堅持的能力）：懂得開創出與他人不同的做事方法。

魄力（不滿現狀的能力）：不墨守成規和盲目服從權威。

德力（品格鍛練的能力）：信守承諾，成為值得信賴的人。

表0.4 突破職場困境的扭轉五力

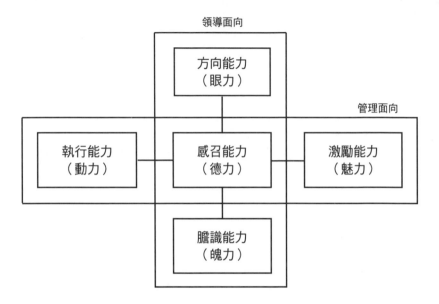

■**對專業者或經理人來說，這五力是（請見表 0.4）：**

眼力（方向能力）：能清楚說明共同的願景，帶領同事一同追求。

魅力（激勵能力）：能吸引人才，並引導其盡心竭力投入工作。

動力（執行能力）：有能力規劃具體可行的計畫，並堅持執行直到目標達成。

魄力（膽識能力）：執行任務時，可以應變所有的問題與機會。

德力（感召能力）：面對重要又有爭議的困難時，學會圓通與堅守道德底線。

表0.5 衝破企業瓶頸的扭轉五力

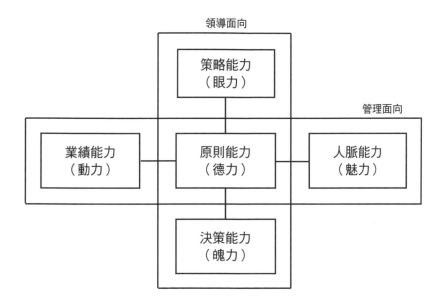

■**對企業家或高階主管來說，這五力是（請見表 0.5）：**

眼力（策略能力）：能預期未來的市場需求和機會，以及設定策略方向 。

魅力（人脈能力）：能處理好各方面的關係，並以此激勵和影響他人。

動力（業績能力）：在執行過程中，充分掌握每個環節，並取得滿意成果。

魄力（決策能力）：敢做決定及承擔後果，並將組織帶領到更高的挑戰層次。

德力（原則能力）：可以堅持誠信經營、尊重他人。

■聖經人物的關鍵時刻

一般時刻很重要，但工作要有一個大的轉折點，或者是聖經史上需要被扭轉的時候，都是在非一般時刻（關鍵時刻）。

每個聖經人物都肩負著一個不可能完成的任務！本書將介紹的十六位聖經人物，都是在神國歷史的轉捩點上，歷經過數個關鍵時刻，因為放棄在直道上的本能感覺、能力、掌控，而全然信靠超理性的信心以求告神、呼求神，在與神互動，以及神的介入，成功地激發出並運用了「扭轉五力」而扭轉了歷史，開創出一個所處環境及靈裡復興的新局面，讓神的國度因此上行好幾步。

主軸二：定義時刻的生命扭轉力

我們明白了關鍵時刻的工作扭轉力之後，接下來要協助大家認識到，何時是「定義時刻」？

定義時刻的真正涵義就是人生的轉捩點，平時（順趨勢）我們固然按照自己的喜好、經驗（亦即憑眼見、靠感覺來過日子），但自己人生所處的環境往往會突然出現重大改變（反趨勢），逼得我們做出「不尋常」的重大的決定，我把它叫做定義時刻。

簡單來說，定義時刻就是當我們開始自我探問，以下這些與生命有關的問題：

1.面對人生——你是選擇一個安逸的生活？還是一個剛強的生命力？

2. 花錢原則──你是選擇想要的？還是需要的？

3. 有人得罪你──你是立刻反擊？還是能暫時隱忍？

4. 事奉神──你是選擇人人看得見的方式？還是沒有人看見的方式？

5. 面對世間的誘惑──你是憑眼見靠感覺就去做？還是求告神的堅信？

6. 人生的衡量──在於人的推崇？還是神的認可？

7. 聖經的原則──你是選擇性的相信？還是完全接受？

8. 選擇工作──你是選薪水最高的？還是最有熱情的？

9. 選擇配偶──你是選最好的？還是最適合你的？

10. 選擇價值──你是利己為先？還是利他而後利己？

過去的經驗告訴我，在人生的一般時刻（直道），我可以憑藉的是腦中的直覺、知識、經驗，以解決一般人生的問題。但每次當我遇到定義時刻（彎道）時，若再用一般時刻所學會的直覺和累積的經驗知識，這時就會彎道翻車，同時你的人生至終會出大事，帶出一生的遺憾及傷痛。

面對定義時刻，就要懂得放棄本身的本能感覺、能力、掌控，全然信靠內心超理性的信心，來決定未來的走向，並藉著求告神、呼求神將自己做決定的源頭，像是從腦中「魂」的層面（己為中心），提升到內心「靈」的層面（神為中心）。在沒有退縮的時候，我發現內心擁有極度的平安，不但面對的人生難題得到解決，生命也被扭轉，因此走向上行之路，直到下一個拐點的來到。

綜上所述便不難發現，定義時刻的定義，既是找到神國使命的時刻，也是一個人在生命上重新定義自己的時刻。它可以

幫助你：(1) 重新定義你的人生意義（meaning），使你堅信神的帶領；(2) 重新定義你的人生目的（purpose），助你衝破逆境；(3) 重新定義你的真實身份（identity），讓你活出「唯一」的命定；(4) 重新定義你的成功價值（success），找到幸福的歸屬。

由此可見，定義時刻的生命扭轉力的培養，在於個人正處在人生的轉折點上，要做「對」選擇第一還是唯一的生命抉擇。

所謂的「第一」，是偏向生活（魂）導向的「人生觀」及「價值觀」──追隨的往往是世界標準。如同世人對於成功的定義不外是：最榮耀的第一名、最賺錢的職業、最熱門的學校和專業……。然而試想一下，那些你羨慕或自以為想要的第一，真的適合你的個人特質嗎？

追求第一是多數人活在世上的價值觀。做到第一等同具有追求卓越的心態，但若只追求第一，往往最後反而會失去你的唯一獨特性。所以，以自我為中心的選擇，會讓你找不到神國中的使命。

「唯一」則是生命（靈）導向的「人生觀」及「價值觀」──上帝專為個人所設計的唯一命定。其結果往往是：最榮耀神的、最有價值和意義的生命、最適合你的學校和專業。唯一是認識到自己的獨特性，以及什麼是你做起來最有熱情和自然，但不一定是最賺錢和熱門的事情。

所以唯一的選擇是以神為中心，而能帶出靈裡的關係，付出、犧牲等特質，一步步在與神的互動中，找到神國中的使命。

　　真正幸福的人生，是在與神互動的過程中找到最適合你的唯一，進而在此基礎上追求卓越，終至做到專屬自己——而非世界上——的第一，帶出改變世界的影響力！因此我為《第一與唯一》擬定的課程架構，是以人類的四大基本需求為基礎，每一個需求又有四個子題，總共十六個子題，每個子題都在挑戰你做出第一或唯一的選擇：

　　1. 情感需求——要「接納自己」的人格篇（請見表 0.6）

　　2. 智識需求——要「超越自己」的求知篇（請見表 0.7）

　　3. 身心需求——要「善待自己」的載體篇（請見表 0.8）

　　4. 靈命需求——要「找回自己」的屬靈篇（請見表 0.9）

■聖經人物的定義時刻

　　本書也會詳細介紹這十六位聖經人物如何在個人的人生定義時刻，藉著求告神、與神互動及介入中，再加上在生活及生命上，做對了「第一」與「唯一」的選擇中，歷經數個定義時候，成功運用生命扭轉力，找到自己在神國度中的使命。

　　在此，先將貫穿整本書的論述架構：「關鍵時刻的工作扭轉力」和「定義時刻的生命扭轉力」，當你具備了上述的認識之後，將更有助於你深入理解本書中登場的每一位聖經人物。接下來，我們就一起展開這趟精彩的工作及生命探索之旅吧！

表0.6 情感需求：人格篇

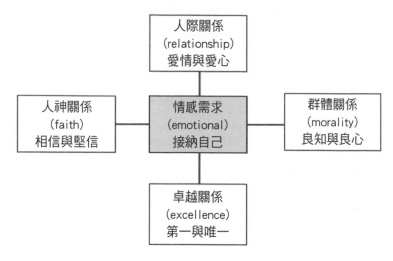

表0.7 智識需求：求知篇

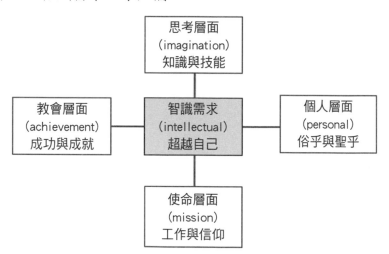

表0.8 身心需求：載體篇

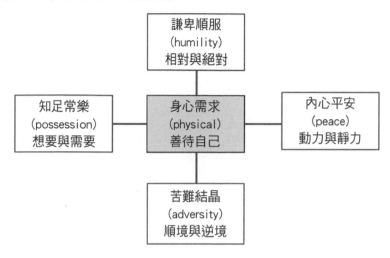

表0.9 靈命需求：屬靈篇

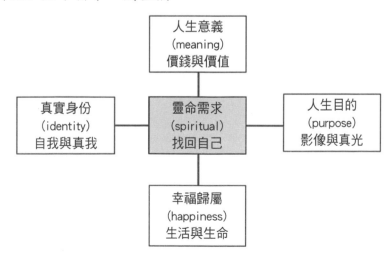

第一章

信心之父的
亞伯拉罕

在舊約聖經的風雲人物中，亞伯拉罕（原名亞伯蘭）當居魁首。他是一個偉大民族的開荒者，亦被全球三大宗教：猶太教、伊斯蘭教、基督教（廣義含天主教、東正教）視為鼻祖，接近半數的全球人口都是以亞伯拉罕為宗教根源，其在歷史上的重要性和代表性，可見一斑。

放眼亞伯拉罕的一生，雖然沒什麼傑出的工作成就，卻為神做了一件了不起的大事。神一直在尋找耶穌的始祖，亞伯拉罕就做了這件事情——作為耶穌的始祖，因此亞伯拉罕在聖經的偉人榜上代表的，是一個信徒完全順服神的榜樣。

亞伯拉罕七十五歲時，蒙上帝呼召，憑著信心離開故鄉。過程中，一度感到前途茫茫、不知該何去何從，直到被神引領進入迦南應許美地，賜福他的子孫如天邊的星跟海邊的沙那麼繁多，使他成為天下列國的「信心之父」，是古往今來一切信靠神的人的屬靈父親，亞伯拉罕才明白神的美意。

亞伯拉罕信心之父的心路歷程著實不易，是我們學習的榜樣。他從不信的環境到相信，再慢慢晉升到信任，至終到堅信。在本文中，我們就一起來了解，他當初是如何走過「不信的環境→相信→信任→堅信」的這個信心操練歷程。

信心的四個階梯——撒種比喻

依據我個人的觀察，有很多信徒信主多年，對「信」的定義依舊模糊不清，因此接下來，我將以聖經馬太福音 13 章 1-23 節，主耶穌所說的撒種比喻，說明四種不同的信神型態：

1. 不信——種子落在路旁，被飛鳥吃盡

這類人雖然聽過福音，但如耳邊風，隨聽隨忘，無法讓種子落地生根，因而難以接受神的道，成為不信神的人。

2. 相信──種子落在土淺的石頭地上，被日頭曬乾

有些人信神是倚靠眼見和耳聞的感覺行事，如同種子只是落到淺土地上，扎根不深，哪天突然發生不順心的事，便認為沒有得到神的祝福及保佑，憤而離開教會。這一類基督徒有如舊約時代的一般猶太教信徒。

3. 信任──種子落在荊棘裡，被荊棘擠住

這類升級到信任階段的基督徒，絕大部分的時間是信任神的，也能按照聖經的原則行事為人，並積極參與各種敬虔事奉，然而一旦面臨到：(1) 錢財的迷惑，和 (2) 世上的思慮，在這兩個關鍵時刻便守不住，顯示信心是不穩定的。他們的信仰僅在外表、不在內心，有如舊約時代的法利賽人、文士和祭司，雖然為神做很多事情卻沒有結實，而且自我中心，故即使可能得救也難以得勝。

4. 堅信──種子落在好土，結實一百倍、六十倍、三十倍

信的最高等級就是堅信階段，指的是在環境、感覺、外表、世人、理性，都催促你往反方向去做的時候，你依舊持守神的話語，在狂風暴雨中忍受試煉前行，不管發生什麼事或付出什麼代價，都持續信靠神到底，如此的信心便是堅信。

唯有堅信方值得神的介入，做出榮神益人的神蹟奇事，因此唯有好土能結實，並且得到一百倍、六十倍、三十倍的收成。

撒種的目的是為了結實。這個比喻中說到三種基督徒，其中「相信」跟「信任」型的基督徒，他們接受了種子，卻沒有

結實，這對上帝來說都是不成熟、沒有果效的。因此作為當代基督徒的我們應當反思，是不是只將重點放在**做敬虔的事，而非致力成為一個敬虔的人**。

另一個值得深入探討的普遍現象是，有些教會常會將主要的經費資源，為不信、相信和信任的人舉辦很多活動，卻很少好好投資在能結實的「堅信者」身上，讓他們得以發揮更大的影響力，這是非常可惜的事。在教會裡，一百個人當中只要有一個人堅信，他做出的傳福音及門徒訓練的果效，就比其他九十九個人大得多。

再來要特別澄清的一個觀念。很多人以為信心是天生而且不動的，殊不知信心是可以藉由刻意操練，先從硬土加水成為淺土，再從淺土開挖變成深土，當深土去除了荊棘，最後就會成為好土。簡言之，信心是可以藉著他人幫助及自己跟神的關係，獲得一步步的晉升。

至於亞伯拉罕是如何「從頭開始」，從身處不信的環境到堅信呢？以下將逐一說明。

亞伯拉罕的信心歷程

1. 不信的環境

約書亞對眾民說，耶和華以色列的神如此說：「古時你們的列祖，就是亞伯拉罕和拿鶴的父親他拉，住在大河那邊事奉別神。」（書 24:2）

亞伯拉罕出生在迦勒底的吾珥。根據近世考古學可知，吾

珥有很高大的「月神廟」，這種金字塔型的廟在兩河流域極為
普遍，顯見亞伯拉罕如聖經記載，自小生長在盛行多神崇拜的
文化社會當中。在此一成長脈絡下，想當然爾，亞伯拉罕起初
是生長在不信神的環境。

2. 相信

你要離開本地、本族、父家，往我所要指示你的地去，我
必叫你成為大國，我必賜福給你，叫你的名為大，你也要叫別
人得福。（創 12:1-2）

神第一次的顯現也是亞伯拉罕第一次蒙召時，不知道要去
哪裡，但因著神說要叫他成為大國，他就想，一個國家會需要
什麼？國家需要土地、需要人民，因此當神還沒講到後裔的
事情，亞伯拉罕就決定動身出發，這是很了不起的信心。唯獨
這時，對神的信心還是很粗淺，因此在作法上只能隨時待命，
因應神的指令東奔西跑。

當亞伯拉罕抵達命定之地，神便第二次顯現（創 12：7），
告訴他，「這就是我要你去的地方。」亞伯拉罕一接到明確指
令就馬上停止前進，但因為那地碰到了飢荒，後來就帶著家人
下到埃及去（創 12:10-20）。

關於此舉，我們看到聖經當中，除了耶穌的父親約瑟，當
初是因為有使者先跟他說，「你要逃到埃及去」，否則其他遇到
災難就逃到外地的人，都顯示其對神的信心不足，因此也沒有
好的結果。亞伯拉罕也一樣，碰到飢荒時也選擇逃到外地，只
不過他並不是神說「你不要去，卻硬要去」，而是因為還不明
白神的計畫，擔心飢荒會餓死，所以才會逃。

　　亞伯拉罕逃到埃及之後，擔心妻子撒拉長得太美，可能會害自己遭到殺害，便對外佯稱是妹妹，法老被矇在鼓裡，納撒拉入宮，因此被上帝懲罰。這是亞伯拉罕蒙召之後，第一次做錯事情，過程中完全是憑眼見、靠感覺，未求告神且自作主張，才會導致如此結果。

　　信徒們普遍認為，教會裡的屬靈領袖永遠都不應該犯錯，只要一不小心犯錯就會被當成天大的罪過來渲染；但亞伯拉罕的這段經歷卻說明了，從神的角度來看，屬靈領袖並非完全不能犯錯，而是犯錯之後是否能及時悔改。

　　亞伯拉罕與羅得分離時，羅得的選擇代表屬世的價值觀——先下手為強、將肥沃的約旦河平原歸為己有，卻陷入罪惡之城所多瑪，面臨耶和華的滅城之禍。亞伯拉罕的選擇代表屬靈的價值觀——謙讓，反而得到神更大的賜福，還因此向他第三次顯現（創 13:1-18）。

　　神的每一次顯現都會傳達出一些事情，而且越講越明。第一次顯現並沒有說要賜給亞伯拉罕哪塊地，直到第二次顯現才清楚指出那塊地的位置；第三次顯現，首度提及要賜福亞伯拉罕的後裔如地上塵沙那麼多，但尚未透露這些後裔是否為他跟妻子撒拉所生，而且神當時只是應允，並未與亞伯拉罕立約。

3. 信任

　　……所多瑪王對亞伯蘭說，你把人口給我，財物你自己拿去罷。亞伯蘭對所多瑪王說，我已經向天地的主、至高的神耶和華起誓，凡是你的東西，就是一根線、一根鞋帶，我都不拿，免得你說，我使亞伯蘭富足……（創 14:1-24）

上述經文講到，亞伯拉罕的侄子羅得及其財物和人民皆被擄掠，後被亞伯拉罕率眾全數奪回，所多瑪王見狀，主動表示要將財物賜給他，卻遭拒絕。

可別小看這個道德舉措，很多人之所以無法晉升到信任階段，正是因為面臨錢財誘惑時，通常會憑私慾而行，亞伯拉罕卻視錢財為無物，這是非常不容易的事。綜觀古今，很多戰役的發動，爭的不是錢財就是女人，亞伯拉罕因著信心勝於勇氣，發展出高尚的德力，神也因此對他第四次顯現、第一次立約（創 15:1-21）。

這次顯現，神說的更多了。祂清楚告訴亞伯拉罕，所謂的後裔並非現在同住家中的人，而是出自於他的 DNA。但神也預告，他的土地會先給別人接管四百年，後裔也會因此寄居別人的地、服事他人。

我們無法揣測亞伯拉罕聽到這個震撼消息時的表情，但以信徒普遍會有的反應來說，大概會忍不住在心大罵，「那我不要信神了！明明說地是我的，怎麼還要等到四百年才能擁有；說要祝福我的後裔，後來卻給別人奴役，這樣的神誰還要信？」

但亞伯拉罕被稱為「信心之父」，非浪得虛名，他依然相信神的安排跟帶領。在那次的顯現中，神第一次提到「因信稱義」的概念（創 15:6），後來的整本聖經講的，其實也是一些聖經偉人因信稱義的事情。

另外，神也在這時候訂了亞伯拉罕的產業疆界，並以此領地與他立約。現在以色列人跟巴勒斯坦人一直打仗爭奪的疆界，正是以聖經的這段經文記載為依據。

在那之後，只知後裔必從自己所生，不知母親必須是撒拉，亞伯拉罕因為耳根子軟，聽了妻子撒拉的話，便與婢女夏甲同房，生下一子，名為以實瑪利。

亞伯拉罕九十九歲時神第五次顯現，第二次立約（創17:1-27），神方明確告知後裔的定義是他與妻子撒拉所生，取名為以撒，亞伯拉罕才知道原來神口中的後裔是誰。就在此時神與他立約為「多國之父」，也將其亞伯蘭的名字改為亞伯拉罕，並設立外在的割禮成為立約的證據。當時，為了回應神的立約，順服的亞伯拉罕立即命令全家男丁接收割禮，而割禮真正的意思是說，把過去的罪除掉，象徵認罪悔改。神同時告訴亞伯拉罕要將他妻子撒萊改名為撒拉（「多國之母」）。

創世紀 18 章到 21 章的篇幅則記載了，神藉由第六次顯現，預告撒拉一年後要生下以撒，還表明因迦南人的惡行重大，上帝決定徹底滅絕兩座城（所多瑪和蛾摩拉）。亞伯拉罕知悉後，甚為震驚，為了說服神不要毀滅這兩座城，從五十個義人開始討價還價，希望神看在城裡仍有義人的份上，放過侄子羅得一家。

像亞伯拉罕如此有信心的人在神面前代求，究竟有沒有用？結果證明，神最終還是摧毀了那兩座城，但因為有亞伯拉罕的代求，神事前特別派使者帶領羅得一家人逃到他城，而羅得的妻子因為貪戀世界，在逃亡的過程中往回看，瞬間變成了一根鹽柱。

通過這起滅城事件，我們學習到兩個重點。

第一，神定意要毀滅那兩座城，是因為人民的惡行到了極點，這代表神雖然滿懷慈愛，但也有公義的一面。

　　第二，有信心的人代求，雖然全城沒有十個義人不能改變
神的決定（滅城），卻可以更改事件本身的發生（讓義人羅得
一家人得救，彼後 2:7）。

　　只不過，出於人性的變數，羅得與兩個女兒逃到山洞後，
為了給父親留後裔，他的兩個女兒竟刻意將其灌醉，與之行
房，各自產下一子。大難不死卻演變成亂倫悲劇，其後裔摩押
及亞捫，讓亞伯拉罕的子孫因此陷入網羅，恐非亞伯拉罕當初
代求的初衷。這也告訴我們，當我們試圖用禱告來左右神所命
定事件的發生時，要有心理準備可能會迎來預料之外的結果。

　　個性，是讓人自陷網羅的關鍵。創世紀 20 章 1-18 節提
及，亞伯拉罕因為個性的缺失，憑感覺而非信心行事，為了避
免被殺害，寄居在基拉耳時，再次佯稱妻子撒拉為妹妹，使得
基拉耳王亞比米勒一度想將撒拉占為己有。後來因為神及時制
止，亞比米勒才趕緊將撒拉歸還亞伯拉罕，並致贈牛、羊、僕
婢作為補償。

　　後來，神藉著超越人類生育的自然律，讓已經停經的撒拉
懷孕，產下以撒，藉此鞏固亞伯拉罕的信心，以便讓他接受下
一個信心的試煉。同時神也告訴亞伯拉罕要打發夏甲，因為以
撒才是神命定要賜給亞伯拉罕的後裔。

4. 堅信

　　神說：你帶著你的兒子，就是你獨生的兒子，你所愛的以
撒，往摩利亞地去，在我所要指示你的山上，把他獻為燔祭。
亞伯拉罕清早起來，備上驢，帶著兩個僕人和他兒子以撒，也
劈好了燔祭的柴，就起身往神所指示他的地方去了。（創 22:1-
10）

　　進入堅信階段的亞伯拉罕，連唯一的兒子以撒都可以獻上。經文中提到，正當他築好壇，準備拿刀殺以撒時，上帝的使者及時從天上發聲制止，告知亞伯拉罕可改獻一隻公羊來替代。創世紀 22 章 15-19 節，上帝的使者第二次從天上呼叫亞伯拉罕並提到「地上萬國都必因你的後裔得福」，這裡的後裔是單數，便是預表著耶穌基督的到來。（加拉太書 3:16）

　　縱觀亞伯拉罕領受呼召的信心歷程，可以發現神的旨意通常是一步一腳印慢慢顯明出來的，並非一步到位。而且神的每次顯現，大都是因為亞伯拉罕做出「信心」的回應，也就是待信心一點一滴建立起來，神才依據他可領受的程度，再次顯現傳達「新旨意」，使其可以從命定的大方向中，逐漸確認一些細節。

　　直到亞伯拉罕通過堅信的試煉，神才將至終旨意──耶穌──啟示出來。他的一生就是為此命定而活，可惜亞伯拉罕及舊約時代的人，當時還領受不到箇中奧秘。即便是當今的以色列，絕大多數猶太人也還在等他們心目中的彌賽亞，絲毫不知救世主已經來過。

　　這也再度說明了，神的智慧和意念高過我們，而亞伯拉罕信心偉大的地方，在於他雖然不了解，但神藉著他的順服仍舊成了大事。同時透過神在亞伯拉罕身上的作為，也讓當今世代的我們有一些新的看見：

　　(1) 亞伯拉罕雖曾犯了幾次嚴重的錯誤，但起因是對神旨意的誤判或不明白，才會出現這些差錯，並非明知故犯，或故意要悖逆、不信神，所以至終都得到神的原諒。

　　(2) 神對信心低的人往往會特別照顧，對信心高的人反而

可能不理睬，主要是因為要成就大事的人，必須在見不到神的環境中，接受更嚴厲的信心操練，以便提升心理素質，這個定律也是很多基督徒不理解的地方。

（3）每個信徒至終都要在神面前，放下自己最珍貴的東西，例如錢、權、事業心、自我、兒女等等，對亞伯拉罕來說則是獨生子以撒。因為老年得子的他，似乎一度愛兒子多過愛神，關心兒子的事大過事奉神的事。當我們愛什麼多過神時，所愛的就成為偶像了。一個渴望臻至堅信層次的信徒都必須勝過試煉，方能從「以己為中心」，進階到「以神為中心」的靈命高度。

亞伯拉罕面臨拐點的扭轉五力

■工作扭轉力

亞伯拉罕在世上，從一個一無所有的外地人，至終成為一個部落的領袖，除了家人之外還招聚、生養了許多外人，也擁有許多牲畜、財富。這好比今日一位白手起家、歷經創業成功的企業主。亞伯拉罕的成就，絕非靠運氣，而在於他的領導力。我們從他在關鍵時刻為了救出羅得一家人、帶領部落打敗了四個國家的大聯盟故事中，可見一斑。

亞伯拉罕聽見侄兒被擄，就率領他家裡生養的精練壯丁三百一十八人，直追到但，便在夜間，自己同僕人分隊殺敗敵人，又追到大馬色左邊的何把，將被擄掠的一切財物奪回來，連他侄兒羅得和他的財物以及婦女、人民也都奪回來。（創14:14-16）

亞伯拉罕如何展現出五力呢？

魄力——有膽有識：亞伯拉罕聽見他侄兒被擄去，就率領他家裡生養的精練壯丁三百一十八人，直追到但。

魅力——善於感召：亞伯拉罕正住在亞摩利人幔利橡樹那裡，幔利和以實各並亞乃都是弟兄，曾與亞伯拉罕聯盟。亞伯拉罕就率領他家裡生養的精練壯丁三百一十八人。

眼力——見到戰術：便在夜間，自己同僕人分隊殺敗敵人。

動力——執行到位：又追到大馬色左邊的何把，將被擄掠的一切財物奪回來，連他侄兒羅得和他的財物以及婦女、人民也都奪回來。

德力——德行天下：打勝戰後，不奪取任何該得的戰利品，守住原則。

■生命扭轉力

在神顯現的定義時刻裡，亞伯拉罕都會馬上放棄腦中想法及自身抱負，從不信的環境進階到相信，再上一層樓到信任，至終在要獻出愛子的行動中，抵達堅信。完全順服來自神的聲音，即使犯了小缺失，也能盡速拐回到神所設計的人生軌跡上。亞伯拉罕的信心帶出來的順服，幫助他活出在神國度中「信心之父」的使命。

■亞伯拉罕是雙職事奉的典範

亞伯拉罕受呼召後人生的軌跡是：

1. 住帳棚：在應許之地作客，不貪愛世界，只是寄居。

2. 築祭壇：每到一處或神顯現後必築壇，全人為神獻上。

綜上所述，亞伯拉罕又有帳棚（事業），又有祭壇（信仰），堪稱是「雙職事奉者」。這種工作與信仰合一的觀念，很值得效法，尤其是影響層面更大的基督徒企業家，不僅要擴張帳棚以見證神，更要在祭壇中更新生命。唯一不同的是，祭壇要從個人、家庭裡開始，而非教會。反觀羅得的一生只有事業而無祭壇，亞伯拉罕遷移帳棚得神美意到希伯崙，而羅得一再往東挪移直到罪大惡極的所多瑪城市，在屬靈上貧窮的成功人士是難以榮耀神的。

■在當今世代如何當亞伯拉罕？

一位台灣某科技公司的創辦人，看了媒體報導之後，跑來參加我在台北舉辦的一場人生講座，聽完有感而發，自此開始反思，神對他的人生呼召是什麼？

藉由某次一對一輔導的機會，他說出了心中一個隱藏已久的夢想。姑且不論那個夢想是否過於遠大，因著對神的純潔信心，讓他在不確定夢想是否能實現的情況下，就開始一步一腳印地謙卑服事、忠心擺上，經常運用自己的科技專長及擅長唸書的強項，有系統地帶領公司的同仁，免費教導和帶領許多弱勢家庭的孩子。

這樣的特質其實很像亞伯拉罕，在不清楚在神家至終的使命為何的前提下，就在工作上事奉神。他們都很願意信靠順服神的帶領，因此在人生的定義時刻裡，可以慢慢藉著神所賜與的才幹及資源，抵達命定。

全人類救恩的中心是耶穌基督

舊約時代的以色列人以及當今信奉猶太教的猶太人，都以其祖先亞伯拉罕是「被」神揀選的，而自己則是蒙神揀選的選民為榮，因而做出了有關猶太教的兩個關於神的宣告：

1. 猶太人的神是全宇宙的神

以色列人說我們的神是唯一真正存在的神，其他的神都是人想像出來的。以色列人又說，我們信的神不但創造了宇宙，還維持宇宙的運行。

2. 全宇宙的神是猶太人的神

以色列人宣稱這位創造宇宙萬物，高不可及的主宰卻和地上的這一小群人——也就是猶太人——關係特別密切。上帝甚至指出，自己和某家族的祖孫三代關係密切。這位全宇宙的神竟然自稱是亞伯拉罕、以撒、雅各的神，還欣然自稱是這個小民族中，某三個人的神，並冠他們的名字來稱呼自己，因此猶太人認為，上帝顯然要將自己跟他們放在同一層次。

針對這兩個宣告，究竟是否正確？

猶太教和基督信仰，均起始於上帝的呼召，整個救恩的中心課題是神先發動，而非來自亞伯拉罕的自義。他的蒙受揀選表明了：犯罪的人類向上帝祈求，被揀選的人才因此成為恩典的接受者，並且澤及後裔。

這種「得天獨厚」的賜福，並非意味著上帝棄絕了其他族類。聖經中從未有這樣的主張。每當舊約聖經提及，以色列為蒙受揀選的子民時，只有宣佈上帝「主動」的揀選以色列，這個聖經上記載的事實，杜絕了「天之驕子」或「萬族被棄絕」

的臆斷，因為全人類救恩的中心是耶穌基督。

　　總之，上帝揀選亞伯拉罕是要「使亞伯拉罕的福，因基督耶穌可以臨到萬族」，因此揀選是始於神的愛，而非人的義。猶太教的兩個宣告，源自他們對神揀選的誤解，亦是全世界反猶太主義的主因。

【沉思錄】

Q： 亞伯拉罕的信心歷程帶給你什麼樣的省思？如何套用在你當前的生命處境？

Q： 你正處於四種信神型態中的哪個型態？神透過什麼樣的方式提升你的信心？

Q： 神曾經透過什麼方式向你顯現嗎？帶給你什麼樣的訊息？

Q： 對於亞伯拉罕曾經在不知神旨意的情況下，犯過幾次無心之過，你的看法是什麼？對於教會牧長或是屬靈領袖的犯錯，你覺得可以原諒嗎？為什麼？

Q： 針對猶太人對神的兩個宣告，你的看法是什麼？

第二章

以色列十二族族長**雅各**

　　無論是從命定還是個性的角度視之，雅各和亞伯拉罕是很不一樣的人。以犯錯這件事情來說，亞伯拉罕是因為一時不理解神的心意，才會犯了幾次錯，但雅各就不同了；雅各個性精明、反應快，會犯錯是出於騙人的意圖。

　　雅各比亞伯拉罕更機智，對神的安排和旨意不像亞伯拉罕那麼順服。透過探討雅各的生命故事可以發現，他在通往命定的過程中，不僅常有自己的意見，還會反彈、跟神摔跤。命定之路雖走得艱辛，一生的經歷卻比亞伯拉罕豐富許多。

　　放眼全本聖經，從來沒有一個人物像雅各那樣，足為人性變化多端的表徵。我們看到了他的內心歷經衝突起伏、天人交戰、善惡相爭；他的天路歷程遠近高低各有不同，起初在低窪的山谷，一下子又扶搖直上爬到雲端。但過不了多久，雅各又再度掉到谷底，然後重新力爭上游，直到抵達信心高峰，綜觀他的整個人生過程，宛如雲霄飛車般忽高忽低、動魄驚心。

　　透過雅各失敗多於成功的一生，我們不僅照見自己也見證上帝永不改變的愛。聖經的真實性就在於，聖經偉人並非都是模範生，他們不僅會犯錯，也非常人性，就和你我一樣。

　　雅各天生狡詐卻是性情中人。他的感情豐富且殷勤不息、勇於創新、不懼挑戰，最重要的是他擅於禱告。與亞伯拉罕的共同點是「靠著信心被神揀選」。因此雅各也是「信心偉人」，年老時可以扶著杖頭敬拜神，為子孫祈福。（來 11:21）

　　如果像雅各這樣的人都能得救，許多當代信徒同樣也可以得救贖的——只要懂得在「關鍵時刻」藉著信靠神，贏在拐點——如同雅各在雅博渡口緊緊抓住神，得到神的祝福與改名為以色列的應許。（創 32:22-30）

表2.1 以掃和雅各的比較

屬世的以掃	屬靈的雅各
按照當時習俗，長子不只要繼承父親多份財產，亦須承接父親靈裡的祝福（創27:36），但以掃卻經常在外打獵，不在乎屬靈長子的名份。	雅各為人安靜，常常待在帳棚裡。聖經雖然沒有說他在帳棚做什麼，但他看重靈裡長子的名份。
以掃輕看長子的名份 為了一碗紅豆湯就賣掉長子的名份，顯示以掃是以世俗的物質享受來看待靈裡長子名份，絲毫不明白其中的祝福為何。	**雅各看重長子的名份** 「將來亞伯拉罕的後代要成為大國，萬國必因他而得福」這段經文指的便是雅各的後代，神的祝福是一脈相傳的，彌賽亞也是雅各的後代，而不是以掃的後代。

雅各生命中的三個定義時刻

■早年生活時期——奪取長子的「繼承權」

　　表面看來，神似乎很不公平，狡猾如雅各何以受到神的恩待呢？實際上，神的意念高過人的意念和智慧，只要仔細比較以掃與雅各兩人的不同（請見表 2.1），便可理解神的作為。

　　以掃和雅各選擇的道路不同，帶出了「人類的兩個後代」這個重要命題，這也正是為什麼，聖經要花那麼長的篇幅來交代族譜。研讀聖經中的亞伯拉罕、以撒、雅各這三代人的故事，我們會發現有趣的「屬靈 VS. 屬世」的對照：

　　・亞伯拉罕 VS. 侄子羅得
　　・以撒 VS. 同父異母的哥哥以實瑪利
　　・雅各 VS. 同胎生的以掃

　　以人類始祖亞當的兩個兒子該隱與亞伯為例，雖然兩人出

表2.2 屬世的後代和屬靈的後代

屬世以掃型的後代	屬靈雅各型的後代
神眼中的以掃：不信的人 **（血氣之子）** 聰明人追求眼前的利益，凡事只為自己打算。所以為什麼無神論的國家這麼可怕？因為天不怕地不怕。相較之下，有神論國家的人民做壞事時內心會不平安，多少會自我限制。 不義之人的內心不會不平安。因為追求「及時滿足」，只求肉體或物質欲望的滿足；做事也是憑眼見、靠感覺，渴慕聰明、財富、權勢，為達目的不擇手段。 靈裡的不信不只表現在行為，更影響人的意念。每個人身上都有一個以掃，千萬要小心，別讓他主導我們的人生。	**神眼中的雅各：堅信的人** **（信心之子）** 智慧人尋求永世的意義及雙贏法則，深知「如何以利他之行滿足利己之心」的道理；願意「延遲滿足」，為了更好的未來，先放棄當下的利益。 亞伯拉罕對羅得的謙讓，以撒對基拉耳牧人的退讓都不是畏縮，乃是勇敢信靠神。這類人都是用靈來控制魂的人，且靠靈成事。靈跟魂不一樣，魂是直覺反應，靈卻讓人想到犧牲、付出，才會願意延遲滿足。 這類人也是心有盼望的人，堅信看不見的東西。信心是過「好」人一生的起點，這類人選擇智慧、道德跟真理。

自同源，因著各自的本質差異，後來便越分越開。如同兩條線貫穿歷史的長河，從起點分出來之後，就朝向不同方向延伸，直到永恆，一條線的終點是地獄（永死），另外一條線的結局則是天堂（永生）。至於是什麼決定了「一個人將通往天堂還是地獄？」，關鍵在於「選擇」。

　　神總在挑戰著人類做選擇的能力。人生中的每一個選擇都很重要，因為那說明了我們是屬世以掃型的後代？或是屬靈雅各型的後代？（請見表 2.2）

■在哈蘭時期──利用「扭轉五力」贏在拐點

　　雅各對他說，我怎樣服事你，你的牲畜在我手裡怎樣，是

你知道的。我未來之先，你所有的很少，現今卻發大眾多，耶
和華隨我的腳步賜福與你。如今，我什麼時候才為自己興家立
業呢……。（創 30:29-31:41）

雅各在哈蘭為他岳父拉班打工的二十年間，至少遇到十次
關鍵時刻，因為拉班改過他十次工價（創 31:38-41）。聽到雅各
說想擁有自身家業，拉班表面上答應，私底下卻詭計多端、意
圖阻擾，幸而雅各憑藉著傑出的管理和創新能力，最後還是如
願得了許多的羊群、僕婢、駱駝和驢，顯見神為了預備雅各日
後可以完成使命，早就從五大面向來量身打造他（請見圖 2.3）。

雅各在哈蘭時期所面臨的艱困處境，如同工作者碰到一個
很苛刻的老闆，或是創業者遇到了一個唯利是圖的投資者，最
後他是如何藉著信靠神用扭轉五力贏在拐點？

(1) 魅力：情緒管控

「被野獸撕裂的，我沒有帶來給你，是我自己賠上。無論
是白日，是黑夜，被偷去的，你都向我索要。」（創 31:39）此
段經文說明，雅各即使身處在負面高壓的環境當中，仍能自我
激勵而非遷怒。

(2) 動力：擅長執行

「我未來之先，你所有的很少，現今卻發大眾多（創
30:30）……我在你家這二十年，你的母綿羊，母山羊沒有掉
過胎。」（創 31:38）此段經文說明，雅各擅長將計畫落實到行
動中，並且堅持把事做成的態度。

(3) 魄力：堅忍負重

「我白日受盡炎熱，黑夜受盡寒霜，不得合眼睡著，我常

圖2.3 雅各的特質

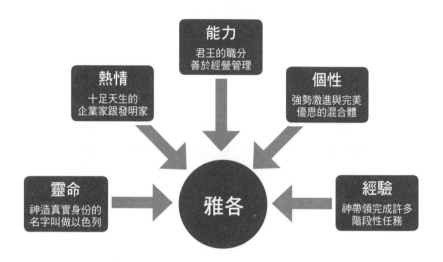

是這樣。」（創 31:40）此段經文說明，雅各在面對逆境時，仍勇於承擔挑戰，且有膽識做好應變的工作。

(4) 眼力：解決難題

「羊對著枝子配合，就生下有紋的，有點的，有斑的來。」（創 30:39）此段經文說明，雅各能夠在絕境中，想出不尋常的解決難題之道，甚至做到從「無」到「有」的創新。此一過人眼力，讓雅各能夠隨時評估局勢並調整方向，進而追尋夢想、達成遠景。

(5) 德力：實踐利他

「你群中的公羊，我沒有吃過。被野獸撕裂的，我沒有帶來給你，是我自己賠上……我這二十年在你家裡，為你的兩個女兒服事你十四年，為你的羊群服事你六年，你又十次改了我

的工價。」（創 31:38-41）此段經文說明，雅各是因為心愛拉結，忍辱負重，雅各具體實踐出「利他就是最好利己」的雙贏法則。

藉由雅各運用「扭轉五力」脫離困境的實戰案例，想要鼓勵大家，當我們身處在危難當中，不要放任自己而情緒失控，一味怪罪環境或他人，甚至放棄。而是要專注聆聽神對自己內心超理性的啟示，還可以做些什麼？接著以眼力、膽識、執行力來實踐利他原則，相信最後不僅能像雅各一樣突破重圍，受惠的也終將是自己。

■返回父家途中——神重生雅各為以色列

他夜間起來，帶著兩個妻子，兩個使女，並十一個兒子，都過了雅博渡口……只剩下雅各一人。有一個人來和他摔跤，直到黎明……那人說，你的名不要再叫雅各，要叫以色列。因為你與神與人較力，都得了勝。（創 32:22-28）

雅各才逃脫岳父拉班的追趕，返家路途中的前方，卻又碰哥哥以掃帶著四百人迎面而來。前有埋伏、後無退路，雅各進退維谷，轉而向神求助，因此進入神重生他的四大步驟（請見圖 2.4）。

雅各面臨拐點的扭轉力

雅各的一生當中也碰到過很多的關鍵時刻（關乎工作）和定義時刻（關乎生命）。

圖2.4 神重生雅各的歷程

製造危機	前有以掃、後有拉班，雅各在生死存亡之際，眼見所有的家產及家人性命恐將毀於一旦，卻無能為力，使其真實感受到何謂「人的盡頭」，而人的盡頭，往往就是神的起頭。
神的開頭	神的使者與雅各摔跤一整晚，天亮時對雅各說「容我去吧！」雅各卻堅持要得到祝福，代表他已經敞開心，要讓神進入到自己的生命當中。
認罪悔改	雅各承認自己是個騙子、詭詐的人，在認罪悔改以後，神就給他一個新的名字叫做以色列，神的王子的意思，藉此宣告他已經告別老我、活出新我。
與神合作	使者在雅各大腿窩捏了一把，雅各從此腳就瘸了，意思是要他放下光環，不要再凡事憑己意去做，而是要開始學習謙卑服事神，完成使命。

(1) 工作扭轉力

雅各在哈蘭的工作期間，好比一個勤奮而又有企業家精神的創業者，他的岳父拉班就是一個精明、苛刻、欺壓人的投資者。兩人角力鬥爭長達二十年，最後因為雅各在關鍵時刻勇於創新，才一舉翻盤、反敗為勝。看到這裡，可能有人會認為這些都是神的作為，但我想提醒大家的是，雅各處在逆境中擅長運用神給他的智慧（創 31:3-13），持續操練扭轉五力，顯見「天助自助者」仍是不變的成事法則。

(2) 生命扭轉力

雅各在哈蘭生活的那段時間，也碰到很多次的定義時刻，當時除了要跟岳父拉班爭奪工作的主導權，還得面對四個每天爭吵不休的妻子。一直到返家途中，在神使者的啟示下，方知

自己的命定是藉著妻子生出十二個孩子，成為以色列十二個族的族長。被重生後的雅各，對哥哥以掃七次匍匐在地，代表好勝的他不再爭了，也學會謙卑退讓，這就是生命的改變。

綜觀雅各的生命轉變，帶給我們最大的省思就是，要反觀自己在信仰的道路上，是否以為當教會說要讀經就讀經、說要禱告就禱告，所有活動都參加就代表自己很屬靈？其實不然。一個真正屬靈的人，不會只著重在做看得見的敬虔事，更會在生命持續改變中有一顆看不見的敬虔心，而這也正是屬靈的雅各跟屬世的以掃，兩人最大的差別。

■當今世代的雅各

在我所做的「一對一輔導」中，就有一小部分的基督徒企業家，充分顯露出雅各的特質，我姑且稱他們是「當今世代的雅各」。

(1) 工作扭轉力

這些「當今世代的雅各」，他們在嚴峻環境中仍能生存，而且發大財，這就像雅各一樣是天生的企業家，對企業及商業的經營有特別靈敏的嗅覺。多年來，他們在國內各地及海外，從事高科技及傳統企業，每每遇到關鍵時刻，總會藉著扭轉五力來化險為夷，贏在拐點。

(2) 生命扭轉力

這些企業家，絕大多數是富有主見的「馬性」人格特質，而非教會主流喜歡的溫馴「羊性」。他們對教會教條式的教導一直很不適應，也難以接受權威式的領導，在此情況下，雖然內心很想服事神，但在傳統教會中不得其門而入，就在內心深

處感受到靈裡的「神聖不滿足」。有些就消極的留在教會中，又有一小部分的人會因此而離開教會，至為可惜！

在我輔導的學員當中，有一位基督徒企業家就是如此。當初因為靈裡的不滿足，讓他非常渴望尋找到一位靈命導師，為此還曾走訪世界各地，直到透過友人認識我，才終於看見職場宣教的雙職事奉的可能性。

初見面，他提及妻子是教會宣教的前鋒，兒子在唸神學院，兩個女兒在國外的教會學校唸書，全家的經濟支出都仰賴他一個人，而且對教會經濟上的需要也大方、樂意奉獻。有天，讀到聖經裡一段關於財主的比喻，讓他極為震驚，「難道未來只有我的妻子和兒女可以上天堂，我卻因為要賺錢養家而下地獄？」問這話的同時，他顯得既困惑又無助。

我不禁莞爾一笑，接著解釋：「其實財主的比喻並非說有錢的人就不能進天堂，而是指那些視財如命、有財主心態的人，他們才是真正進不了天堂的人。」

換句話說，只要是敬虔的前提下，能將賺來的錢甘心樂意地投入神國度中有意義的事工上，為神做的比大多數的基督徒還多，那麼就不是聖經中所指責的那一類財主，自然蒙神祝福。

那位企業家基督徒聽了之後，鬆了一口氣。未來，針對這一類的雅各型當代基督徒，我也期盼自己與教會牧長們能提供協助，把他們帶領到神面前，讓神親自塑造，以便下一個定義時刻到來，他們能與雅各一樣靠著堅信被神重生，在執行使命中得知真實身份，進而在職場宣教的雙職事奉裡，得到靈裡的全然滿足。

【沉思錄】

Q： 若你跟雅各一樣是「自我」很強的人，神重生雅各的經歷，對你的啟示是什麼？

Q： 你像以掃一樣，看重屬世的事？還是如雅各般渴望屬靈的事？

Q： 神允許雅各用不正當的方法獲取靈裡祝福，你的看法為何？是否有過類似的經驗？

Q： 為何聖經如此看重族譜？對於人類的兩種後代論述，你的看法是什麼？

Q： 雅各面對極端苛刻的老闆，在關鍵時刻憑藉扭轉五力一舉翻盤的經歷，對你最大的啟發是哪一點？

第三章

入埃及的
約瑟

聖經總計六十六卷書，每一卷都隱射出耶穌的形象，但約瑟最肖似耶穌。

原因是，前文介紹過的亞伯拉罕跟雅各，不是個性有缺失就是天生詭詐，約瑟卻相對單純，而且他寧可犧牲性命也不願得罪神，每次都在生死一線間，憑著對神的信心站穩腳跟，再步步爬升，因此最有資格預表耶穌基督。

除了是耶穌的影子，約瑟也是一個彎道超車的高手。「天將降大任於斯人也，必先苦其心志、勞其筋骨、餓其體膚、空乏其身，行拂亂其所為，所以動心忍性，增益其所不能」，孟子的經典語錄亦是約瑟一生的寫照。

一個人要傳福音給另外一個人，最好的方法就是在困境中，因為心中有神而能活出「富貴不能淫、貧賤不能移、威武不能屈」的精神，讓他人藉此看見身為基督徒的你，果真跟其他人不一樣，如此，才會嚮往你信仰的神。

聖經創世紀 37 章提及，十七歲時的約瑟，還只是一個被父親雅各寵壞的孩子，絲毫不知某天會因為父親的偏愛，加上曾向父親告哥哥們的狀，以及發異夢的關係，被同血緣的哥哥們聯手對付、賣到埃及去當奴隸，並因此歷經一連串的苦難。

但也正因為曾經遭遇種種苦難，方才奠定日後的命定根基。從這個角度來說，約瑟足以成為當今年輕人的勵志表率，更是每一位基督徒立身處世、為神作見證的楷模。

約瑟的事蹟鼓勵信徒們，不要在遇到困境時就忘記神，或覺得自己被神遺忘，從此懷憂喪志。神國度裡的運作邏輯是，當神要我們負的責任越大時，便越會透過環境中的人事物來操練我們的行為、磨練我們的心志，以及對神的信心。

　　從約瑟一生如何走向命定的經歷，也可清楚看到神是怎麼樣藉由環境的造化，將一個人一步步形塑到可承擔命定的高位。接下來我們就來一一分析，約瑟是如何經過「六個關鍵時刻」及「六個定義時刻」，從埃及社會最底層的奴隸，躍身為一人之下、萬人之上的宰相。

約瑟的人生目的

　　約瑟的人生目的是什麼？神又是如何藉由現實生活困境，先帶約瑟取得工作的最高職位，接著又讓他明白這一切都跟神的國度有關，以便最後能夠活出命定？在探討這些問題的過程中，我們將清楚看到，神計畫的成就，不僅來自於神的揀選，還要人以自由意志來回應。

　　因此，若有些信徒認為，約瑟之所以能完成命定，是因為有神在幫他；反觀自己什麼都做不好，是因為沒有神的幫忙，所以神的旨意與己無關，那就大錯特錯了。

(1) 神的計畫

　　聖經是神在全地推展計畫的拼圖記錄。約瑟的命定，早在其曾祖父亞伯拉罕與神互動時就訂下來了。當時，神告訴亞伯拉罕：「你的後裔必寄居別人的地，又服事那地的人，那地的人要苦待他們四百年。」（創 15:13）

　　但神的計畫要進一步得到實現，還是需要被揀選者的回應，藉由那人，所有的拼圖才能拼湊起來。是故，約瑟的人生目的，確實跟神的計畫有關。

(2) 人的困境

　　當時，神讓雅各帶領的以色列一族人遭遇即將來到的七年饑荒之災。在此背景因素之下，約瑟成了整合拼圖的中心人物。在神的計畫裡，需要一個「以色列民族入埃及的先導」，因此神就動工，讓雅各做了一件彩衣給約瑟。

　　那件彩衣太重要了！雅各怎麼會有這個想法？從人的角度可以解釋成說，是因為雅各特別偏愛約瑟這個兒子，但就神的角度而言，若是沒有這件彩衣，約瑟就不會被賣到埃及，以色列人也就進不了埃及，更不會有之後的出埃及。

　　父親送兒子一件彩衣，這個看似微不足道小事，其實跟全人類的救恩有關，因為不出埃及就沒有大衛，沒有大衛就沒有耶穌的出場，整件事情都是息息相關的。

　　既然約瑟是整個拼圖的中心，神如何裝備約瑟成為埃及的宰相？我們可以運用扭轉五力的理論架構來解構整個故事，看約瑟是如何傾聽內心的聲音，加上信靠神而贏在拐點。

關鍵時刻，裝備約瑟成為埃及宰相（創世記 37-41 章）

■關鍵時刻一：被賣為奴

　　約瑟被帶下埃及去。有一個埃及人，是法老的內臣——護衛長波提乏，從那些帶下他來的以實瑪利人手下買了他去。（創 39:1）

　　約瑟的第一個關鍵時刻就是被賣到埃及去，神把波堤乏的家當成約瑟的訓練平台。那段時間，約瑟學會了：

　　(1) 帶人必須有激勵自己和激勵他人的「魅力」；(2) 做成

事必備的執行力，也就是「動力」；(3) 贏得下屬信任的「德力」。再加上，主人波堤乏看到耶和華與約瑟同在，就把一切家務都交在他手裡，神藉此培養他做成小事的「管理能力」。

除了因為耶和華與約瑟同在，加上約瑟也不忘信靠神，做事的過程中，與神的聯繫保持暢通，讓他所做之事盡都順利，約瑟的個人特質也很重要。假如約瑟沒有散發出一種讓人想向他靠攏，而且懂得「帶」對人的魅力，最終也沒辦法做成那麼多事。

其次，就是要有「做」對事情的能力，如何按才授職、分工授權的動力，這也是一種管理藝術。最後就是要能夠做到讓主人及下屬信任的德力。讓我們試想一下，若是約瑟常刻意在波堤乏面前吹噓自己多厲害，也不給他人表現的機會，得到的結果肯定是被他人聯手打壓、沒有出頭的機會，更別說會被委以重任了。

■關鍵時刻二：被害入監

約瑟的主人聽見他妻子對他所說的話，說：「你的僕人如此如此待我」，他就生氣，把約瑟下在監裡，就是王的囚犯被囚的地方。於是約瑟在那裡坐監。（創 39:19-20）

透過第一個關鍵時刻，約瑟充分展現出「扭轉五力」當中的魅力、動力以及德力，但神對約瑟的計畫並不僅於此，還要他成為整個埃及的宰相，也就是神要約瑟管理的版圖，遠比波堤乏的家大上幾千萬倍。既然要做更大的事情，自然需要更大的裝備。

　　波堤乏妻子見約瑟的能力一把罩，長相又俊美，多次引誘同寢。若是約瑟安於當下、不想得罪女主人，大可讓自己順著女主人的試探，但事實上他並沒有這麼做。約瑟深知不能辜負主人的信任，更不願因此得罪神，因此拒絕了波堤乏的妻子。

　　因為這個道德上的選擇，約瑟的人生自此從直道進入彎道，而且還翻車。某日，波堤乏妻子一氣之下，汙衊約瑟戲弄她，波堤乏憤而將約瑟送入監獄。

　　持守神的道，結果非但沒有得到好處，還反遭陷害，一般人恐怕難以理解；但約瑟依舊選擇信靠神，不向命運低頭。這也告訴我們，不要以為因為信靠神，在彎道一定可以超車，有時神允許翻車是為了讓我們操練在晉級中必備的能力及信心，以便日後遇到更大的彎道時可以過得去。

　　聖經上說，耶和華與約瑟同在。入獄之初，很可能典獄長根本沒有把約瑟看在眼裡，但因為有神的同在，讓約瑟做對了一些事，加上他又將先前學會的「管理能力」用上，典獄長便開始對其另眼相看，最後把整個監獄都讓他管。

　　監獄裡都是一些殺人放火的人，約瑟竟然能把這些人領導得服服貼貼，而且不是用幫派老大的方法去帶領，是用神的價值觀的方法──「德力」，這表示他真的很厲害。可想而知，帶領這些犯人一定會遇到更多困難，但也因此迫使約瑟必須一次次想出辦法，這過程當中就培養出了定方向、解決難題的「眼力」。

　　另外，面對這些人時，究竟是要堅持照自己的神國原則去做事，還是屈服於眾人的扭曲價值觀？考驗著一個領導者的膽識，約瑟因此養成了處應變，面對現實的「魄力」，領導能

耐更上一層樓，能夠承擔的責任也越來越大。但為了讓約瑟如期邁向命定，神又讓第三個關鍵時刻發生。

■關鍵時刻三：學會解夢

被囚在監之埃及王的酒政和膳長二人同夜各做一夢，各夢都有講解……他們對他說：我們各人做了一夢，沒有人能解。約瑟說：解夢不是出於神嗎？請你們將夢告訴我。（創 40:5-8）

約瑟以前只會做夢不會解夢，但因著信靠神，他不但先後學會了管理和領導，現在連解夢也會了。這時，神就讓他開始接觸法老宮廷裡面的事情，方法就是安排他為埃及的酒政與膳長解夢。此舉，也為日後的埃及宰相之路埋下伏筆。

■關鍵時刻四：堅信動工

到了第三天，是法老的生日，他為眾臣僕設擺筵席，把酒政和膳長提出監來……酒政卻不記念約瑟，竟忘了他。（創 40:20-23）

藉著伺候酒政和膳長，約瑟知道宮廷裡的法老是怎麼樣一個人。解夢三天之後，膳長被處死、酒政被放，就如約瑟向他們所解的話，而在那之前，約瑟曾請酒政出去後想辦法把他帶出監獄，這是約瑟的想法，也是一般人會提出來的請求，但神的想法卻未必如此。

神不僅讓酒政忘了他，還長達兩年之久。當我們身處在逆境中，不要說兩年的時間，兩天都會令人覺得漫長。但即使暫

時看不見神在動工，約瑟的內心也仍然堅信神的作為，因為相較於人是看時間的長短，神看的是時機。讓約瑟得以騰空出世的時機，即是第五個關鍵時刻。

■關鍵時刻五：法老異夢

過了兩年，法老做夢，夢見自己站在河邊⋯⋯法老遂即差人去召約瑟，他們便急忙帶他出監，他就剃頭，刮臉，換衣裳，進到法老面前。（創 41:1-14）

當約瑟具備管理、領導、解夢等能力，也學會了對神的堅信以後，神就讓埃及法老開始做了一個無人能解的夢，酒政這才想到仍被關在獄中的約瑟，並將之救出。

約瑟不但能夠為法老解夢，還告訴法老治國之道，這是很多人在讀約瑟的故事時忽略的地方。

若是約瑟為法老做的只是解夢，最終得到也僅是法老的獎賞，以及賜他一個埃及國民的身份，整個故事也不會有後續。正因為約瑟還懂得主動獻策，告訴法老未來即將遭遇的困難，以及具體的因應對策，替法老化危機為轉機，才能一舉坐上埃及的宰相大位。

■關鍵時刻六：七年儲糧，七年發糧

約瑟聚斂埃及地七個豐年一切的糧食，把糧食積存在各城裡；各城周圍田地的糧食都積存在本城裡⋯⋯埃及地的七個豐年一完，七個荒年就來了。正如約瑟所說的，各地都有饑荒；惟獨埃及全地有糧食。（創 41:47-57, 47:13-26）

　　約瑟做了宰相以後，關鍵時刻不是停在這裡，他還陸續完成了七年儲糧、七年發糧的工作，拯救了全地的百姓，也讓法老富賈一方，所以在大家眼中約瑟是極有能力的，而且治國有方。這也顯示了，神在早年一步步透過關鍵時刻，培養約瑟學會的管理、領導及解夢能力，後來都一一派上用場。

　　對於約瑟個人而言，他雖然感覺到有神的幫忙，卻不知道為何要幫他這些忙。意思就是說，約瑟在成為埃及宰相的這個職場命定之際，仍不明白這個位置對自己生命的意義是什麼，僅單純將其視為個人的工作或事業成就。這就如同當今很多的基督徒一樣：職場亨通，但信仰跟工作卻是分開的，毫無關聯。

　　但在神的眼中，信仰跟工作終究是一體兩面，因此接下來就帶大家一起來探討，神是如何透過一個個定義時刻，幫助約瑟清楚看見自己在神國度中的使命，也就是神使其成為埃及宰相的真正用意為何。

定義時刻，感動約瑟活出神國使命（創世記 42-50 章）

　　約瑟從奴隸一躍成為埃及宰相，相信連他自己都始料未及，更不知道這些境遇的發生並非為個人，而是預備有一天要成就神的大計畫。至於他能順利完成命定，正是因為在上述的關鍵時刻裡，藉著信靠神並操練工作上的扭轉五力，人生的下半場在神國度中的任務，便慢慢顯現出來。

　　作為信徒的你，也有過相同的經歷嗎？很多信徒可能在工作上非常成功，或是闖出一番大事業，卻不知道這跟自己的

命定有何關係，更不明白是要藉此完成神的何種計畫。

　　接下來我們就一同來探討，神如何藉著一個個生命中的定義時刻，重新定義約瑟在國度中的真實身份及使命。

■定義時刻一：兄弟糴糧

　　約瑟看見他哥哥們，就認得他們，卻裝作生人，向他們說些嚴厲話，問他們說：你們從哪裡來？他們說：我們從迦南地來買糧。（創42:7）

　　飢荒之故，父親雅各要求約瑟的十個哥哥到埃及買糧，唯獨便雅憫沒去。聖經記載，十個哥哥獲准晉見時，約瑟一眼就認出他們來，但哥哥們卻不認得他，約瑟仍心懷舊恨，就刻意對哥哥們說一些嚴厲的話，還誣告他們是奸細。

　　事後，約瑟儘管內心激動，甚至一度離開現場、私下哭了一回，仍舊沒表明自己真正的身份。最後，為了要見到最掛念的弟弟便雅憫，便留下西緬當作人質，要求哥哥們回去帶便雅憫過來。

　　為什麼說這是一個定義時刻？因為埃及宰相一職是由神掌管的，非屬約瑟個人的榮華富貴。神先讓約瑟當上宰相，爾後又讓飢荒發生，並藉著這個機會讓約瑟跟哥哥們展開接觸，以揭開約瑟的人生目的。

■定義時刻二：態度軟化

　　約瑟舉目看見他同母的兄弟便雅憫，就說：你們向我所說那頂小的兄弟就是這位嗎？又說：小兒啊，願神賜恩給你！

約瑟愛弟之情發動，就急忙尋找可哭之地，進入自己的屋裡，哭了一場。（創 43:29-30）

　　哥哥們回去之後告訴父親雅各，埃及宰相說下次必須把便雅憫帶去，才會提供糧食。雅各起初不肯，因為已經失去約瑟了，後來是因為猶大跳出來，保證一定會把便雅憫平安帶回來，雅各才勉強答應。

　　從理性層面來分析，約瑟自然是恨兄長的，然而當哥哥們帶著便雅憫第二次下到埃及，約瑟愛弟之情發動，私底下哭了一場之後，剛硬之心因而軟化（生命開始改變），對哥哥們的態度也開始有所轉變。

　　這邊提到的「軟化」，其實非常重要。若約瑟對哥哥們的態度持續剛硬，那麼就不會有隨之而來的認親，以色列人也不會到埃及去。雖然計畫被耽擱，全能如神，仍有方法把以色列人帶到埃及，但可惜的是，約瑟個人在世上的使命就沒有完成。

■定義時刻三：原諒兄長

　　現在求你容僕人住下，替這童子作我主的奴僕，叫童子和他哥哥們一同上去。若童子不和我同去，我怎能上去見我父親呢？恐怕我看見災禍臨到我父親身上。（創 44:33-34）

　　約瑟為兄弟們預備了滿滿的糧食，還刻意要人把銀杯暗中放進便雅憫的口袋。等兄弟們離開一段時間後，再派人追上搜身，一口咬定便雅憫偷了銀杯，照約定必須被帶回埃及為僕。

　　大家可能會好奇，為什麼約瑟要這麼做？一來，約瑟可

能基於私心，想藉此把便雅憫留在身邊；二來，可能是想試試哥哥們有沒有改變？他們是會挺身而出保護便雅憫，還是如同以前將約瑟賣掉一樣，棄便雅憫於不顧？

透過上述經文可以得知，猶大因為曾經承諾父親一定會把便雅憫帶回去，為了兌現承諾，同時保全父親的性命，猶大便自告奮勇說要替便雅憫在埃及做僕人。約瑟因此大受感動，並打從心底原諒哥哥們早年的棄絕。

■定義時刻四：領受使命

神差我在你們以先來，為要給你們存留餘種在世上，又要大施拯救，保全你們的生命。這樣看來，差我到這裡來的不是你們，乃是神。他又使我如法老的父，作他全家的主，並埃及全地的宰相。（創 45:7-8）

選擇原諒之後，約瑟終於在兄弟面前放聲大哭，坦承真實身份，並與他們相認。這時，約瑟終於體認到，神當初會允許哥哥們將他賣到埃及為奴，原是為了讓他當上埃及宰相，拯救族人脫離飢荒並因此離開是非之地迦南，因此這是第一次約瑟開始意識到，自己的命運與神的計畫有關。

■定義時刻五：完成使命

那與雅各同到埃及的，除了他兒婦之外，凡從他所生的，共有六十六人。還有約瑟在埃及所生的兩個兒子。雅各家來到埃及的共有七十人。（創 46:26-27）

　　約瑟與兄弟們認親後，就打發車輛接父親雅各到埃及，雅各起先不信約瑟還活著，直到看見了車輛，心方甦醒過來，在喜出望外之下，就急著要去見約瑟一面。至此，神永世計畫中以色列族入埃及的旨意，就在雅各一家七十人來到埃及歌珊地而完成，約瑟也有意識的回應神所賦予的使命——成為以色列人入埃及的先導。

■定義時刻六：堅定使命

　　約瑟對他們說：不要害怕，我豈能代替神呢？從前你們的意思是要害我，但神的意思原是好的，要保全許多人的性命，成就今日的光景。（創 50:19-20）

　　約瑟的父親雅各過世以後，哥哥們開始感到不安，擔心約瑟當初是看在父親的份上才原諒他們。約瑟發現到這一點之後，大發慈愛，不僅反過來安慰哥哥們，更重申自己過去及將來的作為乃是神整體計畫的一部分。

　　綜上所述，我們可以看到，約瑟前後經歷了六個關鍵時刻，以及六個定義時刻，總計十二個工作及生命的拐點，每一個拐點被神裝備的東西都不一樣，對命定的認知也因此逐漸清晰，如此一步一步前進，終至完成在世上的使命。

人神合作的模式

　　約瑟的故事充滿了神的啟示、保守，以及人自由意志的回應，此一「人以行動來回應神的主權揀選」，很值得每一位信

徒的效法。那麼神究竟是透過哪些現象來啟示約瑟的呢？

——田裡捆禾下拜的夢（創 37:7）：神啟示約瑟是兄長們的主，亦是造成日後兄長賣掉約瑟的伏筆。

——日月星辰下拜的夢（創 37:9）：神啟示約瑟是全家族的主，意即約瑟就是預表耶穌是以色列人的救贖主。

——在波提乏家做奴（創 39:2）：耶和華與約瑟同在，他就百事順利、萬事亨通。

——波提乏之妻引誘（創 39:9）：約瑟說，我怎能做這大惡來得罪神，顯示神與他同在，他也信靠神。

——約瑟在獄中（創 39:21）：耶和華與約瑟同在，並向他施恩。

——約瑟為酒政與膳長解夢（創 40:8）：解夢的能力是出於神，所以約瑟將榮耀歸於神。

——為法老解夢前（創 41:16）：約瑟對法老說，這不在乎我，神必將平安的話回答法老，並歸榮耀於神。

——為法老敘述夢後（創 41:25）：法老的夢乃是一個神已將所要做的事顯明給法老了，約瑟歸榮耀於神。

——解夢中回答法老（創 41:28）：約瑟對法老說，神已將所要做的事顯明給法老了，約瑟歸榮耀於神。

——解夢並告訴法老治災之道（創 41:38）：法老說像這樣的人，有神的靈在他裡頭，我們豈能找得著呢？顯示約瑟一直在榮神益人，為神做美好的見證。

　　人神合作的模式，也曾經出現在我過往的創業歷程中，甚至我還一度陷入與約瑟類似的景況，明明在做對的事情，處境卻更加艱困。這也就是為什麼所有聖經人物中，就屬約瑟的故

事令我感觸最深。

　　創業期間，向來在職場戰無不勝、攻無不克的我，首次遇到那麼多困難，不僅把我的人生打亂，也把我對神的信心搞糊塗了。

　　眾所皆知，在中國大陸創辦企業，想要活出不欺騙、不驕傲，以及不自私的誠信經營法則來帶領公司，其實是非常不容易也很難生存下去的。曾經我也想過要不要妥協，但因為堅信約瑟及摩西的故事，教會我堅持下去，方能不偏離神的軌道，至終方有反敗為勝的結果。

　　我也從約瑟身上學到了，**無論遇到再大的困難，都要從神的角度而非世界的角度來看待，如此一來，才能真正領略神的計畫**。而且所謂的真正「信靠神」，其內涵並非只是在教會的四面牆內參加一些教會的崇拜、活動，然後站在講台上教教課、按照進度讀讀聖經，而是更要在牆外的工作世界及社區，鼓起勇氣真實活出信仰，就像約瑟一樣，否則個人的生命將在原地打轉，命定之路也將遙不可及。

【沉思錄】

Q： 請分享你在關鍵時刻中與神互動，而潛能被激發的經歷（如同約瑟做宰相必須具備的管理、領導、解夢的能力）？

Q： 在困境中，人是看「時間」的長短，而神是等最適當的「時機」，這對你的啟發是什麼？

Q： 如果你正處在人生巨變的困境中，約瑟信靠神的經歷，讓你得到什麼啟示？

Q： 約瑟曾經做了信靠神的行動，結果卻變得更糟，陷入更大的危機，但約瑟仍舊持續堅信神，這對你有何幫助？

Q： 當你在事業成功、位居高位時，如何效法約瑟與他人修復關係、原諒得罪你的人，讓神在定義時刻軟化你的心？

第四章

出埃及的
摩西

聖經創世記末提到，在神的計畫中，先是安排七十名以色列人跟隨約瑟入埃及，定居四百三十年後，神聽到以色列人的禱告和痛苦，便尋找一個人把近兩百萬名的以色列百姓帶出埃及，那人就是摩西。

摩西是以色列最偉大的先知，他不但帶領以色列人出埃及，還寫了「摩西五經」（從創世記到申命記），貢獻甚鉅。自古，摩西五經就是猶太會堂每年必讀一遍的經文，也是以色列孩童自小就研習、思考、辯證猶太人智慧的泉源。

從摩西身上我們可以學習到：神如何從尋找一個人到慢慢磨練一個人。另外，摩西的接班人約書亞，在聖經申命記的最後一章倒數三節（申 34:10-12），也曾補充一段內容指出，在摩西之後，神沒有再興起這樣的人，其重要性可見一斑。本文將從：

1. 摩西曠野的操練
2. 摩西的關鍵時刻
3. 摩西的定義時刻

這三個面向來探討摩西的一生。但在此之前，我們先來探討一下，何以人們都亟欲找尋一個在世界上的領袖呢？

屬世領袖與屬靈領袖的差別

我在教授領導學課程時，常常告訴學生們說，做一件稀鬆平常的事情，其實是不需要領袖的，人之所以需要被領導，通常是因為有一堆人無法單靠自己的力量前進，因為人人都希望有保障，每個人都希望有一個光明美好的未來。

　　至於誰會被我們視為可追隨的領袖？

　　第一就是能力比我強，第二是讓我能夠信得過，再來就是這個人要有一個中心思想或理念，原則不能變來變去，因為人們很難去跟隨一個不確定的東西，每個人都渴望確定和穩定。

　　這樣的民心風氣不僅瀰漫在當代，聖經中的以色列人也是如此，尤其是遇到危難的時候。在認識約瑟的埃及王死了之後，出埃及記1章13節提到，「埃及人嚴嚴地使以色列人做工。」以色列人不堪受苦，向神哀求，「神聽見他們的哀聲，就記念他與亞伯拉罕、以撒、雅各所立的約。」（出 2:24）

　　神曾經對亞伯拉罕說，他的子孫將來要在一個地方為奴四百年，再回來應許之地。神記念當時所立的約，便需要尋找屬靈領袖出來承接使命、完成計畫。這也顯示神是信實的，不是帶以色列人進埃及以後就兩手一攤不管了，但神的時間表跟祂要呼召的人有關，這個人不出來或尚未誕生，神所定的時間就還沒到。

　　約瑟的出生，便是神要藉著他在埃及當宰相，先將以色列人帶到埃及，四百年後呼召摩西，將以色列人帶出埃及。以此觀之，整個聖經的脈絡就貫穿起來了，絲毫不矛盾。

　　由此可見，神跟人都在尋找領袖，只不過人們在找尋的「屬世領袖」，跟神所尋找的「屬靈領袖」，差異甚大。

　　所謂世界上的領袖，通常是行事高調而且經常出現在媒體版面上。像是蘋果電腦創辦人賈伯斯，他就是信息時代的領袖；亞馬遜公司執行長傑夫‧貝佐斯，他也是在美國商業環境下崛起成為電子商務的領袖，在中國則是馬雲。

　　再將時間拉久遠一點，為什麼林肯總統都已經過世一百多

年，仍能在二〇〇八年英國《泰晤士報》委任專家進行的調查當中，榮登美國「最偉大總統」的第一名？因為他既是一位屬世也是屬靈的領袖。

原因是，他的領導風格符合了當時的美國政治環境，同時他也完成了在世上的命定：一是結束美國南北戰爭，統一美國；二是解放黑奴，實踐在神國度裡的使命。

相較於人們仰望的屬世領袖，多半是傾向嘩眾取寵、耀武揚威，神在尋找的卻是一個特別的人。從聖經記載、以色列人的故事，以及教會的歷史，我發現到，只要合乎屬靈條件且願意盡心竭力跟隨神，儘管有明顯缺點，通常也會得到神的重用。

這個人也必須具有「用『對』的方式將工作做『好』的扭轉五力」。其中包含了，將事情做好的眼力、魅力、動力、魄力；以及將事情做對的德力——德力中很重要的一環，是屬靈的企圖心。

很多人都以為，企圖心是一種偏向屬世的指涉，實際上企圖心屬中性，更是做成事情的必要條件，關鍵在於人們如何運用。是故，在此我又將企圖心分為正向企圖心（屬靈）跟負向企圖心（屬世）。（請見圖 4.1）

當今神家中的領導人，若想克盡對下一代的責任，必須同時具備「屬靈、捨己、有權柄」三項特質，其中又以屬靈（或具備屬靈企圖心）為首要。領袖一旦不屬靈，就和屬世領袖沒什麼差別，儘管充滿魅力跟幹勁，因道德和靈性已經破產，神的祝福挪去，終究難以成事。

圖4.1 正負向企圖心的特質

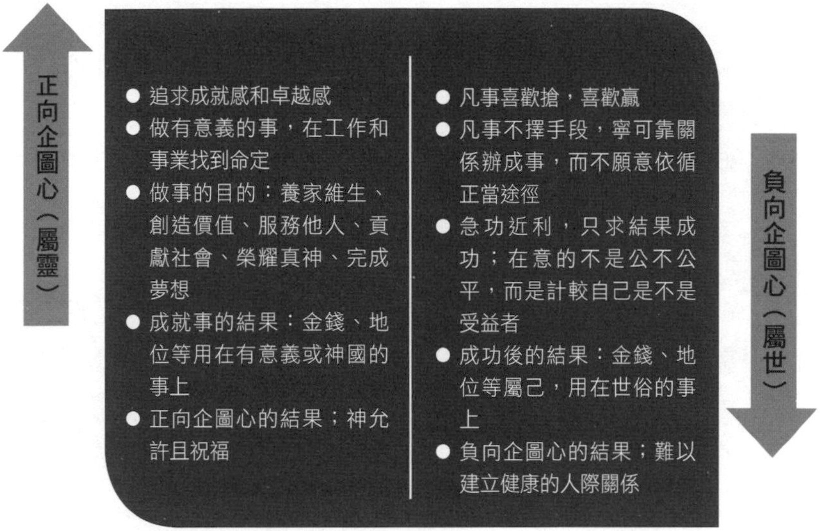

正向企圖心（屬靈）

- 追求成就感和卓越感
- 做有意義的事，在工作和事業找到命定
- 做事的目的：養家維生、創造價值、服務他人、貢獻社會、榮耀真神、完成夢想
- 成就事的結果：金錢、地位等用在有意義或神國的事上
- 正向企圖心的結果；神允許且祝福

負向企圖心（屬世）

- 凡事喜歡搶，喜歡贏
- 凡事不擇手段，寧可靠關係辦成事，而不願意依循正當途徑
- 急功近利，只求結果成功；在意的不是公不公平，而是計較自己是不是受益者
- 成功後的結果：金錢、地位等屬己，用在世俗的事上
- 負向企圖心的結果；難以建立健康的人際關係

摩西在王宮中的負面企圖心──驕傲自大

身為埃及法老女兒之子的摩西，因為是王公世家，不僅享盡一切榮華富貴，據使徒行傳 7 章 22 節所記載，「摩西學了埃及人一切的學問，說話行事，都有才能」。

摩西自小在皇宮長大，養尊處優，甚至有機會繼承法老的王位，因此難免驕傲自大。經驗顯示，這類領袖通常難以招聚到優秀人才，更別說要率領眾人，所以摩西的驕傲自大所帶出的自以為是，也是神首先要對付的重點。

■自以為是的狂妄

被群眾擁戴的領導者，稍有不防就可能會展現出：

1. 只想到自己，談論自己，並誇大自身造詣及重要性；

2. 不論考慮什麼事，永遠只專注在結果對自己有何好處，罔顧神和追隨者的益處。

如果總是認為所有事情都只有自己能做成，講任何事情都是「我我我」，開會的時候總是在訓斥別人、高舉自己，即使有所作為，也仍舊不是合神心意的屬靈領袖。

古代的歷史曾記載，衣索比亞人大舉入侵埃及時，摩西率領皇軍以奇襲戰略的方式，克敵制勝，最後帶著戰利品凱旋歸來。由此便不難推想，當時的摩西一定極得眾望，而這也正是考驗的開始──一個眾望所歸型的領導人，為了持續沉浸在虛華不實的掌聲中，便會一步步排除異己，留下 Yes Man 作為親信，永遠聽不到真話。

除了「自以為是」的軟弱，摩西同時也出現了下面的問題。

■無可取代的傲慢

聖經希伯來書 11 章提及，摩西長大得知身世之後，加上從親生母親那邊知道，自己蒙召要做以色列人的拯救者，便不願繼續待在埃及的皇室享受榮華富貴，更不打算日後繼承王位。

摩西的認宗本是好的，也願意跟以色列同胞們一起受苦，但是他的作法卻是非我不行。早年的他血氣方剛，認為既然神呼召他做以色列人的領袖，那就要用他的方法來拯救百姓，但事實證明，摩西單靠自己不僅只能打死一個埃及人，還得不到同胞的諒解。

這也顯示了，一個自以為強、非我不行的人，即使做的是

跟命定有關的事，若不懂得在過程中依靠神，終將徒勞無功或事倍功半。

許多唯我獨尊且起初大有影響力的領袖，最常陷入的一個盲點就是，自認無可取代。同時也常自稱為了達到事工的最大效益，他們必須事必躬親，事情也只能完全照著他們的想法才能做成。

此類「造神型」的領導人，若身為一家公司的老闆，其行為將嚴重影響組織內的分工、授權，拖垮團隊效率；對於人才的培養也是一大問題，因為包含高階管理者在內，全都被訓練成一個口令、一個動作，沒有口令、沒有動作。

這樣的公司也一定會翻很大的跟斗，只是時間早晚的問題，因為一個人不可能永遠是對的。再加上，當老闆總是自認非自己不行，任何事情都要親自做決定，那麼真正有能力、有才幹的人，誰願意在底下做事呢？人才都流失了，公司還能撐下去嗎？管理教會及屬靈的機構亦然。

■不肯認錯的掩飾

聖經記載，法老王覺得被自己親手教養長大的人出賣了，想殺摩西，但此時的摩西也得不到以色列同胞的保護。絕不認錯的他，為了保全自身的性命，只好逃往曠野。

摩西這樣的舉措，亦指出當今的一個現象，那就是領導者普遍具備先見之明，多數時候判斷事情比跟隨者正確，加上又善於解決問題，通常很難承認自己也有誤判情勢的時候，連認錯都做不到了，遑論要聽從跟隨者的意見。

一個自認不會犯錯的老闆，只會塑造出消極的企業文化。

意思就是說，當領導人總是居功諉過——功勞歸己，錯的永遠是底下的員工——那麼就不會有人想主動創新跟冒險，整個公司或組織終將變成「一言堂」。

再加上，老闆為了貫徹理念，一天到晚開會、緊迫盯人，但會開得越多、情況越糟，最終形成的企業文化就是「多做多錯、少做少錯、不做不錯」。

這也讓我想到，曾經有好幾個企業請我去做高級領導人的培訓。在評估是否接受邀約之前，我都會先問課程主辦人說，「你們的最高領導來不來？」若是對方回答「不會來」，那我通常會回絕。

原因是，我知道很多公司真正的問題，其實是在於最高領導。老闆不出席，意味著驕傲的心態，認為只有員工需要被教育，自己都不會犯錯，所以不需要來聽課。有些教會請我去講課，牧師卻不來聽，背後抱持的心態也是一樣。

另外要澄清的是，身為領袖有時要「獨排眾議」，堅持自己評估的結果或相信的價值，但那跟「假設自己絕不會犯錯」是兩件事情。一個贏得他人敬重的領袖，發現事情不符合原先的評估，通常會願意承認判斷有誤，並尊重跟隨者的建議，將事情導向更好的結果。關於這一點，大家也不要搞混了。

摩西在曠野中的屬靈操練——神的呼召

如同西方諺語所言，「欲戴王冠，必承其重」，想當一位足以改寫歷史的屬靈領袖，自然也要先經得起考驗，證明資格符合；當了領袖之後，仍然要接受各種試煉。

　　聖經中的「曠野」，如同我們現在所說的「罰區」。有人因為破產的關係，可能從原本每天吃山珍海味，到後來只吃得起泡麵；有人因為長久的壞習慣，身體健康從此走下坡，或像摩西一樣，因為一時衝動犯下大錯，而必須遠走高飛。

　　每個人的一生，或多或少都身處過罰區，那種感覺就像是一位曲棍球選手，因為犯規或重大的錯誤而被迫退出比賽，只能眼睜睜的看著別人興高采烈地在場內比賽，而自己卻在場外無能為力；這是很大的身心靈煎熬，更是一種考驗。

　　回想創業的那十年，我亦曾身處在生命中的罰區，經常找不到出路。當時每天只能做一些小的事情，跟以前任職高階經理人時所能調動的規模，兩者差太遠了。譬如說，以前光是出差就有二十多個員工隨行在側；創業後變成單槍匹馬，凡事都得親力親為，光是這點就需要調整心態。

　　再加上，如同我在《贏在扭轉力》中提及，創業十年就失利了十次，讓我幾度萌生放棄的念頭，甚至不知道神在哪裡？後來讀到摩西的故事，帶來很大的安慰和盼望，我的信心才更加堅固，相信神必有其美意。

　　摩西生命中的前四十年是在埃及宮庭度過，後來因為殺了一個埃及人，唯恐被法老追殺，便逃至米甸地躲避。身處罰區的摩西，埃及的一切已離他遠去、成了一介平民，每天只能與羊群對望，他的才能有如英雄無用武之地，更沒有官爵可升。直到神的時候到了，讓摩西走出罰區，神才開始重用他率領以色人出埃及，一轉眼又是四十年過去。

　　摩西入曠野和出曠野的歷程，幫助當時仍困在罰區的我開始反思：我的人生真的會僅止於此嗎？還是智慧及意念高過

我們的神，有祂特別的計畫及旨意在這當中運行？如果有的話，那又是什麼呢？

　　循著上述的思考脈絡，我嘗試進一步釐清，為什麼神要讓摩西陷在罰區中？後來慢慢理解了，原來是神要大大使用一個人之前，必先透過環境磨練其個性及習性。沒有錯！**摩西或許能在宮中很快學到聰明及知識，但智慧及品格的養成卻是來自曠野，且更費時日。而且比起成功，失敗反而更能教會我們更多事，進而讓人變得謙卑。**

　　至於在罰區中，我們如何接受神的親自操練？結合摩西及個人的親身經驗，列舉如下：

■卑微地仍服事 → 對付驕傲

　　在卑微中感受知足，因為神親自在教導我們忠心地處於寒微。在曠野中，神常常讓我們降格做一些卑微之事，藉此磨掉驕傲的習氣。這過程很不容易，就像我在創業期間，很多事情都要自個兒捲起袖子做，從人的角度來看，可能會覺得自己很窩囊，而且越來越卑微。但神透過摩西的故事教會我，只要是為神做的，終將有所成就。

■看不見仍信靠 → 對付自信

　　在逆境中信靠神。在逆境中，神最重視的是我們的信心，這在祂眼中看為至寶。至於信心何時可見？絕對不是在我們最得勢的時候，而是當神沉默不語，看似毫無作為之際，你是否依然相信神正在用祂的方式調動萬有？

　　也就是說，在很多我們自以為被神撇下不管的危難時刻，

其實神都在背後做一些看不見的事情。比方說，神可能正在藉著環境扭轉你的想法，也可能在轉化當前的商業環境，抑或是正在鋪陳你將來要去做的事情。

正因為神的意念往往高過我們的意念，即使暫時看不見神的作為，我們也要選擇順服。假設你是一個教會的牧師，選擇用神的方法來管理教會，即使半年後還看不到具體成績，也仍然要繼續用對的方式做下去，這就是對神的信心，同時也是「曠野的操練」。

■不可能仍順服 → 對付自我

曠野歷練四十年，摩西雖然已被挪去了驕傲和自信，卻一度連企圖心也失去了，三次拒絕接受做領袖的職務。但神卻堅持，因為摩西已經被磨練到夠資格，後來也在堅信神必同在的信心中，順服接下這個自認不可能的任務。

藉由上述入曠野及出曠野的歷程，我們可以發現，神讓摩西置身在罰區，主要是要操練他的品格。亦即，在世界上我們可以學到很多做事情的方式，但唯有在罰區方能磨練出高尚的品格。

在罰區的沮喪是必然的，神一定會讓我們做一些很卑微的事情。但關鍵並不在於你做什麼，而是神為什麼要你做這些。況且真正的信心不是在神發聲對你說話的時候，而是神沉默不語時，你仍相信神在動工。

以前的我因為事業順利而意氣風發，接著神在曠野中對付我，因此我對摩西才會體會那麼深。但摩西不同常人的地方是，一般來說，當我們從罰區走出，遇到一展長才的機會時，

通常會欣喜若狂，感覺前途一片光明美好，但摩西卻不然。

　　當神在荊棘中向摩西顯現，告訴他此時正是走出罰區、重回球賽時，摩西卻提出一個擔憂，說：「我是什麼人？竟能去見法老並將以色列人從埃及領出來呢？」（出 3:11）

　　很顯然，摩西的自信已經被神壓傷，即使聽到神允諾「我必與你同在」，仍提出第二個擔憂：「他們必不信我，也不聽我的話，必說『耶和華並沒有向你顯現』。」（出 4:1）為此，神立即藉著摩西手中的杖及其他神蹟，證明已經賦予他做大事的能力。

　　最後，摩西又試圖以自己本是「拙口笨舌」為由推辭（出 4:10），但這問題還是被神給克服了。神不僅要派摩西的哥哥亞倫，代他向百姓發言，還應允要賜摩西和亞倫口才，指教他們所當行的事（出 4:14-15），至此摩西方接受帶領以色列人出埃及的使命。

「衝破逆境」的關鍵時刻——摩西的扭轉五力

■眼力——不輕易妥協於當前的誘惑

　　通過企圖心的考驗，摩西動身回埃及去見法老。在耶和華行了多個神蹟擊打埃及後，法老為了說服摩西連同以色列同胞繼續留在埃及，便開出一堆條件。法老起先說，你們要事奉神也行，不過不要離開埃及，在這裡事奉就行。後來又說，若是一定要去的話，那就找離住處遠一點的地方就可以，而且讓男人去就行了，婦女和孩子留下來（出 8-10 章）。

　　見摩西不妥協，法老最後抓準人性弱點，以財寶為談判

手段，要求說，「法老就召摩西來，說：你們去事奉耶和華；只是你們的羊群牛群要留下；你們的婦人孩子可以和你們同去。」（出 10:24）

這時的摩西已經擁有清楚的屬靈眼光，看穿法老的詭計，便一口回絕，言明「我們的牲畜也要帶去，連一蹄也不留下；因為我們要從其中取出來，事奉耶和華——我們的神。我們未到那裡，還不知道用什麼事奉耶和華。」（出 10:26）

撒旦經常透過一些看似合理的妥協，讓人在不知不覺中放棄原則或降低標準。回歸現今來看，像是談生意時，當對方說「你給我的價錢低一點，我就幫你逃稅或是壓榨供應商，減低你的成本……」有時，我們會因為說服自己「公司需要訂單才能活下去」而選擇妥協，因此要特別警醒。

■魄力——即使沒辦法也會想出辦法

屬靈領袖通常都有一籮筐關於神如何在「沒有辦法」的景況當中，協助其走出困境的例子。而且很多時候，神反而會刻意讓屬靈領袖身陷絕境，目的是為了：

(1) 激發潛能：扭轉五力的潛能，通常是在絕境中方被激發出來的。

(2) 發揮能力：在逆勢成長中，發揮管理及領導的才能。

(3) 尋求神助：逼著領袖去尋找神，在解決難題中改變生命。

摩西率領將近兩百萬名以色列人走到紅海，遭遇前所未有的絕境考驗。當時眾人眼見法老軍隊已經追殺過來，卻無處可逃，因為左有高聳的巴力洗分山脈、右有一望無際的沙漠，正

前方的汪洋紅海，更是不可能跨越。眾人陷入絕望，還責怪摩西何苦把他們帶離埃及，害他們陷入絕境。

當時可能有人會提議，既然後有追兵，不如兵分三路，至少可保全部分的以色列人，這大概是人可以想出來的最好辦法，但事實證明神卻不做此打算。

摩西心裡也很清楚，面對沒有辦法的局面，神一定有法破解，所以「摩西對百姓說：不要懼怕，只管站住，看耶和華今天向你們所要施行的救恩。因為你們今天所看見的埃及人，必永遠不再看見了。」（出 14:13）

人的盡頭，方是神的起頭。當摩西展現出對神的堅信，神就吩咐他繼續率領以色列人往前走，並將手中的杖伸向大海，將紅海一分為二。等到以色列人都平安穿越紅海，海就又合而為一，將追兵一舉淹沒。

「以色列人看見耶和華向埃及人所行的大事，就敬畏耶和華，又信服他和他的僕人摩西。」（出 14:31）當百姓看到神有辦法解決看似沒辦法的處境，就打從心裡臣服於神及祂的僕人摩西。有膽有識的魄力所帶出徹底顛覆時勢的運作法則，其實也適用於當今世界。

舉例來說，目前全世界在各行業中領頭的公司，都是在各自的行業中，不斷地想出並解決很多「沒有辦法解決」的辦法，而獨霸一方。因此作為一名領袖，必須學會解決「沒有辦法」的考驗，對於屬靈領袖，更要學會在過程中懂得信靠神。

■魅力——在孤獨和困惑中仍激勵人

領袖是寂寞的，因為只有你有能力或有權利做某些重大的

決定，而且每個人都希望你的決定是對其個人有好處。問題是，當一個領導人做的決定對大家都有好處時，便代表對誰都沒有好處。

身為領導人最難的一環是，即使自知某個重大決定可能會得罪一批人，其中有些人還是你的至交及好友，基於職責，還是得要把人情世故放在一邊，單獨做忠於共同願景的決定，並且接受有些關係會因此破裂。

摩西也是孤獨的。綜觀整個摩西五經可以看到，百姓的遭遇及其反應有時真的是令人難以想像，尤其是到了曠野，一下子沒水喝、一下子沒東西吃，時不時還要面臨沒命的威脅，很多人性的軟弱就出來了。因此摩西一天到晚被批評跟攻擊，當初率領以色列人出埃及的動機也常被人誤解。

由此便不難想見，無論是屬靈還是屬世領袖，當他感到孤獨寂寞時，一定要有方法把重擔卸掉。**屬靈領袖要學會安靜在神面前，享受跟神同在的寶貴時光，讓神的靈來撫平內心的孤獨跟寂寞。**

屬世領袖因為少了靈裡依歸，常會透過一些不健康或不合法的方法來釋放壓力。這就是為什麼有些公眾人物會吸毒並染上惡習，因為當他站在舞台上、眾人的注意力都落在他身上時，整個人一定會顯得非常興奮，加上習慣了鎂光燈的照耀，一旦下了台，反而不知道該如何自處，以及平息情緒的落差。

以色列百姓在曠野的四十年，因困境不斷，質疑或背叛摩西的次數多達十次以上。可想而知，這必然對領導人造成巨大的壓力，也讓摩西不免對神起了困惑，一度自怨自艾、向神求死，說：「管理這百姓的責任太重了，我獨自擔當不起。你這

樣待我，我若在你眼前蒙恩，求你立時將我殺了，不叫我見自己的苦情。」（民 11:14-15）

很多人都以為，越是屬靈的領袖，理應越知道神要他做什麼，實際上卻未必。有時神為了操練屬靈領袖，使其有機會獨當一面，並且透過獨立思考的方式解決問題，反而會刻意保持沉默。屬靈領袖若是事先不明白，神放任其承受高壓的用意，便會產生困惑，甚或以為自己被神撇下。

然而神真的會撇棄我們不管嗎？希伯來書 11 章中提到，許多的信心偉人「都是存著信心死的，並沒有得著所應許的；卻從遠處望見，且歡喜迎接。」（來 11:13, 39）

也因此，即使身心壓力龐大，以及因為不被百姓了解而時常感到寂寞，摩西仍能在必要時候激勵百姓。這也讓我們看到，一個真正的領導人，即使在事件當中自己是最痛心的那個人，為了有效地激勵他人持續向前，仍要把情緒訴諸腦後。

■動力——再累也不停止前進且勇敢克敵

動力即是一種執行力。出埃及記 17 章 8-16 節記載了，摩西如何透過約書亞，調動以色列兩代人的合作——老年人禱告、策劃；年輕人出力、爭戰——最後成功戰勝亞瑪力人的完美執行力。

摩西不僅讓每個以色列百姓各司其職，自己也位居關鍵要角。「於是約書亞照著摩西對他所說的話行，和亞瑪力人爭戰。摩西、亞倫，與戶珥都上了山頂。摩西何時舉手，以色列人就得勝，何時垂手，亞瑪力人就得勝。」（出 17:10-11）

摩西在山上，手一舉起來，山下的以色列人就打贏，可見

執行力不僅是做成事情的關鍵，也是一個非常重要的聖經原則。即使征戰過程中，摩西曾經雙手發沉，也就是手痠了，但在他人協助下，還是堅持到取得勝利的那一刻。

這就好比遇到困境時，神幫助我們想到一個好的構想，有個好的開始，但要把事情做成的話，仍舊得靠我們親身去執行，不能一味的在原地期待神要出天兵天將來幫忙，即使精疲力竭還是要堅持下去，這就是「動力」。

常言道，「80% 的事情是 20% 的人做成的」。一個稱職的領導者，不僅要懂得把身體照顧好，通常也是一天當中最早起來、最晚入睡的人，因為世界是由疲倦的人負責管理的。因此我常會建議工作者，假使你不願意努力工作的話，寧可不要當領導，而且也做不成領導，因為會被龐大的責任壓垮。

摩西帶領將近兩百萬名烏合之眾及老弱婦孺出埃及、入荒野，一人身兼神的使者、領袖、祭司、先知、判官、教師、作者（摩西五經）的重任，導致其精疲力竭。

「你和這些百姓必都疲憊；因為這事太重，你獨自一人辦理不了。」（出 18:18）摩西因此聽從岳父葉忒羅的建議，從百姓中揀選一些有能力、有道德、敬畏神的人，以當今類似鄰長、里長、鄉鎮長、市長的階級概念，來協助分治百姓，小事由他們處理，大事再上呈摩西。

但摩西的擔子仍不輕省，還要時時面對百姓們的軟弱和抱怨。幸而因為有神的同在，讓摩西能秉持著盼望往前行。

■德力──恆心忍耐並謙卑接受批評
在曠野接受神親自操練下，摩西的個性從原先的驕傲自

大，四十年後變成恆心忍耐（來 11:27），並且能夠謙卑地接受批評。

　　沒有領袖是不受人批評的。絕大多數人都是以維護自身利益為出發，領袖作為決策者，特別容易成為眾人的箭靶，摩西亦是如此。自從他接下神賦予的屬靈領袖角色，就一路遭受百姓批評，至終連自己的姊姊及兄長也因為嫉妒，為了升高自己而反對摩西（民 12 章）。

　　摩西面對排山倒海而來的批評聲浪，依舊謙遜以對。這也提醒當今世代的領導者，既然要站在眾人之前，就要有受教的心理準備和雅量，因為一個人對於他人的批評是否接受，以及如何反應，最能清楚凸顯個人的氣度和高度。

　　另外，耶穌的故事也告訴我們，先知通常是不受本地人尊重的。聖經記載，當耶穌開始要活出「救世主」的命定時，遭到很多本地人的質疑，大家的心裡都覺得說：「你不就是一名木匠嗎？我們一路看你長大，怎麼突然間你會從一個普通人變成神之子呢？」因此，耶穌才會有感而發的說，「*大凡先知，除了本地親屬本家以外，沒有不被人尊重的。*」（可 6:4）

　　當我前往一些教會講職場宣教課程時，偶爾也會遭到批評。有些人認為只要把聖經內容教給信眾，他們自然就會知道如何做，推崇職場宣教似乎是在鼓吹大家追求世界上的東西。但只要看過《贏在扭轉力》、《第一與唯一》的讀者就知道，我投入職場宣教真正的用意，正是想協助信徒將聖經的基要真理，落實在職場和生活當中，將神的心意解讀得更接地氣。面對誤解，神告誡我不要爭辯對錯，只需澄清本意。

「生命破碎」的定義時刻：摩西當領袖要付的代價

　　跟隨者與領導者最大的差別之一，就是相較於領導者的遠見，跟隨者往往是小信的，只注重眼前看得見的東西，並以此作為安全感的來源，因此一個負全責的領袖，往往在跟隨者犯大錯時，挺身而出，付上慘痛的代價。摩西就是如此。

■自我犧牲──領袖負全責的表率

　　摩西領導的以色列百姓，即使已經在埃及目睹十次神蹟，也經歷過神無數次的拯救，抵達西乃山，摩西又代表神對他們頒布「十誡」律法，並與神「立約」。無奈摩西才到山上待了四十晝夜，他的哥哥亞倫就在以色列百姓逼迫下，鑄了一隻金牛犢來代替神。

　　百姓見摩西遲延不下山，就大家聚集到亞倫那裡，對他說：起來！為我們做神像，可以在我們前面引路；因為領我們出埃及地的那個摩西，我們不知道他遭了什麼事。（出 32:1）

　　這對摩西來說，無疑是一大挫敗，他因此一度震怒，並整肅異己約三千人。在那之後，摩西轉而為其他以色列百姓們求情。「摩西回到耶和華那裡，說：唉！這百姓犯了大罪，為自己做了金像。倘或你肯赦免他們的罪……不然，求你從你所寫的冊上塗抹我的名。」（出 32:31-32）明明是百姓們犯了大罪，摩西卻寧可神把他除名，這就是一個很大的犧牲。

　　如同耶穌是個願意捨命和自我犧牲的領導者，神所揀選的

屬靈領袖，自然也要付上自我犧牲的代價。一個領袖如果不準備付出大過同輩和同工願付的代價，就不要冀望能夠當領袖，因為真正的領導是需要擺上全副心力，身為以色列百姓領導人的摩西，不只一次選擇「自我犧牲」。

■為人中保──領袖先利他的榜樣

另一個摩西為以色列百姓求情，並且「為人中保」的時刻，是在進入迦南地之前，摩西先行派出十二個探子前往窺探，當約書亞及迦勒都持樂觀態度，反倒要遭會眾用石頭打死時，神因此震怒，欲用瘟疫擊殺百姓，並興起摩西的後裔取而代之。摩西聽聞後，誠心為百姓代求，說：

耶和華不輕易發怒，並有豐盛的慈愛，赦免罪孽和過犯；萬不以有罪的為無罪，必追討他的罪，自父及子，直到三、四代。求你照你的大慈愛赦免這百姓的罪孽，好像你從埃及到如今常赦免他們一樣。耶和華說：我照著你的話赦免了他們。（民 14:18-20）

領袖至終的考驗──要帶出新的領導人

自帶領以色列民出埃及後一路恆心忍耐的摩西，到了後來，自身也不免因為一時不順服而「犯錯」。熬過四十年的曠野之路，正當摩西準備要帶領以色列人進入迦南地之際，卻突然被神喊停，因為神要他吩咐磐石流出水來，摩西卻在以色列會眾面前用杖擊打磐石兩下，使水流出來，而得罪了神。

耶和華對摩西、亞倫說，因為你們不信我，不在以色列人眼前尊我為聖，所以你們必不得領這會眾進我所賜給他們的地去。（民 20:12）

這個轉折，引發很多信徒的質疑。我也相信絕大部分的成年基督徒，表面上接受這個教條式的教導，內心卻會問說：「神真的這麼嚴厲嗎？難道我做了九十九件對的事情，只做錯一件事情，就前功盡棄了嗎？」但無論如何不解，他們幾乎不大會對牧長們提出這個疑惑。

但有些基督徒或是年輕一代的基督徒，反應就不一樣了！他們會覺得不公平，甚至會反過來質問說：「是不是我們要一直活在會被神懲罰的恐懼當中呢？而且聖經中耶穌明明說『你信了我就有平安喜樂』，怎麼實際信了主之後，我卻要戒慎恐懼，深怕一做錯事情就被懲罰，這樣何來平安喜樂呢？」

關於上述這些爭論，我的說明是（參考箴言 11:31）：從某一方面來說，神對祂所重用的僕人是非常嚴格的，有時一點點小的錯誤就會受到相當大的處罰，更何況摩西當初又是在以色列會眾面前，做了不聽從神指示的壞榜樣，影響更大，是故做神工的人必須要小心，以免因著一點點不順服就遭到極大的管教。

在這裡，我也要嘗試以另一個觀點帶領大家思考，何以摩西不能進迦南的這件事情。除了懲罰的因素在其中，如前文所述，透過民數記 11 章 14-15 節的經文，我們也可以明顯看到，當時的摩西對於管理百姓一事已經感到厭倦和疲累，寧可神立刻將他處死，也勝過再去帶領百姓。

　　這樣的求告意味著什麼？從領導學的角度解析，我所看到的是，當一個領袖已經失去了領導百姓的熱情和動力，他對跟隨者的影響力便會減弱。而且**真正的領導是一個「狀態」，而非「資格」或「位份」，有人願意跟隨並聽從指揮，這才是領導**，反之則不然。

　　舉例來說，馬群在草原裡奔跑，移動的方向和速度，通常是取決於帶頭那一匹最快的馬，若是群馬為了配合領頭馬的速度而慢了下來，那麼整群馬都會被淘汰。

　　所以一個卓越領袖的至終衡量，是能帶出一批能接班的領導者；而一個拙劣領袖卻只能帶出難以交棒的跟隨者，所以在全球的企業史上，有許多曾經在業界首屈一指的企業，因為老領導者該退而不退時犯下大錯，導致一蹶不振或倒閉的例子不勝枚舉，在屬靈的教會及機構中也不例外。

　　至於要如何判斷自己何時該做領導？何時又該選擇有智慧的退場？扭轉五力或許可作為一個自我審核的架構。

　　(1) 眼力：思想是否老舊，跟不上時代？是否有在帶領團隊往前進，還是一直停留在舊的思維中打轉，甚至倒退？

　　(2) 魅力：觀察別人是向你靠攏，還是在遠離你？有主見，有能力的人才是否不斷流失？

　　(3) 動力：我們推動的事工是正在持續往前，還是停滯不前？是否拒絕用新的方法及工具行事？

　　(4) 魄力：是否總是固步自封？面對大是大非或情勢重大變更的關鍵時刻，你是否有膽識做決定，抑或是退縮？

　　(5) 德力：評估團隊的願景及行動方向是為了團隊的共同願景，還是領導人的一己之私？

　　以摩西和以利亞為例。當摩西因為任務繁重和以利亞為了躲避耶洗別的追殺，而跟神求死時，對神而言，他們就已經不在領導狀態了。因此神便會開始預備接班人，興起新的領袖，也就是約書亞和以利沙來接續執行神的計畫。

　　但縱使如此，時隔一千五百年後，摩西還是出現在耶穌變了形像的迦南地山上，與以利亞一起成為主耶穌的左將右相，這就代表神仍舊紀念他們的擺上，並沒有因此就棄絕他們。同理，只要堅信活在神的命定裡，縱使生命的過程中偶有犯錯，神管教歸管教，也絕不會輕易棄絕我們這些信徒的。

【沉思錄】

Q： 從摩西的一生，你有發現到神如何尋找及磨練祂所要用的屬靈領袖嗎？

Q： 在討論「驕傲自大的領袖」時，你是否看到了自己或一些領導人的影子？這些教導有助於你理出問題層出不窮的組織，所面臨的根本問題嗎？

Q： 你可曾去過「罰區」？或者你正深陷其中？在罰區中真的是毫無意義嗎？

Q： 在摩西面對層層困境的「關鍵時刻」，以應用「扭轉五力」衝破逆境的敘述中，對你有何啟發？

Q： 在摩西「犯錯誤」的事件中，你同意「什麼時候做領導」、「什麼時候不做領導」的論述嗎？

第五章

進入迦南美地的約書亞

　　對約書亞來說，摩西如同導師般的角色；但在神的計畫當中，約書亞的定位是摩西的接班人，其命定就是帶領以色列人進入迦南地。因此我們看到，摩西在曠野接受神的操練四十年，約書亞則是在往後的四十年中，在曠野接受摩西的操練──如何事奉神和帶領百姓。

　　如果你有機會跟一位主所重用的僕人同工，以他為生命導師，不僅可以從導師身上學習到許多寶貴的人生智慧，更重要的是，還能見證其對神的信心。約書亞從摩西學到對神的信心，可從民數記第 13、14 章當中一覽無遺。

　　當時，神要摩西派十二個族的族長為前哨，前往迦南地。經過四十天的實地考察，其他十位族長回報：「我們不能上去攻擊那民，因為他們比我們強壯」，並且「我們所窺探、經過之地是吞吃居民之地，我們在那裡所看見的人民都身量高大」。唯有約書亞和迦勒是透過神的信心來看形勢，還大讚「那地原是流奶與蜜之地」。

　　十二位族長窺探的環境明明一模一樣，卻做出了不同的評估。以色列人的百姓們深怕遭害，拒絕進入迦南地，還群起攻之，準備要拿石頭打死約書亞和迦勒。神因此震怒，一度決定用瘟疫擊殺百姓。

　　後來因為摩西求情，神才答應只懲罰年紀超過二十歲的發怨言之人，也就是說，那一個世代的人，除了摩西、亞倫、約書亞、迦勒之外，其他人都死在曠野。這四個人當中，又僅有約書亞和迦勒可以進入應許之地。

　　以色列人百姓在曠野漂流四十年後，神才同意摩西帶領年輕一代的以色列人前進迦南地。行至約旦河以東，沒有被神允

許進入迦南地的摩西，為了向新世代重申神的誡命及應許，向會眾發表談話，因此有了「申命記」。

綜觀這整個過程，清楚告訴我們，神的救恩是白白賜下的——以色列人雖然發怨言，神還是救他們出埃及；但神的祝福也是有條件的——既然會眾沒有信心進入迦南美地，甚至要殺害約書亞和迦勒，那就讓他們死在曠野吧！

若再以我在《第一與唯一》這本書中，曾經提及的得救（因信稱義）與得勝（因義成聖）概念，來解釋以色列人何以不能進到迦南地，原因就是他們的信心程度，僅足以讓他們被救出埃及，不過，縱使得救了卻未能得勝。

「進入迦南地的信」與「出埃及的信」是不一樣。「進入迦南地的信」需要憑著堅信神去爭戰，相較於「出埃及的信」不需要打仗，進入迦南所需的信心及付出的代價自然更大了。

因此鼓勵當代信徒們，**只要是走在神應許的道路上，即使看到困難也不要害怕，要憑著信心去戰勝**。如果一見到艱難困苦就心生畏懼，你的靈性就會像以色列人一樣，終其一生都在曠野兜圈子，得不到增長。

也有一些信徒雖然渴慕靈性增長，卻不肯付代價。這裡所謂的付代價，並非指所有教會活動都參加；單單付出時間及金錢不代表真正信靠神，而是要看有沒有信靠神做出實質的生命改變。

當一個人的生命沒有真正改變，只停留在因信稱義的階段，便會不斷在心裡自問，「我在做什麼？為什麼日子永遠在原地打轉？」這就是為什麼有些信徒一天到晚參加教會活動，內心仍舊感到不滿足。

以靜制動，攻下耶利哥城

　　神的永世計畫，早在亞伯拉罕時代就埋下伏筆。神曾經對
亞伯拉罕說，這個地不是他的，而且他的後裔要先被奴役，四
百年後這個地才是他後裔的。（創 15:13）

　　預告了這件事情以後，神就開始動工。

　　我們看到神如何協助約瑟活出命定，為的就是要把七十個
以色列人帶進埃及；四百年後，神又揀選摩西為領袖，操練他
帶領以色列人出埃及；約旦河之前，神又用了第三個僕人約書
亞，由他率以色列人進迦南地——約書亞在神的計畫裡面，發
揮了承先啟後的功能。

　　從曠野進到迦南地，隔了一條約旦河。聖經記載，當時的
河水漫過兩岸，照常理認為，神應該先讓約旦河枯乾，提振以
色列人對神的信心，但神的作法卻恰恰相反。

　　神是等到抬著約櫃的祭司願意聽從指示，跨出信心的第一
步，才讓從上往下流的水斷絕、立起成壘，騰出一個乾地供以
色列人全數通過（書 3-4 章）。這說明了有時神動工的方式，
是允許危險的景況橫亙在眼前，一旦我們憑信心踏出第一步，
神就會以祂的大能幫助我們超越困境。

　　約書亞帶領以色列民渡過約旦河之後，按照神的指示在吉
甲為以色列人行割禮。至於為什麼要行割禮？是因為神要將
以色列人分別出來，不希望他們跟當地人通婚。

　　進入迦南地，雖然有神助，作為領導的約書亞也要有一套
作戰策略，這套作戰策略並非完全出於人的智識，因此我相
信，約書亞必然在某些時刻是安靜跟神待在一起，領受神的啟

示和光照（靜力），然後再去執行（動力）。

在《第一與唯一》書中，我曾經分享過「動力加靜力等於人生軌跡」的概念，以及如何在日常生活中「操練靜力」。假如讀者們想了解更多有關動力和靜力之間的關係，可以再去看那本書的內容。

簡言之，人在世界上都希望走出個人的人生軌跡，但如同地球與太陽因為引力（靜力）的關係，方能使原本走直線（動力）的地球在動力與靜力的互動中有一個弧形軌道可行，人若透過靜力的操練，以神為中心，人生自然也能走在一個正確的軌跡上面（生命歸屬）。反之，便是偏行己路。

帶領以色列人進入迦南地，就是約書亞的人生軌跡。當時，他採取的策略是先率軍從中路切入，將迦南地一分為二、首尾難以相顧。成功占領中部之後，再逐一將南、北方的城市各個擊破。

在進攻中路的過程，約書亞遇到最大的一個戰役就是攻打耶利哥城，這是以色列人的第一仗。這城不僅非常堅固，城裡的軍隊兵力也很強大，所以神指示他們攻打耶利哥城的策略不是硬碰硬，而是要「以靜制動」。

你們的一切兵丁要圍繞這城，一日圍繞一次，六日都要這樣行。七個祭司要拿七個羊角走在約櫃前。到第七日，你們要繞城七次，祭司也要吹角。他們吹的角聲拖長，你們聽見角聲，眾百姓要大聲呼喊，城牆就必塌陷，各人都要往前直上。（書 6:3-5）

其實也可以說，神在教他們打的是一場心理戰。想當然爾，迦南地的軍隊為防禦敵人入侵，想必有一套很好的戰術，同時他們大概也假設以色列人會用梯子爬過城牆，所以早把石頭、弓箭、火油這些武器都準備好了。

他們萬萬沒想到，以色列人竟然沒有用傳統的方式去打。第一天，迦南地人大概會猜想「以色列人怕了吧！怯戰了！否則怎麼沒攻打過來」；第二天，看見以色列人還在繞城，他們就開始覺得奇怪，思忖著要不要直接出去迎戰，在反覆糾結的過程中，志氣也一點一滴被消磨。

到了第七天，以色列人繞城七次後，改用吹號角和大聲呼喊的戰術，更是讓城裡的迦南地人摸不著頭緒。後來因為以色列人遵照神吩咐的作戰方式，在神設定日期到來的時刻，耶利哥城的城牆果真應聲塌陷。迦南地人見狀全都慌了，以色列人便趁亂衝進城裡殺敵，終於一舉奪下耶利哥城。

不尋常的信心，被神視為珍寶

城牆坍塌的同時，城裡的房屋也全都被震倒，唯有妓女喇合的家沒有損傷。原因是，攻打耶利哥城之前，約書亞曾經派兩個探子暗中勘查情勢，並且住進喇合的家中，不料消息走漏，引來當地官兵的追捕。

耶利哥王打發人去見喇合說：那來到你這裡、進了你家的人要交出來，因為他們來窺探全地。女人將二人隱藏，就回答說：那人果然到我這裡來；他們是哪裡來的我卻不知道。天

黑、要關城門的時候，他們出去了，往哪裡去我卻不知道。你
們快快地去追趕，就必追上。（書 2:3-5）

　　喇合寧可冒著欺君之罪，甚至賠上全家人性命的代價，也
不願透露兩個探子的下落。她之所以會這麼做，是因為知道神已
經將迦南地賜給以色列人，而且她早已聽聞神帶以色列人出埃及
所行過的神蹟，因而堅信以色列人信仰的是一個又真又活的神。

　　這裡特別值得注意和學習的是，喇合對神的一個單純信
心。她那時候不認識耶和華，只知道那個神是「上天下地的
神」，便相信祂是獨一真神。這也說明了，其實信心沒有那麼
複雜，只要先選擇「堅信」，祝福便會臨到。

　　喇合得到的祝福是，當神指示以色列人必須「將城中所有
的，不拘男女老少，牛羊和驢，都用刀殺盡」。喇合一家，連
同她的父母、兄弟及所有親眷，全都因此倖免於難，還「安住
在以色列直到今日」（書 6:23-25）。

　　「直到今日」這句話很重要，代表喇合的故事並沒有從此
就結束。也就是說，喇合並沒有在那之後又重操舊業繼續當妓
女，而是跟一個以色列人結婚了。

　　我們怎麼知道這件事？馬太福音記載的耶穌家譜指出，
有四位外邦女子是耶穌肉身的祖先。她們分別是迦南女子他
瑪、迦南女子喇合、摩押女子路得，以及赫人女子拔示巴，這
顯明耶穌是關乎萬民的，亦是全人類的救主。

　　**道德是人與人之間的關係之法，信心是人與神之間的關係
之道，世界上的人常常只看道德不看信心，因為道德看得見，
信心看不見。**再加上，多數人對於信仰是採取律法主義，因此

無法認同四位道德有瑕疵的女子，憑什麼被列在耶穌的家譜。

依據我的個人領受，原因很可能是：神在一個有信心的「壞」女人身上能起的作用，遠勝過一個沒信心的「好」女人。而且對照亞伯拉罕、以撒、雅各等人，他們雖有過道德瑕疵，卻仍被神重用，這便顯示神真正視為珍寶的，其實是「一個人是否擁有不尋常的信心」。

再者，縱然這些人做過不道德的事情，但遇到神之後，他們確實有了改變，甚至展現出更高的道德跟品格，像是喇合還名列以色列歷代以來信心偉人的名人堂（來 11:31）。

此正呼應了我提出的一個觀念：「宗教在於形，信仰在於心。」意思就是說，世界上「宗教」的特質，以致會有專注在外表、道德、血脈、宗族、傳統、教內的行為。神的國度的「信仰」，更看重人的內心、願意為神的國度做出犧牲，以及和神的關係，因此對於個人的行為是有更多的包容和原諒。

對比於人的主觀，神不僅客觀，而且更看重人的整體性及外在的情勢。以妓女喇合為例，若是從律法型宗教徒的批判角度來看，單單妓女的職業，喇合就足以被定了死罪。但我們思考一下，喇合有沒有可能因為生計的緣故，才不得不去從事妓女工作？

人不是神只有靈，人的靈往往會被體跟魂的需求左右，像是肚子餓的時候，靈性再好也沒有力氣看聖經。因此神相較於人，會多面向地同情人的難處，以客觀的角度來原諒人的道德缺失，並且用整體的形勢去衡量一個人的行為與信心的互動。

另外我也注意到，有些信徒對於有錢有勢的人，非常有敵意，覺得他們的價值觀太屬世，因而多所批評。當他們問及我這

類的問題時，往往我會回答說，等你成為有錢有勢的人時再批評不遲。神對「不貪財的有錢人」（有資格做而不去做）的看重程度與「貪心的窮人」（沒資格做但很想去做）是完全不同的，這裡的資格包括金錢、權勢、情慾等的引誘，因為「有資格做而不去做」的信徒，方能在世上為神做出「更」美好的見證。

聖經跟科學是對立的關係嗎？

約書亞在攻打迦南的時候，最硬的一仗就是在北方遇到亞摩力的五個王。某一次戰役，以色列人占上風，但因為天快暗了，約書亞擔心敵人趁機逃跑，便向神祈求將白天延長一天。神也果真讓日頭停住「約」有一日之久，這個約字很重要，稍後的篇幅再來解釋為什麼。

當耶和華將亞摩利人交付以色列人的日子，約書亞就禱告耶和華，在以色列人眼前說，日頭阿，你要停在基遍。月亮阿，你要止在亞雅崙谷。於是日頭停留，月亮止住，直等國民向敵人報仇。這事豈不是寫在雅煞珥書上嗎？日頭在天當中停住，不急速下落，約有一日之久。（書 10:12-13）

我們都知道，自然界是神創造的一個機械體系，星跟星之間如何產生吸引力，如何維持日復一日的正常運轉，全都有一定的規律，不能出差錯。人類造的手錶再精細，十年之內仍會差個幾秒鐘，神所造的自然界卻是一秒不差。

自然界的運作法則如此精密，只要稍有閃失，整個系統肯

定出大事，但為何白天延長一日卻未引發災難，很多人因此認定是約書亞亂寫的，旨在表達神的確用了一個方法幫助以色列人打勝仗。

但實際上真的是如此嗎？美國柯帝斯引擎公司總裁哈洛希爾先生，同時也是美國太空計畫的顧問，他曾經公開提及，美國印第安那州的太空科學家，在計算日、月、星辰在百年，甚至千年後的位置必須算出確切的位置，這樣發射出去的衛星才不會衝撞到行星的軌道。

他們用電腦計算過去及現在的精確位置，結果電腦跑到一半停了，亮起了紅燈。表示有問題。不是給的資料錯誤，就是結果不符合標準。他們請維修部門檢查，電腦一切正常，計畫負責人問是哪裡出錯？這時有個組員說主日學講過太陽停住的故事。在場的人都不相信有這回事。可是又沒有別的辦法，就叫他找出那個聖經故事。

結果在約書亞記十章找到，因為演算的結果少了一天。所以就回到那段時間去核對：發現少了一天，但不是一整天。在約書亞時代少掉的是 23 小時 20 分鐘。不是一整天。再回頭看聖經約書亞記說「約有一日」。這個「約」字很重。

但他們還是有問題。因為有 40 分鐘的誤差，一百年後還是有問題的。一定要找出問題，不然將來的軌道一定會有大誤差。後來這個人又記得聖經有一處講到太陽倒退，大家都覺得他瘋了，不過還是把聖經拿出來，在聖經記載裡發現希西家王病危時，先知以賽亞來看他說他不會死。希西家要求一個兆頭。

以賽亞說：耶和華必成就他所說的。這是他給你的兆頭：

你要日影向前進十度呢？是要往後退十度呢？希西家回答說：
日影向前進十度容易，我要日影往後退十度。先知以賽亞求告
耶和華，耶和華就使亞哈斯的日晷向前進的日影，往後退了十
度。（王下 20:9-11）

　　按照太空科學家的算法，十度正好等於 40 分鐘。23 小時
20 分鐘加上 40 分鐘，不就是 24 小時，恰恰印證了他們發現
的「少了一日」！由此便可證明，約書亞並沒有亂寫，那個被
當今多數信徒視為神話的神蹟是真真切切發生過。

　　這也帶出一個重要的反思就是，身為信徒的我們真的認為
聖經所寫的事情盡都可信嗎？在理性跟科學至上的社會，很
多信徒在讀聖經時，常會把神蹟或預言的部分略過，心想那只
是一種比喻，為的是帶出道德涵義和神的旨意，僅此而已。

　　殊不知，否認神蹟或預言的真實性，等於否認神的存在。
當我們不相信神蹟及預言，便會將其從聖經中除去，如此一
來，沒有神存在的聖經只是一本殘缺不全的人類歷史及哲學的
書，與其浪費時間研讀，倒不如找其他記載完整的歷史哲學的
書來看，或許還比較實用。

　　聖經真的與科學是對立的嗎？如同圖 5.1 顯示。

　　科學最基本也是無法證明的「假設」是：宇宙的形成及
運行是「有理性」、「有規律」，必須用理性去明白宇宙的事
物。而且從古到今（時間角度），在無窮大宇宙裡（空間角
度），科學的定律都是「永遠相同」（every time）跟「到處不
變」（every place）。所謂的：

　　1.「永遠相同」，指的是科學在宇宙中的運作法則──在時

圖5.1 科學與聖經是對立的？

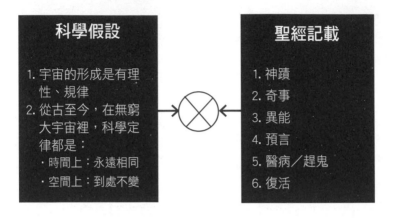

科學假設	聖經記載
1. 宇宙的形成是有理性、規律 2. 從古至今，在無窮大宇宙裡，科學定律都是： ・時間上：永遠相同 ・空間上：到處不變	1. 神蹟 2. 奇事 3. 異能 4. 預言 5. 醫病／趕鬼 6. 復活

間上（time）——則是從宇宙起初到現在，乃至於未來，科學定律都不會改變；

　　2.「到處不變」，指的是科學在宇宙中的運作法則——在空間上（space）——從近在眼前的空間，一直到遠在幾百萬光年以外的星球都適用。

　　作為一個信徒，我們一方面應該認同科學所相信的宇宙是：（神把宇宙造得）有理性，有種種恆久的定律，就像科學的假設——認為整個宇宙是個封閉的系統；但在另一方面，我們也堅信神的介入是超越理性、顛覆定律的，也就是說信徒相信的宇宙——也是個開放的體系。

　　這個乍看兩相矛盾的論點，其實一點也不衝突。如同我在《第一與唯一》書中，首次提出的「主要原因（靈界）VS.次要原因（物質）」觀點，其內涵就是在解釋，為什麼神可以既創造理性規律，又可以同時推翻之。

圖5.2 神的創造與人的複製

神的創造（主要原因）——從無到有

次要原因（果）	主要原因（因）
1. 發生什麼 (what)——科學	1. 為何發生 (why)——信仰
2. 物質世界 (physical)——宇宙	2. 靈命世界 (spiritual)——靈界
3. 看得見 (visible)——生活	3. 不可見 (invisible)——生命
4. 規律而清楚——可以複製	4. 無規律、不清楚——不可能複製
5. 理性、定律——世界觀	5. 超理性、真理——國度觀
6. 可以被證明、是受造物	6. 只能相信——對像是創造者
7. 必朽——相對、暫時	7. 不朽——絕對、永恆
8. 人的魂、體受制於時空	8. 人的靈超越時空

人的複製（次要原因）——從有到優

　　簡單來說，神本身就是「主要原因」，神所創造的人的生活環境則是屬於「次要原因」。相較於主要原因是原本就存在、不可複製，而且強調絕對性，次要原因是主要原因創造出來的物質世界及其規律，強調的是相對性，因此人類可以發現、可解釋清楚，並可複製其成果，這便是所謂的科學定律。

　　正因為次要原因是主要原因所創造，隸屬次要原因的科學假設，當然也能被主要原因左右，甚至被更改或消滅。是故，我相信神蹟、奇事、預言、復活等，皆是神在特定時間、特定地點，為了特定的目的，從主要原因介入後所發生的事情，在神介入時，所有科學定律都暫時停擺，事件成就後，神再將科學定律無縫地接回。所以科學在神沒有介入時是對的；聖經在神介入時也是對的，兩者之間並無矛盾。（請見圖 5.2）

自然與神蹟的關係

　　再說，「神蹟的定義」有時也會因時代變化而異。譬如說愛因斯坦提出的相對論已證明，在以光速運行的體系中，時間是靜止的，也就是說在那空間中生活的人是不會變老的，但在人類尚未發明光速的運輸系統前，這個事件對人們來說，仍是個看不習慣的神蹟，哪天一旦實踐且普遍了以後，就成為大家眼中看得慣的自然了。

　　「自然」是人們已經看習慣的神蹟，「神蹟」是仍然看不習慣的自然。目前大家已經習慣成自然，但在古代看來卻是神蹟的發明，像是汽車、飛機、輪船、槍炮、原子彈、電腦、網路、無線通信、GPS、機器人、人工智能、無人駕駛汽車、太空船等等。

　　科學的研究和發現會改變人們對聖經中神蹟的解釋，同時聖經傳統的詮釋也會因科學的發現而有所改變，因此科學與聖經不僅並非對立，反而有其交集及兩相呼應之處。

　　神亦曾在羅馬書第 1 章 19-22 節啟示我們說：

　　神的事情，人所能知道的，原顯明在人心裡。因為神已經給他們顯明。自從造天地以來，神的永能和神性是明明可知的，雖是眼不能見，但藉著所造之物，就可以曉得，叫人無可推諉。因為他們雖然知道神，卻不當作神榮耀他，也不感謝他。他們的思念變為虛妄，無知的心就昏暗了。自稱為聰明，反成了愚拙。

　　因此在此鼓勵大家，秉持著一顆謙卑開放的心來看待聖經中的神蹟奇事，以便可以從像約書亞這樣的聖經偉人故事中，得到應有的領受，進而向神尋求專屬自己的一條人生軌跡。

【沉思錄】

Q： 你有與主所重用的僕人同工或受主栽培的經驗嗎？

Q： 神呼召了約瑟、摩西、約書亞，前後將近五百年，以回應對亞伯拉罕的約定，這過程（神的信實）對你的啟發為何？

Q： 你嘗試過「靜先動後」以成事的經歷嗎？你是否曾經嘗試過「靜力」的操練？

Q： 神在一個有信心的「壞」女人身上能起的作用，遠大於一個沒信心的「好」女人，你對於此論述的看法為何？

Q： 你認同「主要原因」及「次要原因」的論述嗎？可以接受神能從「主要原因」中介入、改變或毀滅「次要原因」的觀念嗎？

第六章

指揮三百勇士以
寡勝眾的**基甸**

在摩西的時代和約書亞時代，總會有一個很強的領導人帶領以色列人。當那個強而有力的人沒有了，以色列的歷史便進入到士師時代。

聖經士師記這個章節的故事起頭，從約書亞過世開始。約書亞 80 多歲開始帶領以色列人一路征戰，完成進入迦南地的命定之後，活到 110 歲撒手人寰。約書亞死後，神並沒有興起一個像約書亞這樣管理全百姓的人，而是讓各族長分頭治理。

神之所以這麼做，其實是想帶領以色列人進入「神權政治」，認為只要百姓心裡面有祂，未必一定要設立接班人。但百姓寧可崇拜一個像摩西或約書亞這樣看得見、摸得著的「神之代言人」，時時在他們身邊幫忙解決問題，這樣的心態就帶出後續很多的問題。

當時最大的問題之一就是，以色列人征服迦南地之後，並未遵從神的旨意把迦南人全都驅逐或消滅，生活文化相通的結果，以色列人漸漸被迦南人同化，甚至通婚，還拜起了迦南人的神，因而在行為上開始走向敗壞。

以色列的十二支派在迦南各有領地，不照神話語去做的事卻相繼上演，神大失所望，決定讓以色列人自嚐苦果，明確告訴以色列人，不要期望祂會幫他們把迦南人趕出去。

因此我又說，我必不將他們從你們面前趕出。他們必作你們肋下的荊棘。他們的神必作你們的網羅。（士 2:3）

在此同時，守約又有慈愛的神也沒撇下他們不管，仍舊為以色列人開了一扇窗，當他們受敵人迫害和痛苦的時候，神在

各支派興起領導者來回應他們的呼求。

　　撒母耳寫的士師記記載總計十二個士師，六個大的、六個小的，把所有士師統治以色列的時間加起來是四百五十年，但有些事情是同時、異地發生的，所以歷史長度約三百年左右。

　　「士師」，出自希伯來文 Shophetim 這個字，意思是率領或治理。十二位士師的興起，是神回應人悔改禱告的表示。在異族中解決問題的時候都是靠征戰，因此多數人以為士師都是大能的勇士，各個驍勇善戰。

　　實際上卻不然。

　　他們當中，除了參孫是大力士以外，其餘都是村夫、村婦、無名小卒，有的還是貧寒出身或是私生子。這些人能夠被揀選成為士師，最重要的共同條件之一就是，他們願意回應神的呼召。可惜的是，有些士師在回應呼召後，出於自我意識的判斷，又做錯了一些事情，導致前功盡棄。

　　因此可以這麼說，士師記既是神回應人悔改禱告的真實刊載，亦是人性軟弱終將導致悲劇的鐵證。士師記最後讓我們看到那時以色列中沒有王、各人任意而行的悲慘結局。這也揭示了，假如我們的信仰態度也是如此，將來的人生恐怕會出大事。

信仰不進則退，導致可悲的循環

　　自約書亞死後至掃羅為王的這段時期，即是所謂的士師時代。那是一個循環不息的黑暗時代，因此作者撒母耳用七次循環的筆法，說明以色列人在離棄神權管治後，招致的慘痛結果。

　　神的旨意通常是在很少人的身上，一點一滴成就出來的。

圖6.1 士師記是一個可悲的循環

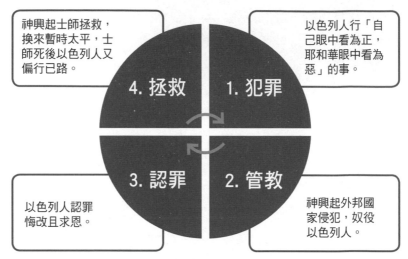

神興起士師拯救，換來暫時太平，士師死後以色列人又偏行己路。

以色列人行「自己眼中看為正，耶和華眼中看為惡」的事。

4. 拯救　**1. 犯罪**

3. 認罪　**2. 管教**

以色列人認罪悔改且求恩。

神興起外邦國家侵犯，奴役以色列人。

即使以色列國整體往下走，還是有一些人是堅信且順服神，因此神就藉由這些人把旨意行出來，讓他們成為士師的角色。

每當神聆聽以色列人的禱告，興起一位士師、施行拯救，通常只換來了三到八十年不等的太平年代，就又因為以色列人去拜別的神、偏行己路，而招致仇敵的欺壓。換句話說，士師記是一個可悲的循環，七次類似大循環，使以色列人的處境每況愈下，終至引出大禍。（請見圖 6.1）

(1) 循環的一開始，是人犯了罪。以當今為例，有些信徒們雖然每個禮拜都到教會聚會，狀似虔誠，但是在生活、工作上仍然我行我素，不遵行聖經的教導。

(2) 當那人遭遇了困難，受到人生或工作中過不去的事，走投無路。

(3) 就會懺悔哀求說：「神啊，對不起，我得罪了祢，求祢

救我，不要撇棄我。」

(4) 這時，神會興起一名拯救者來助那人一臂之力，回轉向神。

所謂的拯救者就比如說，那人去問牧師該怎麼辦，牧師找某個傳道或長老來輔導他。起初，那人或許會虛心接受勸告，並接受教導每天早上起來讀經禱告，遵行神的話語，但事情一有了回轉，就故態復萌，回到原來的惡性循環。

此一循環同時也意味著，全世界很多的信徒追求的都是表面的宗教，內心仍以自我為中心，甚少會以神為中心來過日子。這些信徒通常會不經意地心想，「好，神，我相信祢，也會照著教會的要求去敬拜跟參加聚會，但不會完全照祢的意思來過人生」。

最後的結果就是，一個定期聚會的信徒，在教友面前看似虔誠，平日的行事為人卻沒有基督徒的榜樣。

直到哪天遇到自己解決不了的大困境才求告神，慈愛的神垂聽禱告後出手相助，事情暫時解決後，那人又回到原來的狀態。

對照古今，士師記的歷史教訓讓我們發現到，聖經真的是一本很真實的書，總是把人性弱點血淋淋的呈現出來，不會刻意美化或掩飾。也正因為如此，讓聖經更加值得作為一本人人必讀的信仰經典。

在可悲的循環當中，以色列人任意妄為、自命為王，也造成了下列在信神的社會中發生的三件不可思議的事件（請見圖6.2）：

(1) 宗教上的混亂

圖6.2 士師記七次的悲劇循環

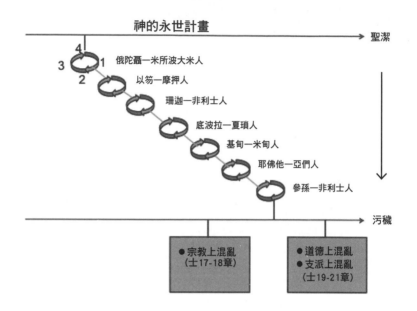

利未人被神揀選做祭司，但那時有利未人靠販售偶像過日子，這事若發生在當今，就如同一個牧師藉著賣菩薩的雕像來維生，可謂犯了神職人員的大忌。

(2) 道德上的混亂

那時利未人開始娶妾，有個利未人帶妾回鄉的途中，路過便雅憫人的地界，借宿他人家中，竟遭到一群惡徒侵犯致死。那個利未人氣憤難平，把妾的身體砍成十二塊送到各支派。

(3) 支派上的混亂

因著上述事件，其餘十一個支派為了幫被害者雪仇，避免類似的事情再度發生，便聯手討伐，使便雅憫支派幾乎滅族。

這再次地提醒我們，即便是信徒的你我，若在日常生活中離開了神、行為開始走向壞敗，至終人生會出大事的。

至於如何以士師記為戒，繞開生命的迴圈？**信徒在「因信稱義」後，就要藉著與聖靈的互動中，使生命持續改變，更新而進入到「因義成聖」的屬靈階段。在靈命只進不退中方能將「以己為中心」轉化為「以神為中心」的人生觀。**

基甸先求印證，再接下士師呼召

士師記有十二個士師，其中隸屬瑪拿西支派、同時也是第五位被神興起的士師——基甸（士 6-9 章），是本文要特別介紹的一位。

基甸出身異教背景。他父親家中的後院，擺著一座巴力的祭壇，壇的旁邊還有象徵其他神（亞舍拉女神）的一尊木偶，這兩個神都是來自鄰近的國家。

基甸被神興起的背景，源自瑪拿西支派的地被米甸人占領，以色列人再次淪為奴隸。

> 以色列人又行耶和華眼中看為惡的事，耶和華就把他們交在米甸人手裡七年。米甸人壓制以色列人；以色列人因為米甸人，就在山中挖穴、挖洞、建造營寨。以色列人每逢撒種之後，米甸人、亞瑪力人，和東方人都上來攻打他們。（士 6:1-3）

神垂聽那地以色列人的哀求，揀選基甸率領百姓們反擊米甸人，但呼召基甸的第一步，就是從清理自家人的信仰開始，

吩咐他拆毀父親為兩個異教神祇所立的祭壇，改為耶和華築一座壇，並且取來父親養的牛作為燔祭，以砍下的木頭偶像當作柴來燒。

基甸本身是一個膽怯的人，加上做出這樣的事情等於是違逆父親的信仰，茲事體大，便選擇在夜間行事。但縱使如此，他也算是完成了一個順服神的關鍵步驟，因此，神的靈便降在基甸的身上，至終讓他以寡敵眾，僅帶領三百名以色列人就成功擊敗十多萬名的米甸人，換得四十年的境內太平生活。

藉著基甸被興起的過程，也帶出了兩個值得信徒進一步思考的命題：

(1) 如何分辨人意？還是神旨？

基甸在接受成為以色列人的士師之先，曾經兩次向神求印證，確認是神的旨意才勇往直前（士 6:36-40）。

比起拆自家的異教祭壇，率眾打仗更是攸關生死之事，不可不慎，因此基甸透過一團羊毛分別呈現乾、溼的兩次印證，重複確認神的旨意。這便顯示，神並不希望人用自己的意思去行事，但也不是要我們害怕到在原地一動也不動，動靜之間的拿捏，在於有沒有得到神的印證。

譬如說，投入職場宣教至今，當我有感動想做一些事工的開展，為了確認是自己的人意還是神的旨意？我都會做一些嘗試性的投石問路，讓神藉由周遭的人事物來回應我，進而調整事工的優先順序。但凡確認是神預備開路的，我就會大刀闊斧但低調的去做。

至於為什麼會提醒信徒們，千萬不要只是在原地等待，是因為那麼做的話，神的旨意也未必會自動到來。總要試著去做

一些事情，然後敏銳觀察神如何透過人事物來告訴我們下一步該怎麼走。

(2) 選擇最好的？ 還是最適合的？

基甸率眾與米甸人爭戰之前，神要他從三萬兩千人的以色列人當中，先淘汰掉懼怕膽怯的二萬二千人，接著再從中挑選出三百人去應敵。這樣的戰略邏輯，讓你想到了什麼？

從我的觀點來看，在這個事件中，神啟示了我們一個招聘人才或同工的重要原則——追求第一，不如找到唯一。意思就是說，比起招到最好、最多的人才（第一），更重要的是，要找到最適合、最認同我們的夥伴（唯一）。這是神在揀選人完成計畫時，一直採取的選才之道。神選擇僕人的原則，不但是能幹的人才，而更是忠心的管家。

可能有人不解，想說選才不是要選一流的人才嗎？實際上，若你經營的是一家像蘋果電腦這樣的世界一流大公司，要挑選到一堆既優秀又認同你的人才，當然沒問題。

反之，在絕大多數的組織中，若無法兼顧兩者的情況下，當然要以適用並認同你的願景及文化，但仍符合基本專業水準的人為優先選擇，自己再慢慢培養。

若有幸招聘到極優秀的人才，但公司無法提供相對應的舞台讓他展現，一樣很快就會流失的。反觀認同你的唯一人選，即使組織經歷再嚴厲的挑戰，必堅定跟隨，反而成為組織未來的柱石。

基甸在關鍵時刻的扭轉五力

■魄力──有膽有識

基甸就從他僕人中挑了十個人，照著耶和華吩咐他的行了。他因怕父家和本城的人，不敢在白晝行這事，就在夜間行了。城裡的人清早起來，見巴力的壇拆毀，壇旁的木偶砍下，第二隻牛獻在新築的壇上。（士 6:27-28）

當基甸被神吩咐要拆掉巴力的祭壇之後，他便找了十個僕人一起執行這件事情，回應神心意的同時，也在僕人面前展現了極具魄力的一面。

■魅力──善於感召

那時，米甸人，亞瑪力人，和東方人都聚集過河，在耶斯列平原安營。耶和華的靈降在基甸身上，他就吹角。亞比以謝族都聚集跟隨他。他打發人走遍瑪拿西地，瑪拿西人也聚集跟隨他。又打發人去見亞設人，西布倫人，拿弗他利人，他們也都出來與他們會合。（士 6:33-35）

對於一個領導者來說，若其本身沒有號召群眾的吸引力，便無法形成一個團隊來做事。基甸勇敢拆除祭壇之後，神的靈就在他身上，散發出來的領導人魅力自然不在話下。

■德力──德行天下

基甸對神說，你若果照著所說的話，借我手拯救以色列

人，我就把一團羊毛放在禾場上，若單是羊毛上有露水，別的
地方都是乾的，我就知道你必照著所說的話，借我手拯救以色
列人。次日早晨基甸起來，見果然是這樣。將羊毛擠一擠，
從羊毛中擰出滿盆的露水來。基甸又對神說，求你不要向我發
怒，我再說這一次，讓我將羊毛再試一次。但願羊毛是乾的，
別的地方都有露水。這夜神也如此行，獨羊毛上是乾的，別的
地方都有露水。（士 6:36-40）

德力是跟屬靈能力接軌的。基甸為了先確認神的旨意再行
動，連續求了兩次印證，顯示當時的他，非常在意靈裡是否真
的與神相通，因此具備一定的德力。

■眼力──見所未見

於是基甸將三百人分作三隊，把角和空瓶交在各人手裡，
瓶內都藏著火把，吩咐他們說，你們要看我行事，我到了營
的旁邊怎樣行，你們也要怎樣行。我和一切跟隨我的人吹角的
時候，你們也要在營的四圍吹角，喊叫說，耶和華和基甸的
刀。（士 7:16-18）

很多人不解，為什麼神要基甸挑選出精兵三百人就好，打
仗的時候不是越多人越好嗎？回答這個問題之前，我們不妨
先反過來假設一下，基甸若是帶領三萬人去攻打米甸人，最有
可能會採取什麼樣的戰術？

我個人認為，應該有很高的機率會採取傳統人海戰術，但
偏偏三萬兩千人以色列人當中，畏戰的就高達兩萬兩千人，即

使把他們都帶上戰場，恐怕敵人還沒開戰就先跑掉了，那怎麼打？

　　況且，正因為只有三百人的兵力，在此關鍵時刻的拐點，逼得基甸只能出奇招，以奇襲的方式讓米甸人慌亂到自相殘殺，終至打了一場勝仗。而這個預見戰爭情勢演變的能耐，就是一種眼力了。

■動力——行所不行

　　動力是什麼呢？士師記第 7 章 19 節到第 8 章 21 節，清楚記載了基甸如何帶領以色列人，從一開始殺了十二萬敵軍，抓了兩個首領，後來又迎戰一萬五千人等事蹟，這就是一個以動力為驅動的執行力。而且當基甸知道這場征戰是出自於神，又有神的同在，他的動力因此變得更強大。

　　基甸就像許多神重用的僕人，神往往讓他們陷入工作或生命的拐點，以激發他們扭轉五力的潛能，以完成神國度中的使命。

難逃義人失足的陷阱，基甸晚節不保

　　當基甸成功帶領他們擊潰米甸人之後，百姓紛紛表態希望基甸成為他們的管理者。易言之，他們希望基甸可以變成像摩西和約書亞那樣的領袖，殊不知唯有摩西和約書亞的出線是神所立的，並非出於人們自己的擁護，意義不一樣。

　　「基甸說，我不管理你們，我的兒子也不管理你們，惟有耶和華管理你們。」（士 8:23）基甸很聰明，在這件事情上拒

絕了百姓，沒有竊取神的榮耀，也沒自立為王。

　　但接下來，基甸卻大大做錯了一件事，他要求以色列人將所奪仇敵的金耳環給他，「基甸以此製造了一個以弗得，設立在本城俄弗拉。後來以色列人拜那以弗得行了邪淫；這就作了基甸和他全家的網羅。」（士 8:27）後來以色列人都來拜這個以弗得，而且開始犯邪淫。

　　為什麼說基甸晚節不保？原因在於，基甸雖正確地拒絕做王，但在急著對以色列人有所助益，加上個人對信仰的偏差，不經意地立自己為祭司，又在家鄉設立崇拜中心，很快掀起偶像崇拜之風，最後反倒害了以色列人。

　　基甸這樣的舉動，亦違背了四條誡命：

　　(1) 祭司職分屬於利未族，而非瑪拿西支派的基甸。

　　(2) 以弗得應是金線和藍色、紫色、朱紅色線並撚的細麻（出 28:6, 39:2）做成的，而非金子，否則就跟摩西時期造金牛犢一樣了。

　　(3) 會幕及崇拜中心是在神約櫃所放置的示羅，基甸卻將其設在家鄉俄弗拉。

　　(4) 基甸還過著一個極其縱慾的生活，與多位妻子生了七十個兒子，還與妾生下一子，取名為亞比米勒。

　　在基甸死後，亞比米勒便將基甸的親生兒子全部殺死，只剩小兒子約坦一人存活；不久後，他也被一名婦人投下的磨石砸死。

　　這樣的結局令人有些百思不得其解。基甸生前所做的一些錯事，神並沒有馬上處罰，反而是等到他死後，代價才相應而來。但在此同時，神又未將基甸家族趕盡殺絕，至終還是為他

留下了小兒子作為餘種。

　　故事結局，還有一點也讓我衝擊很大，那就是士師記 8 章 33-35 節所提：

　　基甸死後，以色列人又去隨從諸巴力行邪淫，以巴力比利土為他們的神。以色列人不記念耶和華——他們的神，就是拯救他們脫離四圍仇敵之手的，也不照著耶路巴力，就是基甸向他們所施的恩惠厚待他的家。

　　想想看，基甸作為一個士師，生前是多麼用心在領導以色列人，哪知道一過世，當年的追隨者就將他遺忘。而他們對基甸都是如此了，更別說是對神，即使神多次出手拯救以色列人，仍舊不被紀念。

　　這讓我們思想到，即使一樣是信徒，隨著心態有別，終將也會有不同的行為表現。相較於有一種信徒認為「我活在世界上是為神而活」，另一種信徒則是覺得「神是為我而活在世界上」。

　　前者凡事以神為中心，追求的是榮神益人的事情，因此越活越簡單，內心也越發感到平安。後者旨在追求世界上的事情，信仰帶有目的，把教會當成社交或資源交換的場合，一旦覺得神不應允禱告就放棄信仰。

　　因此藉著本文對於士師記「可悲的循環」的剖析，再次提醒信徒們務必引以為戒，以免讓人生落入每況愈下的境地。

【沉思錄】

Q： 在士師記以色列人可悲的循環中，你是否看到自己的人生縮影？為什麼？該如何跳脫？

Q： 基甸從三萬二千人選出三百人去應敵，應用在招聘人才時不追求「第一」，而要專注於「唯一」，你對此原則認同嗎？

Q： 將自己過去成事及失敗的經歷，運用扭轉五力分析並檢討。

Q： 基甸死後，家中隨即巨變，而且以色列人又去隨從諸巴力行邪淫，不記念耶和華及基甸，你從其中學到什麼功課？

Q： 基甸是義人失足的例子，但在希伯來書第 11 章 32-34 節記載之以色列信心偉人的名人榜當中，他的名字卻赫然在目，你對神如何評估我們的一生，有什麼看法？

第七章

開展王權管理的
撒母耳

　　在士師記的三百年歷史裡，實為神允許以色列人從「神權管理」慢慢轉移到「王權管理」的過渡。在這當中，撒母耳扮演了舉足輕重的角色，他既是最後一個士師，也是膏以色列國王的第一人。

　　本文的討論範疇是在撒母耳記上，講到的是撒母耳的出生、被神揀選，以及如何奉神之命膏了掃羅當第一個王；下一章則是介紹撒母耳所膏的第二個王——大衛。

　　如同俗語所說，「每個成功的男人背後，都有一個偉大的女人。」撒母耳背後那個偉大的女人，正是他的母親——哈拿。因此在解析撒母耳這個人之前，我們先來看他的母親是如何孕育撒母耳，使其最終能成長為被神揀選跟使用的人，同時具備了士師、先知、祭司的身份。

撒母耳的生命推手——慈母手中線的哈拿

　　原先的哈拿，是一個不孕婦女。雖然撒母耳的父親以利加拿，愛哈拿甚過於另一個妻子毗尼拿，但因毗尼拿看哈拿膝下無子，加上爭寵失敗，所以屢次對哈拿冷嘲熱諷。

　　哈拿心裡甚為愁苦，便在某次獻祭後向神祈求：

　　萬軍之耶和華啊！你若垂顧婢女的苦情，眷念不忘婢女，賜我一個兒子，我必使他終身歸於耶和華，不用剃頭刀剃他的頭。（撒上 1:11）

　　神應允了哈拿的禱告，讓她順利懷孕並且產下一子，名為

「撒母耳」，意思就是：「這是我從耶和華那裡求來的」。

撒母耳誕生之後，哈拿始終沒有忘記「把撒母耳歸給神」的承諾。哺育撒母耳到斷奶，哈拿就備齊了三隻公牛，一伊法細麵，一皮袋酒，帶著撒母耳來到耶和華的殿中，交給祭司以利、作為他的老師，往後就由以利來教導撒母耳。

以時間長度來度量，哈拿把撒母耳獻給神之後，母子倆相處的時間並不多，但哈拿用母愛為撒母耳編織出的袍衣，卻是綿延不盡。

■生命的外袍

如同所有的母親都必須歷經辛苦懷胎十個月，以及生產過程中的劇烈陣痛，方能孕育出一個新生命。撒母耳亦是披戴上母親所賜的生命外袍，方能有機會來到這個世界上，並且立足於天地間。

■慈愛的外袍

利用一年一度的獻祭機會，到了耶和華位於示羅的殿中，哈拿都會為撒母耳送上一件自己縫製的外袍，讓撒母耳穿上之後，可以感覺到母愛的擁抱和同在。如此的細膩用心，也難怪有人會形容母愛最接近神的愛，也有人說正因為上帝太愛我們，才會在每個家庭當中預備一個母親的角色，作為祂的代理人。

■教養的外袍

撒母耳尚未成形時，哈拿便向神禱告說要將孩子獻於神，

得知懷孕之後亦是如此預備心，顯見撒母耳打從在哈拿的肚子裡，就開始感受到這樣的「胎教」。撒母耳斷奶以前，哈拿的敬虔態度也對他產生潛移默化的效果。撒母耳斷奶後，哈拿依約將他歸於耶和華，更是展示了令人欽佩的身教。

　　哈拿讓我們見識到，一個偉大母親的行事樣貌應該為何。況且整體而言，神賦予母親跟父親的角色和任務本為不同。

　　創世紀第 3 章記載，夏娃在蛇的引誘下，偕同亞當偷吃了知善惡樹上面的果子，神因為他們的不信，而預言了他們及其後代：

　　又對女人說：我必多多加增你懷胎的苦楚，你生產兒女必多受苦楚。你必戀慕你丈夫，你丈夫必管轄你。又對亞當說：你既聽從妻子的話，吃了我所吩咐你不可吃的那樹上的果子，地必為你的緣故受咒詛；你必終身勞苦才能從地裡得吃的。（創 3:16-17）

　　從這話便可以看出，神是要父親負責養家、母親負責顧家；從現實層面上，我們也看到，父親在家中通常是一個公義的代表，母親則是一個慈愛的代表；在教導子女方面，父親著重的是人生方向的教導，母親是生活教養的教導。這都在在顯明了，多數時候，母親與孩子的生命比較貼近。

　　再加上孩子在出世以前，早就與母親生死相依地共處十個月。因此孩子與母親較為親密，相較於父親，母親也比較會時時念慕孩子。這也就是為什麼，母親帶孩子時，注意力都放在孩子身上、以孩子為中心，多數父親則是以自己要做的事情為主。

另外我們也可以看到，除了哈拿之外，神也曾經在許多不孕婦人身上行大事，像是撒拉、利百加、拉結、以利沙伯等，事實也證明，這些婦女在神的祝福下喜獲麟兒後，最終都撫養出忠心事奉神且與眾不同的孩子——以撒、雅各、約瑟、施洗約翰。

撒母耳的屬靈老師——尊兒為大的以利

哈拿把撒母耳送到聖殿，以當時的祭司以利為撒母耳的老師。以利也是神揀選的士師，卻教子無方，竟然違反神旨意，讓兩個惡棍兒子擔任祭司，褻瀆神職工作。

而且他的兩個兒子，屢次以祭司之名為所欲為、橫行霸道。不僅屢次派僕人從以色列百姓的手中，奪走給神的肉類祭物，還跟在會幕門前伺候的婦女發生性行為。年邁體衰的以利，雖然從百姓口中聽聞兒子們的惡行，卻也只是出言相勸，並未採取具體的制裁行動。

一日，神派使者來責備以利說：

我所吩咐獻在我居所的祭物，你們為何踐踏？尊重你的兒子過於尊重我，將我民以色列所獻美好的祭物肥己呢？因此……決不容你們這樣行。因為尊重我的，我必重看他。藐視我的，他必被輕視。（撒上 2:29-30）

以利竟然尊重孩子勝過於尊重神，這是一個很重要的提醒，值得我們進一步深思。尤其是，現代人孩子普遍生得少，

常常教養出自我中心的孩子，對孩子唯命是從。殊不知身為信徒的我們，若是不曾把神的道教導給孩子，便是把孩子視為比神重要。

> 日子必到，我要折斷你的膀臂和你父家的膀臂，使你家中沒有一個老年人……我必不從我壇前滅盡你家中的人；那未滅的必使你眼目乾癟、心中憂傷。你家中所生的人都必死在中年。（撒上 2:31-33）

此後，神變得甚少對以利說話，轉而親近年幼的撒母耳。這也告訴我們說，愛的反義詞不是恨，而是冷漠，因為恨一個人代表還有情感上的付出，但冷漠就意味著真的都不管了。所以父母對孩子所能做的最大懲罰，就是用行動宣示「我再也不管你了」。

當神開始親近撒母耳時，撒母耳還不認識神，以至於在睡夢中聽見有人呼喚他的名，以為以利在叫他，還跑去問以利找他有什麼事？以利也被問得一頭霧水，直到第三次，以利才意識到是神想對撒母耳說話，便要他留意聆聽。

結果，撒母耳聽見了神默示：

> 我指著以利家所說的話，到了時候，我必始終應驗在以利身上。我曾告訴他必永遠降罰與他的家，因他知道兒子作孽，自招咒詛，卻不禁止他們。所以我向以利家起誓說：以利家的罪孽，雖獻祭奉禮物，永不能得贖去。（撒上 3:12-14）

　　隔天一早，撒母耳擔心以利聽了會不高興，如常打理殿中
的事情，不敢提起隻字片語。反倒是以利，知道神昨晚必然
是要透過撒母耳講述關於他的事，便要求撒母耳據實以告。
聽完轉述，竟說出「這是出於耶和華，願祂憑自己的意旨而
行」（撒上 3:18）的輕慢或無奈的話語。

　　為什麼以利面對往後整個家族都將遭害，仍絲毫沒有悔
改的行動，也沒有要跟神求赦免的意思呢？那是因為神「使」
以利的心剛硬，如同早年也曾使埃及法老的心剛硬一般。

　　出埃及記當中記載，神為了讓以色列人可以順利離開埃
及，透過摩西在法老面前行了十個神蹟，前七次行神蹟，是法
老自己的心剛硬，到了第八次之後，就變成是神「使」法老的
心剛硬。

　　如同冷漠所傳達的態度，當父母「任憑」孩子去做一些犯
罪的事情時，亦是一種「我不再管你了」的意思。因此「神
使人的心剛硬」的這件事情，身為當代信徒的我們，務必要引
以為戒，神既是施慈愛也是行公義，若是我們犯了罪卻執意不
改，那麼神就未必會無限上綱的給予機會。

　　人心亦會隨著犯罪次數的加增，漸而麻木不仁。以一塊白
布來形容，未犯罪以前，人的心就猶如一塊白布。爾後，每犯
一次罪，白布上就會多一個紅點，若不及時消除那紅點，紅點
越多，痛悔的程度就越低，終至無感或是變得沒有羞恥心。所
以提醒信徒千萬不要悔而不改，免得心越來越剛硬（或神使你
的心變剛硬），那就連回轉的機會都沒有了。

　　自此，神的靈也不再與以利同在，加上當時以色列人的心
已遠離神，自然神也就不在約櫃之中。有次，以色列人跟非

利士人打仗，抬出約櫃，希望藉由神的同在來打勝仗，不料卻兵敗如山倒，約櫃還被非利士人奪去。唯神仍看顧這件外證之物，在神的神蹟作為下，最後還是回到以色列人手中。

戰爭過程中，以利一直守在城門口等消息，以為神會透過約櫃幫助以色列人打贏，沒想到最後卻接到戰敗的壞消息。更令以利難以接受的是，他的兩個兒子也戰死了，應了神曾說他的兩個兒子會一日同死，並且神的約櫃也被擄去，一得知此，以利在驚嚇中後倒，折斷頸項而終。

可能有信徒會不解，以色列人都已經把約櫃請到軍營了，為什麼還是被殺三萬人、被非利士人打得毫無回手之力？我想很重要的一個原因就是，神希望藉此教訓以色列百姓，讓他們知道：若沒有神的實質同在，約櫃也不過是一個外在的形式，不具任何效力。

神重視一個人的信仰心態，勝過於宗教形式。身為信徒的我們，不要以為只要把聖經或是十字架帶在身邊當護身符，神就隨時同在，主要還是要看你跟神的關係是否親近。

撒母耳膏的第一個王——合人心意的掃羅

撒母耳斷奶後就被哈拿送到聖殿中，神喜愛他，經常親自對他說話。長大之後，撒母耳同時肩負了先知、祭司、士師的重責大任，堪稱是所有士師中最完美的一個，至少聖經未記載他做過什麼錯事。

以利在世時，以色列人一再敗給非利士人，連約櫃也一度被擄去。神及時興起撒母耳，先是要他除去以色列百姓信仰的

外邦神和亞斯他錄、巴力，使以色列全家都歸向耶和華。隨後又協助掃羅帶領以色列人打勝仗，收回所有被占領的城邑，非利士人從此不敢再入侵，可見成事是在於耶和華。

　　撒母耳年老之際，曾想立自己的兩個兒子當士師，卻被以色列的眾長老拒絕，原因是「他兒子不行他的道、貪圖財利、收受賄賂、屈枉正直。」（撒上 8:3）而且比起士師，眾長老更希望撒母耳為他們立一個王。神要撒母耳叫長老們想清楚，一旦立了個王，百姓們可能會被奴役，但眾長老仍希望如此行。撒母耳便在神的指示下，膏立便雅憫支派的掃羅，作為以色列的第一個王。

　　掃羅同時也是合人心意的王──健壯、俊美、高大，幾乎占盡一切身為「人」的外在條件優勢。再加上，起初掃羅還懷抱著敬畏神的心志，神就使他戰無不勝、攻無不克，在外人眼中看來，他幾乎就是一個贏在起跑點的人，令人稱羨。

　　但又是為什麼，後來的掃羅會輸在拐點，終至被神拔掉王者的位份呢？

　　■原因一：在吉甲時，因信心不足，而犯下僭越祭司之職份。撒母耳記第 13 章記載，掃羅成為以色列王的第二年，帶著以色列人到吉甲爭戰。撒母耳曾事先交代要掃羅在吉甲等候七天，等神的時候一到，身為祭司的撒母耳就會前去獻燔祭和平安祭。不料到了第七日，掃羅眼見百姓紛紛散去，非利士人步步逼近，心急之餘便擅自獻祭。獻完燔祭，撒母耳就抵達，斥責掃羅的同時，也預告因為他不遵守神吩咐，神將另立他人為王。

■原因二：在殺滅亞瑪力人之後，因貪心，故意違命，憐惜了亞瑪力王亞甲，又保留了那上好的牛、羊，並將一切美物歸為己有。撒母耳記第15章記載，撒母耳按照神的吩咐，命令掃羅帶兵攻剿亞瑪力人，且務必趕盡殺絕、不留任何活口。掃羅雖聽命照做，卻因聽信百姓建議，留下上好的牛羊，假稱為獻祭的物品，同時因為心軟，沒有照著神的吩咐把亞瑪力王殺死。

撒母耳一到，雖然及時殺了亞瑪力王，但亞瑪力王懷孕的妻子已經逃走，其後產下一子──那人便是五百多年後，在波斯地要致以色全族於死地的敵人哈曼的祖先。身為人類的我們哪裡能意識到，一次的不順服便為後代在日後帶來這麼大的災難，而此舉亦再度引發神的不悅，透過撒母耳告訴掃羅，已經厭棄他作為以色列的王。

在那之後，撒母耳奉神的指示，前去找一位名為耶西（大衛的父親）的伯利恆人，並且膏立他的小兒子大衛為王，神的靈從此與大衛同在。反觀掃羅，因為神的靈離去，開始受到惡魔攪擾，正如同一個人遠離了主，就會有世界上的事情來打擾，使他失去了以往的平安。掃羅的僕人見狀，找來擅長彈琴的大衛，為掃羅紓解心裡的空虛愁煩，使惡魔離開了他，大衛也因此很得掃羅的喜愛。

兩人關係甚篤，一直到了後來大衛打死非利士的巨人歌利亞，凱旋回來時，婦女們唱著：「掃羅殺死千千，大衛殺死萬萬。」掃羅心生妒忌，自此千方百計想置大衛於死地。交手過程中，大衛兩度可以殺死掃羅，卻沒有這麼做，也沒有因為自知即將要取代掃羅為王，而擅自作主替神先除掉掃羅，此亦顯

示了大衛對神的尊重。

明知大衛兩次放他生路，掃羅卻還是鐵了心要追殺大衛。最終因為去找交鬼的婦人，一錯再錯得罪神，導致隔日就與三個兒子一同戰死的結局。

綜觀掃羅從「贏在起點」到「輸在拐點」的歷程，其靈性及扭轉五力的破產，早已有跡可循。

■靈性的破產（屬靈）

(1) **不信神**：如同我們偶爾會在教會裡看到，有些人會受洗是因為家人信神，所以自己也信神（卻不真的認識神），掃羅信的也是撒母耳的神，每次只要遇到事情就拉住撒母耳，從未自己跟神禱告過，或是親自求告神的印證。

(2) **輕看罪**：從掃羅與撒母耳的對話可以看見，掃羅是一個勇於認罪的人，然卻死不悔改，而且從不為自己犯的罪負責，總是推卸給他人，或是以向神獻祭之名義，來合理化自己的私心。

(3) **不順服**：以擊殺亞瑪力人的事件為例，掃羅從撒母耳那邊明明得知，神要其格殺勿論，掃羅卻明知故犯，擺明犯下悖逆和頑硬的罪。

■扭轉力破產（屬世）

(1) **眼力**：作戰時只知墨守成規、拒絕變化，一味蠻幹，因而毫無過人戰術可言。

(2) **魅力**：位居高位卻害怕部屬比自己強，進而追殺大衛，有失領導者風範。

(3) **動力**：除了兒子約拿單主動追隨，對於他人都得靠王者權威來驅動行事。

(4) **魄力**：生性懼怕、不敢冒險，加上毫無膽識，以至於受制於民和受制於敵。

(5) **德力**：以怨報德，明知大衛兩次放他生路，卻又執意追殺對方。

一個母親的影響力，遠勝於三個父親

一個母親：身為母親的哈拿，出身平凡，卻因為對神存敬畏且有信心，加上其對孩子無條件的愛，因此培育出了撒母耳這麼一個最完備的士師，一生為神所用。從做父母親的角度來衡量，其對神國度的影響力，亦遠超過撒母耳記所記載的三個父親角色——祭司以利、先知撒母耳、君王大衛。

這三位父親都是在世上及神國有大作為的人，卻都是一個未盡責的父親，未善盡職責將孩子教育成一個信靠神且有所作為的人。比起哈拿，他們也少了：

(1) 對神敬畏心——獻上孩子
(2) 對神的信心——信守納言
(3) 對孩子的愛心——慈母手中線

祭司以利：兩個兒子犯了三重罪：(1) 隨意取肉、(2) 不烤脂油、(3) 在聖殿中與婦女苟合。以利聽聞惡行後，卻只是出言指責，而未有具體作為，被神指責其敬畏孩子過於敬畏神。

　　先知撒母耳：眾長老不滿撒母耳的兒子不行神的道，且貪圖財利、收受賄賂、屈枉正直，撒母耳雖未違反民心，堅持要立兒子當士師，但此正說明，雖然撒母耳貴為全備的士師，卻教子無方。

　　君王大衛：押沙龍是大衛的三子，長相俊美、才華洋溢，深獲大衛喜愛，行為卻甚為敗壞：(1) 殺自己的兄弟，還謀反大衛；(2) 押沙龍深謀遠慮，在興兵之前先爭取民心，後到希伯倫去造反；(3) 大衛的反應是順服，向神說若要押沙龍為王，願意順服；(4) 獲悉押沙龍死訊後的反應，「王就心裡傷慟，上城門樓去哀哭，一面走一面說：我兒押沙龍啊！我兒，我兒押沙龍啊！我恨不得替你死，押沙龍啊，我兒！我兒！」（撒下 18:33）──這是做父親最悲痛的話。

　　大衛最大的悲痛在於，當初沒把孩子帶成一個敬畏神的人，以至於落得如此下場。而且父親對兒子是有期望的，押沙龍這個名字即是「父親是平安」之意，沒想到結果卻是絕望。

　　至於原本一表人才、有抱負的押沙龍，為什麼會得此下場？正是因為他從小就成長在一個不正常的家庭中，同父異母的兄弟姊妹互相侵伐，父親大衛雖是個偉大的軍事家、政治家、藝術家，卻沒時間教育孩子信靠耶和華，以至於押沙龍越走越偏，最終自取滅亡。

　　大衛和押沙龍的親子互動，亦帶出了一個值得現代父母進一步反思的問題：為什麼父母對孩子的期望與結果，差異會如此之大？

　　答案很簡單，一切皆種因在家庭──父母養兒而不教，教而不當──結果卻顯明在學校、呈現在社會。很多人從新聞

看到一堆社會亂源，只會怪政府、怪學校，卻忽略最重要的是「家教」，因為品格和道德的教導必須趁早，等一個孩子長大後出現行為偏差，再來糾正就太晚了。

這種在親子教養上的缺席，尤以父親的角色最為常見。究其原因，或許是跟社會主流價值觀普遍認為，一個成功的男人必須具備社會地位，且功名在外有關。像是自古以來，大禹治水時的三次不入家門，明明是不顧家的行為，卻被表揚為敬業；諸葛亮的鞠躬盡瘁、死而後已，也被視為一種英雄表現。

長此以往，導致多數男性認為花時間追求個人成功，遠比教養兒女的成就來得重要。實際上，教育無他，惟愛與榜樣而已。至於要如何同時兼顧「質」（心思）與「量」（時間）？建議大家可透過扭轉五力中的眼力、魅力、動力、魄力，取得事業有成，過程中輔以德力的幫助，讓自己在事業與家庭取得平衡，並且身體健康、靈命晉升。

至於如何在平日繁忙的工作中，同時能做到顧家的平衡？在此介紹一個觀念叫做「高質量時間」（high quality time）。比方說，週日帶孩子練習一些球類運動或音樂才藝時，可由母親作主要的陪同。但每逢正式的球類比賽或是音樂才藝發表會（通常是在週末），則父母都要熱情參與出席，藉此讓孩子真切地感受到自己在父母心中的重要性。

更重要的是，要懂得把孩子帶到神的面前。親子關係本就微妙，與其看到孩子的時候道理連篇，不如以「身教」為首，經驗顯示，遵行神的道路的父母，往往能夠得到子女的尊敬。多少人一生致力於扮演好父母親的角色，卻事與願違，癥結正是在於沒做到上述這點。

相對於母親帶給孩子的是溫柔、關心；父親則負起培訓孩子的勇氣及冒險的特質，要教養出一個身心靈健全的孩子，神、父親、母親都要在場。至於什麼是父母在不同階段中給孩子最好的禮物：

(1) **幼年期**：「教養孩童，使他行當行的道，就是到老，他也不偏離。」（箴 22:6）帶領孩子到神的面前，教導孩子建立起一個正確的價值觀——要上進、負責任、尊敬人、不自私。

(2) **青春期**：「你們作父親的，不要惹兒女的氣，只要照著主的教訓和警戒，養育他們。」（弗 6:4）尊重並培養兒女成為獨立的個體，管教方式從教導、命令到啟發、影響，學會以神的旨意取代你對兒女的期望，給孩子一個說實話的安全感。

(3) **成年期**：「因此，人要離開父母與妻子連合，二人成為一體。」（創 2:24）尊重兒女工作及婚姻的選擇，兒女成婚後，父母要懂得退居第二線，也讓他們感受到父母以他們為榮。

因果的總帳——最後都在神手中

常言道，「十年樹木、百年樹人」。一九〇〇年時，有位名叫溫什普（A.E.Winship）的美國學者，以兩個起源於同時代的家族為研究對象，追蹤他們過去兩百年的繁衍發展，結果發現：

信基督教的愛德華家族——共 1394 人，扣除部分不詳的人，歷代家族成員職業組成如下：

- 牧師／神學家—300 人
- 大學教授—100 人
- 律師—70 人
- 醫生—60 人
- 作家—60 人
- 法官—30 人
- 大學校長—14 人
- 議員—3 人
- 副總統—1 人

著名無神論宗師尤克斯家族 —— **共 903 人**，扣除部分不詳的人，歷代家族成員職業組成如下：

- 流氓—310 人
- 妓女—190 人
- 坐牢—130 人
- 酒徒—100 人
- 小偷—60 人
- 商人—20 人（其中 10 名是在監獄習得經商）
- 殺人犯—7 人

這個研究的最大價值在於，時間可以見證一切事實，它幫助我們去反思：世界上所有的事情都是出自於偶然嗎？若真是如此，那麼為什麼信神的家族跟無神論的家族，其歷代家族成員的人生發展會有這麼大的差異？關鍵便是信仰的力量。

愛德華家族因為信神，基督教信仰在家族成員的心裡種下愛和善的種子，所以栽培出了許多懸壺濟世的醫生，以及投入教育志業的大學教授或校長（當時商業及企業尚未蓬勃發展）。

一個懂得敬畏神的家庭所養出來的孩子，永遠都會記得頭頂三尺有神明，而不敢肆意而為。同時，信仰也是一個人連接正能量的通路——要上進、負責任、尊敬人、不自私，縱使人生道路上難免遭遇困難，但有神的同在就不至於被擊垮。

　　反觀尤克斯家族，他們的下一代出現那麼多流氓、小偷和妓女，正是因為沒有一顆敬畏神的心，自以為大的結果就是無樂不歡、無惡不作。他們的內心獨白通常是：「老天爺算什麼？我才是最大的！天底下沒有老子不敢做的事情。」

　　此也可以用來解釋，何以中國過往在一胎政策下會引發那麼多家庭悲劇。一個孩子從小有六個大人在寵愛，難免造成孩子一個心理就是：「你什麼東西都應該要給我，不給我就是你的錯！」即使在台灣，也會時而聽聞父母把房子過繼給孩子，孩子就把父母趕出去的不孝情事。

　　教養孩子的過程中，最難的就是愛與管教的兼顧，同時還要拿捏得當，以免過猶不及。正因為教養是一門不容易的學問，才更加凸顯出父母要帶領孩子認識神的重要性。相信只要懂得引導孩子確實行出神的道，那麼無論你是身為父親或是母親，都將對孩子的一生帶來正向影響力！

【沉思錄】

Q： 撒母耳從小在聖殿中長大、一生為神事奉的人生，對你有何啟發？

Q： 從約櫃被敵人奪走的故事中，請分享自己對「宗教」與「信仰」的分辨。

Q： 從以利尊兒為大的故事及結果中，你看到了生命中哪些人的影子？你認為如何才是真正的「愛」？

Q： 人的心會從「剛硬」，到神「使」人的心剛硬的敘述中，為你帶來什麼樣的警惕？有些人對一些不良事物的「上癮」，是否也是出自相同邏輯？

Q： 掃羅一生從贏在起點到輸在拐點，你認為這樣的情況是「誰」造成的？

第八章

最強的王國建立者**大衛**

　　大衛雖非以色列的第一個君王，但在神的祝福之下，打造出空前輝煌的大衛王朝！自亞伯拉罕時代（2000 BC）到大衛時代（1000 BC）的這一千年間，以色列國力雖然有起伏，形勢仍一路向上，直至大衛王朝終至登峰造極。時至今日，以色列國旗仍以大衛之星為國徽，大衛受到以色列人尊敬的程度可見一斑。

　　綜觀聖經撒母耳記上第 16 章到列王紀上第 2 章的記載，大衛才華過人，集軍事家、詩人作家、音樂家、哲學家等身份於一身，從他寫的詩篇內容看來，亦是個很會禱告又有屬靈恩賜的人。但其私德（情慾）卻極具爭議，像是為了占有已婚婦人拔士巴，竟千方百計置其丈夫烏利亞於死地。

　　既然如此，為什麼神仍稱大衛是「合神心意」呢？而且究竟神是在他成功之際說了這句話、大衛才開始轉為墮落，抑或是大衛過世後，神蓋棺論定賦予他這麼高的歷史評價？還有，神說這話背後的意義到底是什麼？

　　為了進一步釐清，本文將分別以大衛一生的關鍵時刻及定義時刻，帶領大家深入探究，並從中引伸出值得當代信徒們效法和借鏡之處。

關鍵時刻求告神──意氣風發的大衛

　　大衛的一生猶如萬花筒瞬息萬變、氣象萬千，令人讀來目眩神迷！翻遍聖經上的人類歷史，從來沒有一個人的性格如大衛那般錯綜複雜、生平那般多彩多姿、遭遇那般多災多難、天資那般多才多藝。

　　很多人都以為，像大衛這麼優秀的君王，理應是含著金湯匙出身且養尊處優。殊不知，相較於以色列的首位君王掃羅是贏在起點，大衛是個十足輸在起跑點的人。

　　跟據撒母耳記上第 16 章所述，撒母耳依神指示前去找大衛的父親耶西，準備膏立第二個以色列君王時，耶西只讓家中的七個兒子出來給撒母耳看，毫不惦記自己還有個在外地放羊的兒子——大衛。後來因為撒母耳的堅持，耶西才勉強打發人去把大衛叫回來。

　　他們來的時候，撒母耳看見以利押，就心裡說，耶和華的受膏者必定在他面前。耶和華卻對撒母耳說：不要看他的外貌和他身材高大，我不揀選他。因為，耶和華不像人看人：人是看外貌；耶和華是看內心。（撒上 16:6-7）

　　當初若不是神揀選了大衛，不被父親重視（大衛在詩篇裡也曾說父親不愛他，但神愛他）、被長兄以利押看不起的他（撒上 17:28），恐怕就永無出頭天的機會。

　　大衛崛起於草莽，十七歲受膏為王，歷經二十年的顛沛流離，直到三十七歲時打敗耶布斯人，奪回耶路撒冷作為以色列首都，方才正式登基成為以色列的第二個王（代上 11:1-9, 29:26-28）。而他能夠輸在起點卻贏在拐點，主要是因為在關鍵時刻常常求告神，支取到很多從神而來的能力跟祝福。

　　那二十年間，大衛分別經歷了如同當今職場上「專業者」、「經理人」、「領導者」這三種職位的操練。每個階段的工作（即征戰）皆曾遭遇到無數個關鍵時刻，但他可以屢戰屢勝，是因

表8.1 專業者

專業者（professional）── 個人能力	
主要專注	執行任務
如何取勝	靠天生本能及後天練就的知識經驗： 1. 找到定位 2. 獨門本事 3. 無可取代 4. 值得信任
可能行業	藝術家、運動員、研究者、設計師、業務員、工程師、軟體師、會計師、傳道
在球隊中	射手、控球員、搶籃板、防守…… 並非隊長

為在「求問耶和華」後，總能藉著扭轉五力來贏在拐點。

■職業生涯的選擇──專業者

　　所謂的專業者，顧名思義就是具備專業能力的工作者，而且那個專業還必須是超強的獨門本事，強到沒人可以輕易取代你。（請見表 8.1）

　　若是以當今的職場角色為例，舉凡擅長創新發明的工程師、業務能力一把罩的業務員、美感獨到的設計師等等，皆可稱之專業者。以一個球隊來說，專業者既非隊長也不是教練，而是一個神射手或是專門搶籃板球的球員。

　　一個專業者的工作成效，主要取決於自身的專業程度。那麼，大衛作為專業者的關鍵時刻又是為何？

(1) **初級專業者階段**：大衛曾經告訴掃羅，自己從小就在曠野為父親牧羊，每當發現羊群中有一隻羊被獅子或熊叼走，第一個反應就是挺身而出，將羊奪回，若反遭攻擊，則會把獅子或熊打死（撒母耳記上 17:34-36）。這使大衛學習到初級軍人所需具備的戰鬥能力，對比神在曠野操練的是摩西的屬靈能力，針對大衛則是重點操練他的工作能力。

(2) **中級專業者階段**：大衛面對非利士巨人戰士歌利亞的挑釁，毫不退卻，即使兩人身形相差甚大，仍憑著信心對歌利亞說：「你來攻擊我是靠著刀槍和銅戟；我來攻擊你，是靠著萬軍耶和華之名。」他的不畏戰是因為已經在曠野受過足夠訓練，加上神給予他「遠程制敵」的戰術啟發，避掉了「近身肉搏」的劣勢，所以大衛只用一小塊石頭就打死歌利亞，使以色列全軍大勝（撒上 17:45-58）。

到各地教授管理學課程時，我也常用大衛的遠程制敵戰術為例，向學員們解釋，相較於歌利亞採取的是舊典範，大衛則是大膽做出新的「典範轉移」，所以歌利亞連大衛都沒碰到就被殺死了，這是一種在兩個不同象限中的爭戰或競爭。此便說明，一家公司想追求永續經營，首要之務就是不能墨守成規，而是要懂得在既有的根基上力求創新。

(3) **高級專業者階段**：大衛一戰成名之後，極得掃羅賞識，並立他為「戰士長」，後又因每次派大衛去打非利士人都得勝，掃羅再立大衛為「千夫長」。大衛做事精明，耶和華也與他同在（撒上 18:5-14），使其在專業表現晉升到傑出的專業者層次。

但在這裡不要把戰士長和千夫長搞混了。同樣是高級專業

者，戰士長主要還是重在獨善其身，只需管理好自己；但升上千夫長，就要負責管理底下的一些專業者，意即這個層級的專業，不只要做好自己手上的工作，還要對人發揮影響力。

這就好比，以前在摩托羅拉公司，有一個以技術階級為主的升遷管道，專門提供給不願花太多時間管人的高級專業者。然而一旦爬到最高的技術副總裁位階，公司就要看你在整個技術界的影響力有多少？每年發表幾篇研究報告？培訓了多少工程師？以及，你有沒有協助公司 CEO 制定技術相關的發展方向和策略？此都將決定你的專業價值有多高。

■職業生涯的選擇——經理人

經理人是一個管理者的位份，在執行任務中，除了需有具備一定的專業能力，還要有懂得帶好人的「魅力」、做對事的「動力」，以及贏得他人信賴的「德力」。理論上，當一個在專業上表現傑出，對於管理團隊也具有熱情及潛力的話，一有機會通常會被公司拔擢成部門主管。（請見表 8.2）

當公司請你管理一個十人團隊，你就要負責帶領大家產出十個人以上的業績，千萬不能夠說當了主管卻仍以專業者自居，把部屬當作自我成就的工具，而任意指使人。相反的，一個稱職管理者的工作，正是要協助每一位部屬發揮潛力，如此方能共同創造出應有或甚至是更好的團隊績效。

管理的竅門，首重「按才授職」的「動力」。身為管理者的你，要先按照每個部屬的特長，授予職務，若是發現團隊當中有部屬同樣擅長某項你喜歡的工作，那就要盡量讓部屬去參與，藉此達到有效的分工合作。而且當部屬的成就感大增，連

表8.2 經理人

經理人（manager）—— 執行力	
主要專注	管理任務
如何取勝	除本能、專業知識及經驗外： 1. 如何帶好人——激勵人（魅力） 2. 如何做對事——執行力（動力） 3. 如何得信任——感召力（德力）
可能行業	各行業中的各級經理人： 經理、總監、副總裁、營運長、牧師
在球隊中	場內的隊長

帶也會提升整體的工作績效表現。

　　第二重要的就是要懂得發揮「魅力」，也就是要知道如何帶對人。承上所述，一個主管既然要追求按才授職，那麼就要分工授權，不能一下子叫某部屬去做這件事、一下子又叫他改做別件事，那會把部屬搞糊塗。所謂的授權就要讓部屬在職權範圍內做決定，此亦是經理人須具備的胸襟。

　　大衛身為經理人的關鍵時刻，景況又是為何？掃羅因嫉妒大衛而多次意圖謀殺（撒上 19-31 章），逃亡時期靠著下列的經理人能力，在逆勢中成長：

　　(1) 魅力：掃羅的兒子約拿單是更有理由殺大衛，因為只要掃羅一不做王，又少了大衛的競爭，約拿單就有機會繼承王位。但我們看到大衛的個人魅力之大，竟讓約拿單願意多次幫助他脫險；第二個魅力所在是，大衛被趕到亞杜蘭洞時，召聚

四百名被當時社會摒棄的亡命之徒，利用個人魅力攏聚民心向上，將一群烏合之眾訓練成百戰雄獅。

(2) 動力：大衛擁有傑出的作戰勇氣與能力，此即為動力。而且他屢戰屢勝，與非利士人打仗，大大殺敗他們；逃亡時投靠非利士人，又為他們打敗基述人和基色人，後來也曾擊滅亞瑪力人。

(3) 德力：大衛的德力在於，雖然有兩次機會可以殺死掃羅，他卻以德報怨、手下留情，因為他看重掃羅是耶和華的受膏者；另一個德力展示是，有回大衛帶兵征戰，過程中有一些人留守軍營，其餘的人則跟著大衛衝鋒陷陣。打勝仗贏得財物後，外出打仗的一方不願分給留守的一方，大衛主持公道，表示看守的人也有功勞，自此訂下公正、公平、公開的律例原則，自此可看出這時的大衛已具備出色經理人的資格。

■職業生涯的選擇——領導者

經理人的任務主要在於，帶領一群人去完成公司指派的任務，執行過程中若需要資源或碰到大麻煩，還會有公司高層的人協助出面處理。領導者則不然，當你成為一家企業的高階主管或企業主之後，出事就沒人幫你扛了，因此更需具備定方向的眼力，處應變的魄力，還有守住原則的德力。（參見表 8.3）

若是以當今的公司職位階層來說，管理者就像是工程部的副總、行銷部的副總、財務部的副總……等。領導者則像總經理、總裁或企業家，所有的部門主管都要向其彙報，但他要承擔整體業務的成敗，扮演整合性的角色。

領導者還要承擔公司的盈虧責任。公司的董事會每年都會

表8.3 領導者

領導者（leader）—— 影響力	
主要專注	管理改變
如何取勝	除本能、專業知識及經驗外： 1. 如何定方向——區分力（眼力） 2. 如何處應變——膽識力（魄力） 3. 如何守原則——誠信力（德力）
可能行業	各領域中的領袖： 總經理、總裁、執行長、董事長、創業者、企業家、主任牧師
在球隊中	場外的教練

訂下年度目標，要求今年營收或盈餘要增加多少百分比，至於要如何達成就是個人能耐了。這也是為什麼我會說，領導者通常是孤獨的，必須忍人所不能忍，開創過程中也沒有人可以告訴你該怎麼做，常常必須自己摸索。因此一個領導者是否懂得仰賴神，便顯得格外重要了！

　　大衛自三十歲在希伯崙受膏變成猶大的王，就正式從管理者進入到領導者狀態，花了七年的時間，三十七歲當上全以色列的王（撒下 1-10 章）。在此期間，大衛除了發揮帶對人的魅力、做對事的動力之外，更展現出了：

　　(1) 定方向的眼力：大衛為了進攻耶路撒冷城，運用過人眼力觀察到一個祕密水道，使其可以帶兵從城外的基訓泉進入到城內。此一具有創見且突破常規的作戰方式，讓他一舉拿下易守難攻的耶路撒冷（撒下 5:6-11）。

(2) **有膽識的魄力**：大衛很會把握關鍵時刻，聖經上不知道有多少次提到，每逢遇到關鍵時刻他就會求告耶和華，也因此蒙神相助，相繼制服很多仇敵——非利士人、摩押人、亞蘭人、亞捫人——讓大衛建立起以色列史上最龐大的王國，顯見他是一個主動出擊、冒險犯難的人。（撒下 8-10 章）

(3) **感召人的德力**：雖然掃羅死了，但舊勢力依舊龐大，一直在跟支持大衛當王的新勢力爭戰。大衛勝出後，並未趕盡殺絕，還厚待掃羅與約拿單之後的米非波設。（撒下 9 章）此外，大衛還將約櫃帶進耶路撒冷，立此城作為以色列的首都（撒下 6 章），並且想為耶和華建聖殿。

在定義時刻忘記神——含恨而終的大衛

我們偶爾會從報章媒體上看到，一些工作表現不凡的成功人士，私生活或家庭生活卻是一團糟，最後只能含恨而終。比方說，許多人崇拜的蘋果電腦創辦人賈伯斯，就是一個典型的例子。

歷史事實證明了，大衛亦是如此，他在處理工作上關鍵時刻的能力，遠超過處理人生中定義時刻的能力。底下就為大家列舉出，大衛一生中所遭遇過的定義時刻，以及他當時的處理方式：

■定義時刻一：逃往迦密時的衝動

大衛因受到掃羅的追殺，逃亡期間曾經在迦密向富戶拿八求援助，拿八非但拒絕還看不起大衛，事後大衛吞不下那口

氣，竟率領四百人要去殺死對方及其家的男人。

之後，拿八因為妻子亞比該在大衛去尋仇的路上迎接大衛，替他求情，事先裝了好幾袋的東西送給大衛，還跪求原諒，大衛因此放過拿八一馬，否則真不知道要犧牲多少無辜人的生命。（撒上 25 章）

■定義時刻二：投奔迦特王時的變節

大衛可能是被掃羅追怕了，一度逃往世敵非利士地去投奔迦特王亞吉。當時，大衛為了輸誠，非利士人叫他去打誰他就去打誰，有次，非利士人要跟以色列人開戰，原定要派大衛出馬，幸好神及時讓非利士的首領叫他回去，不然大衛恐將會為非利士殺害自己的同胞，自此揹上歷史罪人的罵名。（撒上 27、29 章）

■定義時刻三：耶路撒冷做王時的情慾

大衛在耶路撒冷做王之後，面臨人生的中年危機，正當他的軍隊在外拚死拚活只為了保家衛國，大衛卻在自家皇宮外閒蕩，看見已婚婦女拔示巴在外面洗澡，被眼目的情慾勾引，與其發生關係，事後得知對方懷孕還意圖隱瞞，奸計不成後，甚至刻意安排拔示巴的丈夫烏利亞上戰場打仗，使其喪命。

這是一個相當嚴重的罪，也讓我們看到大衛這個人的陰暗面。明明以前是那麼一個懂得求告神的人，怎麼這時神在他心中徹底消失不見了，讓他完全只照自己的意思去做？在此一定義時刻中，大衛受私慾的引誘而行，以致彎道翻車，人生因此從意氣風發的成功大衛，轉向為含恨而終的失敗大衛。（撒下 11 章）

■定義時刻四：年老力衰時的驕傲

大衛老年時，面對今生驕傲的另外一個定義時刻，再次輸在拐點。當時他可能覺得自己老了，想回顧這一生有多厲害，又或者是想要證明自己還很有影響力，竟開始點數以色列軍兵有多少，這事情動怒了神，因而降下瘟疫。（撒下 24 章）

以色列歷史上，有過兩次點數軍兵的紀錄。一次是摩西要帶以色列人出埃及，點數過一次人數；第二次是快要進迦南地時，又點數過一次。但對比這兩次都是神指示要做，大衛的這次卻是出於自己的驕傲，因此對於神的懲罰也只能默默接受。

綜觀大衛的一生，聖經記載大衛在面對工作的「關鍵時刻」時，屢屢出現「大衛求問耶和華」、「大衛禱告說」的字句，使其均能「贏在拐點」而衝破逆境。反觀其在遭遇人生重大抉擇，或是生命遭受誘惑的「定義時刻」，卻變成了憑眼見、靠感覺，用血氣行事，神不見了！因而越陷越深，終至「含恨而終」。

「生於憂患，死於安樂」此一古訓用在大衛身上，再貼切不過。我也曾經在《第一與唯一》載體篇第四篇文章「苦難結晶」一文中，提出一個問題就是：人生的選擇應該是「營造安適的環境」，還是「培養剛強的生命力」？透過上述對大衛一生的剖析，相信答案已經不言而喻。

大衛為德不卒在哪些地方？

■情感不忠的丈夫

自撒母耳記下第 11 章開始一直到最後，有好多章節都是

在講大衛的錯誤，首先是他在情感上的不忠誠。

大衛的第一任妻子是掃羅王的女兒米甲，兩人並未育孩子。據聖經解釋，主要是因為大衛把約櫃送進耶路撒冷時，曾赤身跳舞慶賀，被妻子米甲看不起，大衛便從此不與米甲同房。聖經記載，大衛在希伯崙作猶大王時分別與六個老婆，生下六個兒子。在耶路撒冷做全以色列王不久後，又發生了拔示巴的事情，使他的私德備受道德爭議。

先前提過，正當以色列與世敵激戰不休之際，大衛不僅沒在外領導督戰，反而待在舒適的王宮中，與烏利亞的妻子拔示巴犯下姦淫罪，遮掩罪孽不成後，又犯下謀殺罪，間接置烏利亞於死地。

在談論這些事情的同時，我們也要考量到當時的文化環境及時代背景。實際上，一個成功男性娶好幾個妻子，在當時是很正常的事情，神對於這方面也有一定的理解，因為有時候不是你要不要，而是有其他的原因會主動送上來。但無論如何，就算讓妻子們都吃好穿好、養尊處優，一個男人同時擁有很多妻子，這種因感情背叛所造成的傷痛，仍可能令人難以平復。

■沒有盡責的父親

以親子面向來說，大衛是不夠盡責的。兒子暗嫩羞辱玷汙了同父異母的妹妹他瑪，犯下近親相姦的罪，大衛雖甚為氣憤，卻未主持公道，最愛的兒子押沙龍便找機會將暗嫩殺死。後來，押沙龍自己也因謀取王位的叛亂罪，被大衛倚重的將領約押殺害。大衛另一個兒子亞多尼雅，亦因謀竊王位而被處死。

　　值得一提的是，無論是面對押沙龍還是亞多尼雅的意圖篡位，大衛的態度都是消極退讓，未曾以一個父親的身份來責備他們。諸子中的唯一亮光是神所喜愛的所羅門，但聖經記載，所羅門對神也是經常心懷二意，有時跟隨，有時又轉向漂蕩的生活，他的忠誠在神與世界間分裂出來。

　　「養不教，父之過」。從上述幾點來看，大衛其實就像以利一樣，明明已經看見兒子心術不正、行為不良，卻從不加以嚴格管教。甚至於，大衛在孩子小的時候，也沒有協助他們建立起一個對神敬畏的心和行為，亦沒有持續用神的價值觀來教導，以至於孩子們都越走越偏差。

　　對比於大衛早年打仗時的堅強意志，他在經營家庭這一塊的意志和能力，卻又顯得異常薄弱、不堪一擊。若以子女的好壞程度作為標準，來評斷為人父母的教養是否成功，我想大衛是不及格的。

　　大衛在此的表現，就像今日社會中，不少在工作上表現傑出的成功人士，他們在經營企業上威風八面、無可指摘。但在處理情感生活時卻優柔寡斷，極其軟弱。所以要學會不但在工作的逆境中求告神；在面對家庭或情感的困境時，更要倚靠神的帶領。

■晚節不保的君王

　　說大衛不是一個好丈夫和好父親，大家或許容易理解，但為什麼又說他是晚節不保的君王呢？實際上，大衛在創建一個強大國家的成績單非常傑出，還曾將以色列國帶至史上最興盛強大的階段。但可惜的是，大衛成在創立，卻敗在守成。他

不知道該如何管理一個龐大的國家，當然神的懲罰也是原因之一。

　　大衛在位的晚期，國家已經跟他的家庭一樣紛亂不斷。撒下第 15-21 章不時提到有人圖謀篡位，顯示後來的他已經失去感召力。眾叛親離之下，連最愛的兒子押沙龍都一度要弒父稱王。而且押沙龍的事情剛落幕，緊接著又出現示巴叛亂，聖經裡說示巴是一個匪徒，曾因獲得北方支派支持而起來反抗大衛。

　　內亂情事一樁接一樁，親信的背叛更是時有所聞。亞希多弗是大衛三十年的知己，卻在押沙龍背叛時歸順押沙龍；大衛最信任的軍事將領約押，以及擁有深厚革命情感的大祭司亞比亞他，竟然在亞多尼雅謀篡王位時，雙雙轉而擁護，導致大衛的王國在神面前一點一點崩塌。

　　大衛嚐盡了「死罪可免、活罪難逃」的滋味，自大驕傲的心，還驅使他去數點以色列人和猶大的軍兵，藉此宣示實力，最後因激怒神而被降下瘟疫，苦了以色列百姓。再加上，大衛在死後，以色列國徹底分裂，若要以大衛在為國家留下的遺產作為統治時期的評斷，那麼恐怕是得分很低的。

為何大衛仍舊是合神心意的人？

　　中國古人常講的人生三不朽：「立功、立德、立言」。一旦人過世了，前兩者的影響力就會銳減，但「立言」透過文字留存是可以一直傳下去的。

　　正如同大衛寫的詩歌（77 篇由大衛冠名，53 篇為佚名詩，

但也隱約顯出大衛的筆鋒），直到當今我們還在讀、還在唱，其內容除了是大衛對神的心情抒發，亦是一個人內在生命跟外在生活的相互輝映，讀來格外觸動人心。據觀察，有些信徒之所以特別喜歡讀詩篇，是因為遭遇到人生過不去的困境時，可以藉著看詩篇得到心裡的安慰，也效法作者的敬虔信仰態度。

除了詩人的身份，大衛在少年時期就以「豎琴手」著名，又號「美歌者」。在他的諸多生平事蹟當中，以那段虔誠的禱告生活最令人可圈可點——這是敬虔生命的真核心，以及高貴生活的原動力。大衛的一舉一動亦是「誠之於內、形之於外」，他的「真性情」在大部分的詩篇內容中嶄露無遺，也因此啟發許多基督徒的禱告內容。

那麼從神的眼中又是如何看待大衛呢？神曾經形容大衛：「他是一個合我心意的人」（撒上 13:14、徒 13:22）。究竟是什麼使大衛對神而言如此特別？他犯了那麼多的錯，為何至今仍受那麼高的榮譽及評估？

這件事情的神祕之處在於，大衛有一個渴慕神的心！成功時，「大衛求問耶和華」這句話屢次出現在聖經當中；失敗時，他也仍熱切尋求神的赦免。再者就是，大衛被先知拿單指責搶奪烏利亞的妻子之後，沒有惱羞成怒殺掉先知，反而是坦然承認得罪了耶和華，沒有詭辯、埋怨神，或試圖將過錯推給他人。他的悔改方式就是在心的破碎當中，順服神的任何處罰，並且默默的承受及自我檢討。

舉例來說，神為了教訓大衛的情慾之罪，使他與拔示巴所生的第一個孩子得重病，大衛當然為這個孩子懇求，還進到內室要跟神有一個特別的關係，終夜不躺在床上而是地上。雖然

最後孩子還是死了，大衛也沒有因此大哭大鬧或是生神的氣，反而是「大衛就從地上起來，沐浴，抹膏，換了衣裳，進耶和華的殿敬拜。然後回宮，吩咐人擺飯，他便吃了」（撒下 12 章），表示誠心順服神的處罰。

另有一次，有個名叫示每的掃羅擁護者，公開咒罵大衛，亞比篩向大衛請求說要取示每的頭顱，大衛仍以溫和的態度說：「……他咒罵是因耶和華吩咐他說，你要咒罵大衛。如此，誰敢說你為什麼這樣行呢？」（撒下 16:10）再次顯露出大衛是了解神心意的人，即使別人罵他，也知道是耶和華要他來罵的。

大衛熱切地尋求神的赦免，不像掃羅每次犯錯之後，不是怪百姓、怪敵人、怪撒母耳，就是怪神對他不公平。而這也凸顯出，很多基督徒雖然常把「信心」跟「順服」掛在嘴邊，卻甚少能實踐，尤其是做錯事情被神懲罰時，往往更難秉持著信心和順服來概括承受。

大衛陷入苦境，一部分原因可以說是咎由自取，也有部分因素是受了別人的牽連和欺騙，但無論如何，大衛依然一次次歸向神。或許，從結果論來看，大衛固然是個為德不卒的人，但因著神的寬恕以及奇異恩典，大衛的內心卻死得極為光榮。

我們可以給大衛的一生寫下什麼樣的墓誌銘呢？神在聖經中多處給他的評語是：「我的僕人大衛。」所以，閉幕時恰與開幕時相同，存乎其中的，只有大衛和他的神。

做錯事時，如何勇敢承認自己錯了，並且不抱怨、不討價還價，坦然面對神的懲罰，這是基督徒很重要的一個功課。正如孩子難免會犯錯，只要願意認錯，父母通常不太會追究，死

不認錯的結果，反而會惹得父母更火大。

　　「人非聖賢，孰能無過」，重點並不在於犯罪本身，而是犯罪之後，一個人擔當刑罰的態度為何，以及能否因此變成聖徒。詩篇第 33 篇與第 51 篇就是大衛痛心疾首、肝腸寸斷的懺悔錄，在那之後，大衛反而能以一個心碎而順服的新眼光來注視人生，至終在心悅誠服接受神的懲罰中，仍堪稱是跟神走在一起的人。

　　況且，神還是一個充滿創造力的藝術家，只要人願意在神面前認罪並且悔改，神便會藉著你已經做的這件不好事情，借力使力，最終變成是成就神的計畫的一部分！

熟諳人心、擅長溝通的拿單

　　最後，在此也想特別介紹一位人物：先知拿單。身為一個下屬或工作者，如何跟上面的人指出錯誤，確實是一門大藝術。

　　從撒母耳記下第 12 章的記載可以看見，拿單指正大衛強奪烏利亞之妻拔示巴一事時，並非劈頭就論理說教，而是先用故事隱喻，再透過對話和引導反思，讓大衛一步步發現自身的錯誤所在。如果拿單一開口就以先知自居，指出大衛這裡做錯或那裡不對，恐怕一國之尊的大衛就會馬上跳起來、甚至做出殺害先知的敗德之事。

　　因此，特別為大家歸納出拿單的溝通技巧如下：

　　(1) **要有共鳴**——銷售或演講的第一個要點是讓人有共鳴，讓聽的人覺得與切身有關。拿單知道大衛極具正義感，便

說了一個富欺貧的故事，激發他的內心共鳴。

(2) **要有新意**——講的方式跟內容要新穎。拿單不說教，而是以說故事的方式讓大衛卸下防衛，並且引發興趣，讓他願意把故事聽完。

(3) **要能記住**——回到主軸。說了故事之後，也沒忘記目的就是要讓大衛認罪，並自己訂下償還四倍的懲罰。

(4) **肯去實踐**——說出神的懲罰。那就是刀劍不離家、興起禍患、妃嬪賜給別人，讓大衛知道凡事在暗中行的事，在日光下將受報應。（撒下 12:11-13）

大衛與拿單君臣相處之道，值得我們學習，大衛貴為君王，卻敬重臣子、神的僕人的位份，虛心受教而認罪悔改。拿單雖是先知，卻能軟下心腸，用比喻的方式感動大衛。無論我們在職場工作或教會事奉，都能從聖經這段佳話中受益！

【沉思錄】

Q： 大衛只是一個牧童，因為善於處理關鍵時刻，至終建立起龐大王國的經歷，這對你有何啟發？

Q： 大衛拙於處理人生中的定義時刻，以至於無法成為善始善終的丈夫、父親和君王，這對你有何提醒？

Q： 大衛一生中的起伏，在許多時候並不符合傳統「好」基督徒的標準，但神至終仍稱他是「合神心意」的人，你認同神評估人的標準？

Q： 看到大衛最後也名列希伯來書第 11 章中的信心偉人榮譽榜上，這是否挑戰到你對信心偉人的評價？

Q： 拿單責備大衛的溝通方式對你有何啟發？他們君臣相處之道中你學到了什麼？

第九章

烈火先知
以利亞

　　在開始談北國最有力的一位先知「以利亞」之前，我們先來探討一下，以色列國是如何在所羅門王的手中，從興盛走到衰敗，繼而分裂成南、北兩國。而且北國在分裂後近二百年就滅了，南國則是在分裂後三百多年才滅，為什麼南北國的覆滅會相差一百多年？這也是我們後續會分析的重點。

　　列王記在猶太傳統上是先知耶利米寫的。在列王記上的第 1 到 10 章，把所羅門講得太好了，提到他如何繼承王位，如何求得智慧，又如何有智慧地帶領國家百姓，還為神建造聖殿，並且懂得向神獻祭以及跟神禱告，也因為這個原因，在第 9 章我們看到，神又向所羅門顯現，為他祝福也提出警語。

　　我們真的非常羨慕，也巴不得所羅門永遠這麼親近神，讓他的百姓在耶和華面前蒙福。但好景不常，列王記第 10 章講完了所羅門如何成功的事跡，到了第 11 章就急轉直下，開始轉而敘述他如何一直失敗下去。

　　所羅門跟他的父親大衛都是這樣。當他們的人生有一個目標時，兩個人都可以藉著信靠神，突破很多困難，然而一旦目標達成之後就變得茫然，甚至開始遠離神，去信靠一些看得見、摸得著的東西。

　　這就好比當今世代的人們遇到中年危機時，也會出現類似的情況。當一個人在求學或剛出社會做事，通常會有很清楚的目標，譬如說取得好的考試成績，或是工作得到肯定，一旦如願達成就會很有成就感。

　　但隨著人生慢慢步入中年階段，感覺工作似乎遇到天花板，無論怎麼努力都升不上去，就又會開始覺得人生沒有什麼意義。這時，有些人為了重拾自信或對人生的熱度，就會轉而

嘗試一些自以為很酷但實則很怪的事情，像是追求性刺激、奇裝異服、過度消費等等。

這是心理學說的，人都需要一個可以「自我實現」的地方。但一個虔誠信神與不信神的人，最大的差別在於，信徒應該把自我實現的重點放在降服並活出神給的命定，這和一味追逐世俗吹捧的肯定，是不一樣的。

所羅門的跌倒——信心不容得誇口

一個蒙神所愛的王，明明有光榮的開始，最後卻落得悲慘的結局，這是誰也料想不到的。我們也很難理解，何以神已經如此賜福給他又加添他智慧，他還是娶了一堆外邦女子當嬪妃，進而被她們誘惑隨從別的神。底下就試著從屬世和屬靈兩個角度，來探討所羅門王跌倒的原因。

從屬靈上來看——撒旦的誘惑。撒旦特別喜歡攻擊屬靈上最成功的人，因為讓一個人跌倒就可以讓很多人跌倒，這也告訴我們說，在神國度裡影響力越大的人，越是要警醒注意。

這一點，已故美國大佈道家葛理翰牧師就堪稱典範。我曾聽說，經常到世界各國佈道的他，入住飯店前都會請守衛人員事先檢查床底下有沒有人躲藏，因為很多女性仰慕他的高名氣，常會不擇手段主動靠近他。即使貴為屬靈領袖，葛理翰牧師仍謙卑遵從聖經的教導，深知要遠離誘惑，不要讓自己輕易陷入試探。

世界上什麼事情都可以誇口，唯獨信心。試想一下，有多少人能像所羅門早期那樣敬拜神和順服神？又有多少傳道人

做的工作會比所羅門做的更多呢？但像所羅門這樣的人都會跌倒，何況是我們這些比他更軟弱的人呢？

行走天路並不容易，也非平坦。到處都有魔鬼佈下的陷阱，伺機引誘犯罪，因此身為信徒的我們必須時時警醒，也須切記**信心是最不容得誇口的——我們信心足的時候會做的事情，跟下一分鐘信心不足會做的事情，將是完全不同，這一點從各個聖經人物的身上清楚可見。**

從屬世角度觀之——人生的意義。所羅門自三十歲在耶路撒冷登基後，用了七年的時間建聖殿，之後又花了十三年的時間打造自己的皇宮（王上 6:38-7:1），期間投入的時間、金錢，以及用料，都比為神建聖殿有過之而無不及。這代表獻完聖殿之後，所羅門自認早年的人生目的已完成，便開始迷失，找不到生活及生命重心，才會轉而將心思放在要打造一座極其奢華的皇宮。

實際上，當我們感到空虛迷惘時，其實是代表靈裡正在追尋一些東西，這個現象俗稱「人生意義」，也就是人在尋找活在世界上的價值。

我在《第一與唯一》書中曾經提過，人類會去拜偶像，是因為當一個人處在困境迷惘中，對未來充滿不確定感時，就會想要透過相信一些比自己更厲害的東西，以取得幫助，因為這東西看不見，就做成了偶像的形式，並且自認為能藉此掌握未來。換言之，人們尋求人生意義的背後，其實是想要確認未來。

所羅門在確認未來的過程中，逐漸遠離了神，轉而以政治、貿易、金錢、美色、偶像等作為追求重點。身旁的祭司和

先知不是沒勸誡過他，但因為抵擋不住他的「人」氣，只好任由他將這些駕臨在信仰之上。相較於大衛曾經建立以色列史上最「強」的一個王國，所羅門也建立起一個最「富」的王國。可惜的是，父子倆在抵達巔峰後，雙雙犯上了「中年危機」。以色列也自所羅門的敗壞之後，開始分裂成南、北國。

王國分裂的遠因——所羅門的橫征暴斂

> 所羅門每日所用的食物、細麵三十歌珥、粗麵六十歌珥、肥牛十隻、草場的牛二十隻、羊一百隻、還有鹿、羚羊、麀子、並肥禽。（王上 4:22-23）

如同許多富二代或政二代，所羅門開始背離神之後，變得不知民間疾苦，生活過得極其奢華。再加上，所羅門在耶路撒冷又建殿又建皇宮，結果導致了：

(1) 賦稅加重

(2) 苦役加多而引起民憤

北方十個支派人的尤其不滿，原因是大衛當初是先在南方崛起，花了七年的耕耘和歷經派系鬥爭，才真正在全以色列稱王。北方的十個支派本來就不是很順服大衛，如今他的兒子做了這樣的事，建殿、建皇宮的受益者都在南方（耶路撒冷位於以色列南方），但要靠北方人力、物力的輸入，支派的反彈程度之大，不難想像。

> 所羅門王從以色列人中挑取服苦的人共有三萬……所羅門

用七萬扛抬的，八萬在山上鑿石頭的。此外，所羅門用三千三百督工的，監管工人。（王上 5:13-16）

相較於大衛的驕傲是表現在好大喜功的數點軍兵，所羅門則是橫征暴斂的壓榨百姓，為了建皇宮而讓百姓服苦役，民怨四起。

講到這裡，我們也要延伸提及一個概念就是：何謂需要（needs）？何謂想要（wants）？

我在《贏在扭轉力》的德力篇就曾經提醒過大家，一個人即使因為成功而賺得很多財物和權勢，最終仍要回歸學習如何過一個簡樸的日子，把金錢和權勢用在更有意義的事情上。

何謂學習過簡樸的日子？

其實就是要認清楚「需要」和「想要」的差別。簡單來說，我們需要一碗麵或一碗飯來填飽肚子後方有能量，這是「需要」；但若吃一頓飯得花上幾千或幾萬塊，那就是「想要」。

我並不是說「想要」都是不對的，而是要在需要與想要之間量力而為，在人生每個階段做出對的選擇，因為想要與需要常常是一念之差，這也是撒旦用來迷惑我們的方法。

而也正因為所羅門在生命晚期逐漸走偏，死後由兒子羅波安繼承王位，國力仍舊每況愈下，因為羅波安比所羅門更加橫征暴斂，不僅不聽老臣的忠言，還更苛待百姓。民心思變之下，所羅門的得力助手耶羅波安，便率領十支派進行反叛，並以示劍作為一國京城，自立為北國。

以色列分裂為南、北兩國。南國由羅波安統治，僅得兩支派的擁戴，北國則由耶羅波安統治，勢力範圍多達十個支派。

兩國因兄弟鬩牆、同室操戈，不時就會引發內戰，人民苦不堪言。後據聖經記載，北國在建國才二百多年（公元前 722 年）就被亞述所滅，被擄者從未回歸；南國則是在公元前 586 年，因猶太王被擄到巴比倫而亡。比北國幸運的是，在波斯王年間有被擄者回歸故里。

兄弟鬩牆遠比外敵侵略還要糟糕，而且更不為神所喜悅。當初，神藉著亞伯拉罕到大衛的一千年間，一步步將以色列帶至國力巔峰，卻在所羅門死後的分裂王國中一路下滑，乃至於先後滅國，著實有愧於神。

因此對於滅國，我的理解是，那其實是出自於神的旨意，亞述和巴比倫只不過是神的工具，藉以懲治責打不順服的子民，使他們從此不再敬拜偶像，因而保存信仰的延續，為主在地上向萬民發光。此也再次證明，神的意念高過人的意念。

至於北國為何早滅於南國？原因是北國的二十王中，全是反叛神的壞王。即使國運曾因有先知獻策而一度爬升，但整體仍是往下走，因此輕易就被外敵占領、百姓被擄；至於南國，除了時有先知輔佐，二十個王當中，尚有幾位是崇敬神的好王，懂得遵從神指示的治國之道，國家自然存活得比較久。由此可見，國運好壞亦是建立在與神的關係之上。

若依此歷史脈絡，進一步反思現今政治亂象，我們可以發現到，無論是台灣或是美國，很多的民主制度都過了頭，導致成效不彰。

政府的存在應該是為了服務人民。在政黨不同政治理念的運作下，每當有一種意識主導人民過多，就需要另一種意識出來制衡，因此不同政黨主張不同政治意識，這本是好的。但

實際上我們卻看到，若每個黨派為了私利而痛恨對立黨派的程度，遠比愛國家的程度還高，以至於很多國家政策的通行與否，就變得為反對而反對，在其間人民的福祉不見了，這便是民主政治的變調。

兩個敵對黨之間的鬥爭，猶如列王記中的南北兩國，為了爭奪政治主導權而彼此仇恨、敵對，甚至於自相殘殺。而歷史悲劇也提醒當今世代的我們，兄弟鬩牆最終犧牲的不僅是人民福祉，更是一國的存續。

北國最大的先知——以利亞

綜觀列王記會發現，無論是南國還是北國，當權者越是敗壞，先知出現的機率就越高，這是神特意給當權者一個挽回的機會，但並非每個當權者都懂得把握這樣的契機。

以利亞的出現，是在北國亞哈王當政之際。當時，亞哈王娶了西頓王謁巴力的女兒耶洗別為妻，因此開始事奉別的神，為巴力建殿。神為了操練以利亞的信心，同時以此來對付亞哈王，便要他跟亞哈王講說：「……我指著所事奉永生耶和華——以色列的神起誓，這幾年我若不禱告，必不降露，不下雨。」（王上 17:1）

此後，神囑咐以利亞到約旦河東邊的基立溪旁躲藏。在那裡有溪水喝，也有烏鴉早晚叼餅、叼肉供養他，只不過因為天不下雨，溪水逐漸乾枯，以利亞後來連溪水都沒得喝。於是，神又叫他去依靠一個寡婦，使其行神蹟讓寡婦家裡的麵粉和油

都源源不絕，以及讓寡婦重病的兒子死裡復活。（王上第 17 章）

三年後，神的時候已到，便要以利亞去見亞哈王，預告說神將要使雨降在地上。亞哈王便派人招聚以色列眾人和先知都上迦密山，以利亞一個人與四百五十個巴力先知，各自以牛犢獻祭求降火顯應神，最終只有以利亞成功使耶和華降下火來燒盡了燔祭、木柴、石頭、塵土，又燒乾溝裡的水，便下令以色列人殺了四百五十個巴力先知。（王上第 18 章）

或許有人會不解，若是巴力不會顯靈，怎麼會吸引一些以色列人去拜呢？實際上，巴力也會法術，只不過就像埃及法老的那些術士一樣，巴力會的只是一些小法術，騙騙人還可以，遇到獨一真神時就不敢露面，因為邪靈鬥不過聖靈。

在此附帶一提，我對於「靈恩」的看法。信主這麼多年，我既沒有任何靈恩的恩賜，像是行神蹟、說預言、見異象、說方言、醫病趕鬼，也從未親眼見過神或做過異夢，亦未曾大聲聽過神的聲音。反而是在每日清晨裡，當我完全靜下來，便能在內心聆聽神輕微的話語，進而在順服中改變生命，讓自己更合神的心意。

靈恩是神賜下的，目的是為了榮耀神，而非榮耀人。因此我相信若有必要，神確實會在特定時間及特定地點，賜下靈恩給堅信的人，以完成旨意。

若是有人刻意求靈恩或操練靈恩，藉此突出或爭取領導權，其實都是為了榮耀自己，非神所喜悅。同時也不可自稱為先知或使徒，並且宣稱有按立其他使徒的權柄，這些都是不可取的。

就以利亞當時的景況來說，神之所以賦予其大能，讓他在

眾民面前展現神蹟，為的是要讓百姓們認清誰才是真神。可惜的是，以利亞卻因王后耶洗別差人對他說，「……明日約在這時候，我若不使你的性命像那些人的性命一樣，願神明重重地降罰與我」。（王上 19:2）他就嚇得像隻老鼠逃到曠野裡，還在樹下向神求死，一見到神的使者，還開始大發怨言，心裡充滿苦毒。

　　神用了三年苦心培養成的烈火先知，卻在為神做成一件大事後，因為一個女人的威嚇話語，信心毀於一旦。難不成一個耶洗別會比四百五十個巴力先知可怕嗎？非也。以利亞之所以信心全面潰堤，除了撒旦的攻擊，還有一個重要的原因就是，他在對抗自身的憂鬱中，尚未做好準備。

　　一個懂得將神放在自己和困難中間的人，困難再大都站立得住；反之，一個將困難放在自己和神中間的人，即使只是一個小小的困難，都足以引發心中憂鬱且深陷其中。

　　憂鬱症，是許多現代人聞之色變的文明病。世界衛生組織的一份報告指出，全球共有 3.5 億的人口罹患憂鬱症，另外哈佛大學的研究也發現，未來可能造成人類社會整體疾病負擔的疾病，前十名當中，憂鬱症就排名第二。更令人遺憾的是，憂鬱症不僅會使一個人喪失基本的生活樂趣和工作能力，每一百個憂鬱症患者就有十五個人會走向自殺。

　　由此便不難想像，當時意氣風發的以利亞，何以會在聽聞耶洗別的言語威脅後就深陷憂鬱中，甚至嚇到感覺生不如死，索性向神求死。至於憂鬱的成因究竟是什麼？就我個人的看法，就是一個人被自身的負面情緒所困。

　　很多時候，我們所處的情勢並非絕境，但情緒在受到錯誤

認知的影響下，就會使人感到絕望，覺得人生一片黑暗，進而形成一個負向迴圈，無法自拔。若是想清除負面情緒就必須先改變錯誤認知，如同神在羅馬書第 12 章 2 節所揭示：心意要懂得更新而變化。

運用聖經四大原則對抗憂鬱

■專注事實，別受控於感覺

「他說：我為耶和華——萬軍之神大發熱心；因為以色列人背棄了你的約，毀壞了你的壇，用刀殺了你的先知，只剩下我一個人，他們還要尋索我的命。」（王上 19:10）當以利亞的腦海中一出現「害怕」的念頭，「感覺」就開始挾制整個人的狀態，使其不斷鑽牛角尖：

- 自義 → 自認是在為神大發熱心
- 自疚 → 但以色列人還是……
- 自怒 → 我受夠了
- 自責 → 我沒將事情做好
- 自怨 → 我在浪費時間
- 自大 → 沒有一個人能將事情做好
- 自棄 → 我不想再試了
- 自閉 → 只剩下我一個人
- 自憐 → 他們還要尋索我的生命
- 自絕 → 讓我死吧

致使以利亞陷入憂鬱的第一個原因就是，他在某方面犯錯之後，便以為自己的一生都毀了。這是一個錯誤想法，因為

每個人都會犯錯，在某些方面的失敗並不等於自己是個失敗的人，認清這一點，方能培養出不敗的心理素質。

　　熱愛觀看運動賽事的人多少會注意到，一個優秀的運動員必然具備良好的心理素質，他們理解對手也有失誤時候，至終成敗是取決於各人犯錯的多寡，因此就算在關鍵時刻不小心犯錯，也能迅速調整心態，繼續專注向前，最終取得勝利；反觀一個心理素質差的運動選手，因為犯錯後的患得患失和情緒低落，分散了應有的專注力，最後因頻頻失誤而落敗。

■別跟他人攀比

　　「自己在曠野走了一日的路程，來到一棵羅騰樹下，就坐在那裡求死，說：耶和華啊，罷了！求你取我的性命，因為我不勝於我的列祖。」（王上 19:4）造成以利亞憂鬱的第二個原因是，他拿自己跟列祖做比較。

　　每個人都是神在這個世界上獨一無二的創造，若是漠視自身的獨特性，每天只想著如何比他人好，恐怕要不憂鬱也很難。更何況，很多時候我們都是拿自己的弱項去比別人的強項，忘了別人也有不及我們之處，神給每個人足夠的天分，我們真正缺乏的，其實是努力發揚自身天賦的企圖心。

■不要為你控制不了的事自責

　　以利亞不滿自己那麼努力為神大發熱心，卻依舊改變不了以色列百姓仍陷在罪中的事實，等於是把一個不可能的任務放在自身肩頭上，無怪乎最後會被壓垮。但這也並不是說，我們無須看重神的託付，而是要盡力去做之後，把結果交給神，雖

然不一定能挽回整體頹勢，但總能贏回一些百姓。換言之，**面對神的託付是否盡力而為，才是神真正看重的。**

　　這一點也很值得身為助人者的讀者朋友們借鏡。經驗顯示，很多受助者未必會按照我們給的建議去做，若身為助人者的你，自認為在為神的事情大發熱心，執意為他人的生命或決定來承擔後果，那麼終將導致憂鬱。**助人者必須體認到，有時我們只能「影響」他人，而非「控制」他人，況且連神都給人自由意志了，我們何苦執著於「一定要做到改變他人」的程度。**

■別誇張負面

　　當陷入負面情緒時，想法也會越來越負面，甚至走向極端。比方說，明明我們只是做錯了一件事情，卻可能自我控訴成是個完全失敗的人。一旦過度放大負面情緒，就會使人變得更加沒有信心，自亂陣腳，繼而引發更多的失敗或失誤。

　　以利亞也是，誇張自認只有自己一個人在為神大發熱心，神卻告訴以利亞：「但我在以色列人中為自己留下七千人，是未曾向巴力屈膝的，未曾與巴力親嘴的。」（王上 19:18）也就是說，若是以利亞能夠認清事實，不要過度扛責，以為只有自己一人能夠成就神的計畫，或許就不至於陷入憂鬱景況中。

　　綜觀以利亞陷入憂鬱的歷程，搭配表 9.1 來理解，一個人只要能夠做到自我情緒管控，即可有效免於被憂鬱找上門。以我自身為例。撰寫這本書的期間，我正好需要進行一個關節手術，原以為一切可以按計畫進行，動好關節手術後休養一段日子，即可順勢展開接下來的亞洲職場宣教行程。

表9.1 做好情緒管控，遠離憂鬱

外在 / 內在	情緒 / 對應
突發狀況	計畫粉碎
越來越糟	內心慌亂
自怨自艾	情緒綁架
內心聲音	調整心情
順其自然	交託給神

　　沒想到，就在進手術房的前一天，牙齒突然出現疼痛，而且這次的牙齒問題非同小可。在基層牙醫診所初診後，將我轉介到專科牙醫院接受治療，並預告可能得延後關節的手術。

　　「好不容易把手術時間跟後續的亞洲行程，做出完美的銜接，怎會臨時出現這樣的變數呢？」開車前去專科醫院就診的路上，我忍不住在心裡面犯嘀咕，然後開始浮現「怎麼這麼倒楣」的想法，情緒也隨之受到影響。

　　幸而，在聖靈的幫助下，提醒我不要再往死胡同裡鑽，以免把事情越弄越糟，像是開車時分心而出了車禍，豈不是更糟？當我開始掌控情緒，成為情緒的主人，理性便帶我開始反思，若是關節受術需要延期，亞洲行程表真的無法更動嗎？實際上也並不然。

　　當我調整好心情，便決定將結果交給神，相信祂必有最好的安排！事實也證明，後續的我不僅如期將牙齒問題治好，延期的關節手術也很順利，術後照醫生建議休養一段時間，亞

洲的職場宣教行程亦如往年般推動──實際的情況，並未如我在情緒低落時所想像得那麼糟。

運用聖經四大原則治療憂鬱

將時間回溯到幾千年，若是我們想以聖經原則來協助以利亞走出憂鬱，其實還可以這麼做：

■照顧好身體

他就躺在羅騰樹下，睡著了。有一個天使拍他，說：起來吃吧！他觀看，見頭旁有一瓶水與炭火燒的餅，他就吃了喝了，仍然躺下。耶和華的使者第二次來拍他，說：起來吃吧！因為你當走的路甚遠。他就起來吃了喝了，仗著這飲食的力，走了四十晝夜，到了神的山，就是何烈山。（王上 19:5-8）

人說，食物也是一種療癒。透過上述經文可以得知，當初神差遣天使為以利亞療傷的方式，是用食物、水及睡眠，讓他的身體先得到良好的修復。而且值得注意的是，神對待以利亞是溫柔接納，而非謾罵或譴責他懦弱。

走出憂鬱的第一步是，先恢復身體的健康。因此鼓勵讀者朋友們，若是現在的你也正處於憂鬱狀態中，可以先從自身的飲食、睡眠以及運動等面向調整起，身體健康了，心情多少會變得比較開朗。

■將你的挫敗向神傾訴

他在那裡進了一個洞，就住在洞中。耶和華的話臨到他說：「以利亞啊，你在這裡做什麼？」他說：我為耶和華——萬軍之神大發熱心；因為以色列人背棄了你的約，毀壞了你的壇，用刀殺了你的先知，只剩下我一個人，他們還要尋索我的命。（王上 19:9-10）

先前我們曾分析過，以利亞在陷入憂鬱的時候，產生了十種負面情緒（自義、自咎、自怒……），面臨這些情緒的綑綁，相信任誰也很難脫身。神知道以利亞被情緒所苦，故以不批評和不責罵的方式來溫柔傾聽，讓以利亞透過「說」的方式來宣洩情緒壓力。

作為當代信徒的我們，面臨重大壓力時亦可效法之，除了靜下心向神傾訴，求助於教會的關懷輔導小組，或是信得過的教友或牧者，都是一個可行的方式。即使在傾訴的過程中，對方未必能幫你想出辦法，但講的過程中仍多少有助你一點一滴理出頭緒。

■重新經歷神

耶和華說：你出來站在山上，在我面前。那時耶和華從那裡經過，在他面前有烈風大作，崩山碎石，耶和華卻不在風中；風後地震，耶和華卻不在其中；地震後有火，耶和華也不在火中；火後有微小的聲音。以利亞聽見，就用外衣蒙上臉，出來站在洞口。有聲音向他說：以利亞啊，你在這裡做什麼？（王上 19:11-13）

　　治癒憂鬱的第三道療程是，重新經歷神的存在。當時，神雖讓以利亞經歷了烈風、地震及火，卻都不在其中與他說話，真正讓以利亞感受到神存在的證據，是以利亞本身的聽見——火後有微小的聲音，以利亞聽見，就用外衣蒙上臉——神藉此提醒以利亞，自己仍與他同在。

　　與神溝通及與神合作，是在世上最好的解憂劑。即使是在今日，神依然用寂靜、微小，幾乎是低語的聲音對我們說話。因此建議讀者朋友們，若你正面臨某一重大抉擇，且因此陷入苦惱或鬱鬱寡歡，不妨帶著聖經到一個安靜的地點，坐下來讀聖經、與神親近，讓神的愛來觸摸你，親自對你的心說話，相信你必能「重新」也「從心」得力。

■讓神指引你人生新方向

　　耶和華對他說：你回去，從曠野往大馬色去。到了那裡，就要膏哈薛作亞蘭王。（王上 19:15）

　　神是一個擅長做新事的神，當初幫助以利亞走出自怨自艾的方式之一，還包含了指引他一個新的任務方向，以便讓他將眼光從自己身上移開，轉而顧念到他人的需要。

　　耶穌在馬太福音第 16 章 25 節也說：「因為凡要救自己生命，必喪掉生命；凡為我喪掉生命的，必得著生命。」意思也是在說，若我們懂得先為了耶穌去顧念別人的需要，反而會得著新的生命出口，最終受益的仍是自己。

　　歷經上述四個步驟，雖然神已治癒以利亞的憂鬱，原本也有更大的工作想指派，但考量以利亞在耶洗別事件的信心軟

弱，神只好改派一些小工作，讓他去膏幾個人為王。任務完成之後，再揀選以利沙來接替以利亞的工作，如同神更早之前用約書亞來當摩西的接班人一樣。

以利亞對北國以色列百姓而言，是那麼大能的一位先知，本可一鼓作氣消滅巴力的勢力並恢復敬拜耶和華，不料卻敗在一個異教女子手裡，這是何等可惜的事啊！

雖然從某些角度來說，以利亞在神面前擺了一個大的烏龍，但是最終神還是慈愛的把他接走。聖經中，被神直接接走升天的只有：以諾、以利亞，和耶穌基督。

在以利亞被接走以前，神已經找來以利沙接棒。以利沙原本是一個富農，卻有一顆願意順服和跟隨神的心，當以利亞把外衣搭在他身上，他就毫不猶豫地離開本族、本家跟隨以利亞，而且由他接替以利亞開始直到死為止，其所言所行都未曾失去過一次見證，終身為神重用，堪稱是當代信徒的好榜樣。

受到以利亞的恩膏加持，相較以利亞生前行的八個神蹟，以利沙則是行了十六個，他們兩人也共同寫下了，以色列北國偉大口傳先知的時代。

【沉思錄】

Q： 你是否羨慕「富二代」或「官二代」的生活？

Q： 你如何評估以利亞這一生的成功及失敗？

Q： 從以利亞在列王紀上第 18 章中的「烈火先知」形象，到第 19 章的「灰心喪志」，對你有何啟示或是學習？

Q： 透過以利亞陷入憂鬱的歷程，你是否察覺到自己正身陷憂鬱之中？從神療養以利亞的態度上，你學習到了什麼？

Q： 看了以色列南北兩國的故事後，有否衝擊到你對「民主制度」固有的信念？身為「選民」的你真正要的是什麼？

第十章

預言彌賽亞的
以賽亞

　　上一章介紹的是北國先知以利亞，本章要登場的則是南國先知以賽亞。但在介紹以賽亞之前，我先闡述「先知」的職份，以便大家更明白神設立先知的心意。據聖經記載，神所預備的舊約聖職人員有三種：

　　祭司：人之代表，職責是代替人到神面前祈求或是獻祭，同時也代表神把律法教導給人。特質是對人有興趣。

　　君王：神之代表，職責是把神的管理實施在地上，並且協助治理百姓。特質是善於做事且熱愛挑戰。

　　先知：神之代言人，職責是把神的心意和預言向人們宣告或者釋明。特質是有教導的恩賜，而且對知識感到著迷。

　　既然已經有了祭司和君王，為什麼還要有先知呢？實際上，先知通常都是一個國家出問題才會被神揀選出來，以對付所處時代的罪惡，如果國家被治理得很好、百姓的行為操守皆謹守神的律法，自然無須先知的存在。

　　由此可見，先知猶如一個亂世的警鐘，讓神得以藉由他們的口及生命來傳達旨意，或是斥責勸誡人們的罪惡行徑，像是拜偶像、行姦淫、不公不義等。尤其針對一國之君，更是神欲藉由先知警醒告誡的對象。

神的代言人──先知的扭轉五力

　　聖經裡面有很多卷先知書，篇幅占了聖經的四分之一，另外也有五卷的智慧書。透過智慧書可讓當今世代的我們，一窺國家全盛時代的意氣風發，先知書則是一國最衰弱時期之收錄，兩者內容呈現出強烈對比。

　　神所揀選的先知來自不同背景、擁有不同恩賜，但共同點**是出現在國家命運的轉折點上**，就是像我們在工作職場上碰到彎道，也就是我常形容的「拐點」。歷代的先知們如何贏在拐點？同樣需要具備扭轉五力。

　　■**眼力**：聖經當中，先知的第一個名稱其實是「先見」，這便指出他們擁有比常人看得深（內看）的特殊顯微鏡能力，以及比常人看得遠（遠見）的望遠鏡的本領，而且他們能看得遠大，正是因為看得深透。

　　■**魄力**：他們是有膽識和勇氣的人。因著絕大部分的先知都是不得好死的，需要具備視死如歸的氣魄，他們的勇敢不妥協，則是因為知道神的信息是絕對的。先知的工作環境，好比是在專門維護公義的法庭——神為原告，國家及君王是被告，先知是原告律師，天地中的律法則是證人。

　　■**魅力**：作為先知是孤單的，不妥協的態度使他們失去朋友，甚至是一切摯愛。為了持續神的託付，他們必須學會時時調整心情、自我激勵，而神的同在就是他們最大的安慰。

　　■**動力**：聖經中有許多經文提及，先知們雖然貴為神的代言人，但通常都是不受到人們的歡迎和尊重，忠言逆耳，因此也常會遭受君王的政治迫害，因此先知們必須具備行所不能行的執行力，方能有效完成神聖任務。

　　■**德力**：面臨威脅利誘，先知們皆能持守道德底線，堅持用「對」的方法的做事原則。他們知道自己的工作跟行事能力是從神而來，一舉一動也皆在神的看管掌握之下，因而擁有大無畏的道德精神。這類人對於神的呼召都非常清楚。

　　有了上述對於先知職份的認識，接下來就帶領大家來了解

以賽亞這位南國先知。

　　不若以利亞及其他先知都是出身草根，以賽亞本是皇室之後，所言所行皆攸關國家政治前途。其先後輔佐過烏西亞、約坦、亞哈斯、希西家、瑪拿西五個王，任先知也當宰相，總計六十多年的時間。

　　以賽亞關切國家命運到什麼程度呢？他與同為先知的妻子生了兩子，把大兒子取名為「擄掠速臨」，小兒子則名為「餘民歸回」——此正是他四十多年講道被集結為以賽亞書的總結——如同聖經一共有 66 卷書，舊約 39 卷、新約 27 卷，以賽亞書也有 66 章，前 39 章講述的是壞消息，告訴大家要悔改，不然就會面臨「擄掠速臨」，後面 27 章則是講好消息，有一批信神的餘種會回歸，所以小兒子叫做「餘民歸回」。

　　只不過先知通常不得善終，以賽亞亦是如此。相傳他在瑪拿西王暴虐無道時，遭王放入中空的樹中，連樹帶人被鋸成了兩半，殉道而死，享壽九十多歲。希伯來書第 11 章 37 節提到有人被鋸死，指的就是以賽亞。

　　既然以賽亞是南國先知，那我們也要講講南國的政治態勢。以賽亞是神在南國黑暗時期興起的先知，當時的形勢如同當今，也有分為大國和小國。小國像是南、北國以色列，以及其鄰近的一些小國，大國則像是當時位於東北方的亞述，以及西南方的埃及，小國都是要靠跟大國結盟以生存下來。

　　以賽亞輔政時期，亞述越來越強盛、埃及越來越弱。那時候南國有兩個大的政黨，一個主張要跟亞述結盟，另一個主張要跟埃及邦交。唯有以賽亞獨排眾議，反對與任何大國結盟，主張南國應該要自己決定國家的命運。尤其是國家命運正要從

直道進入彎道的定義時刻，更是不能單靠頭腦的理性分析。

　　正因為透過外交手段跟世界上的強權結盟，未必能帶來真正的保障，以賽亞當時諫言，應該先回歸到神的主權，信靠萬軍耶和華的帶領，以便先安內再攘外，無奈包含國王在內的大臣們都不作此想。

　　無怪乎，後續神就興起一些南國附近的小國前來侵犯，教訓以色列民的偏行己路，而眼見百姓仍不悔改，神就又興起一些大國來管教他們。此一管教邏輯，也應驗在北國。

　　這也同時解釋了，為什麼大先知書裡有很大的篇幅提到，神要審判外邦國家。神雖然容許外邦國家來管教以色列百姓，但有些外邦國戰勝了以色列國之後就越做越過火，甚至奴役以色列人、濫殺無辜，這些外邦國用超過上帝容許的尺度來傷害以色列人，所以落入被神審判的命運。

　　同樣是先知，也同樣呼籲當政者要以信靠神、重建神權的制度，來取代對外的政治結盟。比以賽亞晚了六十年當先知的耶利米，兩人政治主張的唯一差別是，以賽亞時代的猶大國尚未腐敗至極，仍可藉著信靠神來抵禦外悔；耶利米所處的猶大國已敗壞到萬劫不復的地步，因此是要藉著信靠神，向當時的強國巴比倫投降。

　　此外，以賽亞是第一個預言以色列人被擄要歸回的先知，耶利米則是做出了時間預言，表示以色列人是在被擄後的七十年歸回。

先知以賽亞的五個定義時刻

■第一個定義時刻：被神呼召

有一撒拉弗飛到我跟前，手裡拿著紅炭，是用火鉗從壇上取下來的。將炭沾我的口，說：「看哪，這炭沾了你的嘴。你的罪孽便除掉，你的罪惡就赦免了。」我又聽見主的聲音，說：「我可以差遣誰呢？誰肯為我們去呢？」我說：「我在這裡，請差遣我。」（賽 6:6-8）

先知不像君王必須自發性的帶領百姓，先知是神呼召他做什麼就要去做什麼，所以大多數時候都是遇到定義時刻。以下我們就逐一來看，以賽亞是如何透過一個個定義時刻來活出命定。

以賽亞蒙召的經文，可分為兩段來理解。當人遇到神，最先顯明罪的問題，第一段說的就是以賽亞被呼召前，神如何把罪除掉。因此以賽亞的嘴唇永遠有一個痕跡，如同雅各跟神摔跤時被捏了一把，腿就永遠瘸了。被神呼召的人，身上都有一個看得見或看不見的烙印，象徵我們在做神的事情，必須帶著一個謙卑聖潔的態度。

第二段講的是除罪以後，神就開始差遣以賽亞。當時雖然以賽亞回應說，「我在這裡，請差遣我，」卻絲毫不知神要他去做什麼，以及前面的困難有多大。這段經文也帶出了「三位一體」的概念。起初神說「『我』可以差遣誰呢？」後來又說「誰肯為『我們』去呢？」從單數變成複數，代表神是一個主體但有不同位格，並且以不同位格在不同時代出現。

　　多數信徒對於這段經文都不陌生，因為教會經常透過以賽亞的呼召，鼓勵年輕信徒獻身給神。一些年輕信徒聽到教會鼓勵，便會對全職事奉產生過度美好的想像，以為只要是做屬靈的事，必會得到神的喜悅和幫助，前途自然一片光明。但真是如此嗎？在此建議大家先把以賽亞書第6章看完，再來下定論。

　　實際上，當以賽亞一回應神的呼召，神就告訴他：別以為你會很成功！實際上你越傳講我的道，百姓的心就越剛硬，甚至還會使他們耳聾和眼瞎。但即使如此，你仍要不斷傳講下去：

　　他說，你去告訴這百姓說，「你們聽是要聽見，卻不明白。看是要看見，卻不曉得。」要使這百姓心蒙脂油，耳朵發沉，眼睛昏迷。恐怕眼睛看見，耳朵聽見，心裡明白，回轉過來，便得醫治。我就說，「主阿，這到幾時為止呢？」他說，「直到城邑荒涼，無人居住，房屋空閒無人，地土極其荒涼；」（賽6:9-11）

　　所謂的耳聾和眼瞎，指的是神要用以賽亞的講道，讓百姓在屬靈裡變得耳聾和瞎眼，免得他們得醫治。這就好比當初神「使」埃及法老王的心剛硬，目的亦是為了不使其得救。此正是神對一個人或一群人失望透頂後，可能出現的對應。

　　另外一個很重要的真理就是，上帝的話是一個雙刃劍。任何時候傳講上帝的道不可能不起作用，要不就是開啟一個人的心、要不就是關閉；要嘛把人拉得跟上帝更接近、要嘛就是推

得更遠。這也是鼓勵我們去傳講神訊息的時候，不要認為一定要全部的人都相信，才代表有果效，而是要認知到有些人是越聽神的道，他的心會越遠離神，但至少你講的道有作用。

　　耶穌也在馬可福音第 4 章 25 節說過類似的話：「因為有的，還要給他；沒有的，連他所有的也要奪去。」意指內心謙卑的人聽道，不僅會越聽越有味道，也會變得更歸向神；內心剛硬、抵擋神的人，聽道之後，將連原本一點點柔軟的心都要被拿走，變得更加遠離神──這即是所謂的「馬太效應」（馬太福音 25:29），套用在當今社會情況就會像是，越好的公司越容易找到優秀員工，越普通的公司找到的員工就相對一般；業績越好的公司投資人會送錢進來，越差的公司則無人問津。

　　作為一名天生的教導者，以賽亞當然不希望傳講神的道卻沒人聽，但仍選擇順服。換作是你呢？倘若神感動當今世代的你到非洲國家宣教，卻說即使傳講四十年也不會有人相信，你還去不去？於此，你還會羨慕以賽亞的呼召嗎？

　　當然了，神也不是刻意要以賽亞白白受苦。神真正的用意是，一方面要任由猶大國滅亡後百姓被擄，迫使人們從中得到教訓（但也預定有餘種歸回）；另一方面則是想藉由這些經歷充實以賽亞，以期將來寫出很傑出的以賽亞書來啟發世人。

　　新約聖經引用以賽亞這段經文最多次，耶穌事奉時也引用了這節經文，他說：「我用比喻講道，好叫他們聽了卻不明白，看了卻看不見，免得他們相信了，就得醫治。」換句話說，耶穌用比喻說話是要隱藏真理！叫那些不是真心求道的人心裡剛硬，因為真心追求者會思考背後的真理，然後再信。

　　保羅也引用這些經文，他向猶太人傳道，他們不聽，他就

引用這段經文，爾後轉向外邦人傳福音，所以上帝的話有雙重效果。在使徒行傳，彼得的道令三千人扎心而受洗；司提反一篇同樣性質的道，卻令眾人極其惱怒、咬牙切齒，甚至摀著耳朵、齊心擁上前去，將司提反用石頭打死。

因此以賽亞看似失敗的生前事奉，實則如同其他聖經偉人般，得到的是神的永世應許。

聖經也告訴我們，百姓悔改並非不可能。在先知約拿時代，亞述國君王跟人民原不認識神，但一聽到神要約拿警告他們悔改，便集體回轉向神，逃過被滅的命運。同時越讀到後面我也越發現，有些外邦君王反而比以色列王更聽神的話，如同現今我們看到，有些還沒信神的非信徒，行事為人比基督徒來得更符合神的道。

■第二個定義時刻：以馬內利的拯救

因為亞蘭和以法蓮，並利瑪利的兒子，設惡謀害你，說：我們可以上去攻擊猶大，擾亂他，攻破他，在其中立他比勒的兒子為王。所以主耶和華如此說：這所謀的必立不住，也不得成就……因此，主自己要給你們一個兆頭，必有童女懷孕生子，給他起名叫以馬內利。（賽 7:5-14）

亞哈斯王當政時期，以色列十個支派竟和敘利亞結盟，預謀攻打自己的兄弟國猶大。身為猶大王的亞哈斯，第一個反應就是向外求援，神卻要以賽亞阻止亞哈斯王，要他們單單信靠神就好了，神必不讓那些外敵得逞。

基於一般理性思考和判斷，亞哈斯王起先認定若不結盟，

單憑他們兩個支派是絕對打不過其他的十個支派加上敘利亞的。直到聽以賽亞說，神要給他們一個兆頭，就是國內會有童女懷孕生子，並且將孩子取名為「以馬內利」，亞哈斯王聽聞確有其事，方才相信神真的會與猶大國同在，後來也確實順利脫險。

　　以賽亞藉著這個預言及亞哈斯王的相信，改變了猶大國家的方針。過程中，雖然講出了「童女懷孕」和「以馬內利」這兩個概念，等同間接宣告耶穌的降生，但其實他並不知道具體發生了什麼事，只是單純傳達神的指示。正如同舊約時代的其他聖經偉人，也大多不知道耶穌的到來。

■第三個定義時刻：耶和華戰敗亞述

　　所以耶和華論亞述王如此說：他必不得來到這城，也不在這裡射箭，不得拿盾牌到城前，也不築壘攻城……耶和華的使者出去，在亞述營中殺了十八萬五千人。清早有人起來一看，都是死屍了。亞述王西拿基立就拔營回去，住在尼尼微。(賽37:33-37)

　　繼在亞哈斯王時期施行以馬內利的拯救，因亞哈斯王的兒子希西家登基後，猶大國再次遭外敵入侵，來者還是當時全世界最強的國家亞述，於是神又讓以賽亞發預言，施行第二次更大的拯救。期間以賽亞也是告訴希西家王不要結盟，而是要回到上帝面前。

　　希西家王起初不聽，堅持用自己的方式解決問題，跑去跟當時的另一個強國埃及討救兵。後來因為埃及的救兵沒來，便

聽從以賽亞的話，在神面前認罪悔改，祈求神施恩救他們脫離災難，神也在一夜之間把亞述十八萬五千名敵軍都殲滅，讓猶大國自此有一段國家太平、人民安康的時間。（賽 36、37）

■第四個定義時刻：巴比倫的興起

以賽亞對希西家說：你要聽萬軍之耶和華的話：日子必到，凡你家裡所有的，並你列祖積蓄到如今的，都要被擄到巴比倫去，不留下一樣；這是耶和華說的。並且從你本身所生的眾子，其中必有被擄去、在巴比倫王宮裡當太監的。（賽 39:5-7）

不同於亞哈斯王引導百姓偶像崇拜，希西家繼任後行耶和華眼中看為正的事，他廢去丘壇，毀壞柱像，砍下木偶，效法他的祖先大衛一切所行的，是一位好王。神喜悅及憐憫希西家，除了在他當政時期，透過以賽亞發預言，讓猶大國免於被亞述國消滅，還將他從一場致命的重病中救回，允諾將會讓他多活十五年（賽第 38 章），希西家因此對神更加大發熱心。

大病初癒時，當時還是小國的巴比倫，派使節帶著書信和禮物前來探望希西家。或許是得意忘形所致，希西家竟然自洩機密，不僅帶使節去參觀寶庫裡的金銀財寶、貴重香料和膏油，竟然連兵庫裡的軍器也一併展示，讓使節此行對猶大國國情的認知瞭若指掌，回去自然是一併稟告巴比倫王。

人說「財不露白」，不是沒道理的。以賽亞得知希西家的所作所為之後，深知情勢不妙，後來神也透過以賽亞告訴希西家，預言往後這些東西都會被巴比倫奪走，他們也會被擄走。

以賽亞預言了歷史上的一個轉捩點——巴比倫將取代亞述的強權，並成為猶大國的最大威脅。果不其然，到了公元前五百八十六年，猶大國就被國力崛起的巴比倫滅掉。

■第五個定義時刻：彌賽亞先知

因有一嬰孩為我們而生；有一子賜給我們。政權必擔在他的肩頭上；他名稱為奇妙策士、全能的神、永在的父、和平的君。他的政權與平安必加增無窮。他必在大衛的寶座上治理他的國，以公平公義使國堅定穩固，從今直到永遠。萬軍之耶和華的熱心必成就這事。（賽 9:6-7）

本文標題已清楚揭露，以賽亞在歷代先知當中的獨特歷史地位——他是首位清楚預言將會有一位彌賽亞（希伯來文：受膏者，上帝所選中的人，救世主之意）來到世上的先知。神透過他告訴當時的以色列人，將來會有一位神差遣來的救世主，而且必成為尊貴的君王，治理祂的國家。（賽 9:6-7）

以賽亞當初預言這件事情的時候，猶太民族高興極了，心想神既然說會有一個君王來，而且是從猶太人而生，百姓們馬上把這個彌賽亞君王當成政治上的領袖和英雄。尤其是當猶大國滅了以後，被外邦統治，散落世界各地的猶太人就更加期盼彌賽亞的到來，以期重建大衛王朝般的以色列國。

基於上述原因，猶太人特別喜歡聖經中的以賽亞書第 9 章（在此耶穌是彌賽亞君王），因為這賦予他們一個莫大的希望。

相對的，他們就搞不清楚第 53 章在說些什麼（在此耶穌

是受詛咒的僕人），甚至覺得裡面的內容很奇怪，亦跟猶太民族完全沒關係。

我們都如羊走迷，各人偏行己路。耶和華使我們眾人的罪孽都歸在他身上……他像羊羔被牽到宰殺之地，又像羊在剪毛的人手下無聲……他雖然未行強暴，口中也沒有詭詐，人還使他與惡人同埋；誰知死的時候與財主同葬。耶和華卻定意將他壓傷，使他受痛苦。耶和華以他為贖罪祭。他必看見後裔，並且延長年日，耶和華所喜悅的事，必在他手中亨通……所以我要使他與位大的同分，與強盛的均分擄物……他也被列在罪犯之中。他卻擔當多人的罪，又為罪犯代求。（賽 53:6-12）

據以賽亞在第 53 章的形容，這位僕人：(1) 品格沒有瑕疵；(2) 非常不快樂；(3) 為別人的罪，像犯人一樣地被處以極刑，並與財主葬在一起；(4) 後來竟從死裡復活，而且還升到最高的地位。這四種定位，實在與猶太人心中所期待的尊貴君王形象，有太大的落差，因此時至今日，猶太人仍在期待救世主的出現。

即便是當時發表預言的當事者以賽亞，也未必知道自己在說什麼。但身為當今信徒的我們已經很清楚，無論是「彌賽亞君王」還是「受詛咒的僕人」，指的都是同一個人：耶穌，只是祂在不同時間用兩個不同身份來到世界上。換句話說，耶穌總共會在世上出現兩次，第一次以僕人身份出現，第二次才是以君王之尊。

對於這樣的經文內容對照，不懂的人常會被搞得一頭霧

水，但這就是聖經的奧秘，而且仔細考察，其實神早已透露出兩者的關聯性。第一個讓這兩者產生關聯的是耶穌，在祂受洗的時候，當上帝說：「這是我的愛子，我所喜悅的。」其實就已經指出這個王是祂的愛子、這個僕人是祂所喜悅。但即使如此，猶太人至今還是認為王與僕人並非同一人，持續在辯論那個僕人是誰。

了解這樣的時代背景之後，再來看聖經新約就可以明白，為什麼使徒行傳裡面有那麼多使徒像是彼得、保羅會在傳教的過程中遭到如此多猶太教信徒的迫害。一切只因他們無法接受，他們在等待的彌賽亞君王就是使徒口中那個被羞辱地釘死在十字架的人。同時我們也就不難理解，為什麼在耶穌凱旋進京時如此受人們愛戴，受審時卻又如此遭同樣一批人厭棄，因為百姓們期待迎接的是一位君王，而不是一個僕人。

按照理想，耶穌既是君王就應該騎一匹威武的馬，而不是一隻小驢駒；進京後應該去毀滅城內的羅馬軍營，而不是去潔淨聖殿；更重要的是，他在被捕的時候不應該束手就擒，而是靠神蹟制敵脫身。正因百姓們承受一連串的極大失望，自認為受到欺騙和背棄，最後才會執意釘死耶穌。

猶太教的信徒，如同當今世代的某些基督徒，在信仰上遭遇的困境是，消極地在失望中等待被君王救贖的來到，而不知或不願意，積極地在當下做神僕人的身份；很容易就把問題歸咎在別人或神的身上，忽略了真正的問題是出在自己內心的罪——這才是「彌賽亞預言」最大的奧秘所在——以賽亞也以此找到了自己在神國度中的使命，成為預言「彌賽亞」的先知。

 【沉思錄】

Q： 透過以賽亞一生服事的見證，你對先知的工作有何啟發？

Q： 當你在工作或人生中遇到過不去的坎時，你是立刻靠世界上的方法——結盟、權術，還是在靜中尋求神的旨意、用神的方法——認罪悔改，透過信靠神來脫困？

Q： 你可有接受神的託付去規勸或管教人的經驗？其中的原則為何？

Q： 當今以色列人的成就及智慧，深受大部分人的羨慕，也是許多人學習的對象，但他們仍在等他們的「彌賽亞」，你有何看法？

Q： 你對神的道是把「雙刃劍」的說法認同嗎？請試著分享當前工作或生活中的「馬太效應」。

第十一章

外邦先知
但以理

　　但以理是第一個被擄到外邦並預言外邦人時代的先知。
但在此之前，先帶大家來認識，從聖經創世紀開始的整個歷
史演變。從聖經歷史觀的角度切入，可以歸納出，人類歷史
先後歷經了：神權時代（創 1-11 章）和猶太人時代（創 12 章
~ 列王記），列王記結束，代表一個舊時代的終結，外邦人時
代（606BC ~ 耶穌再來）於焉展開。

　　耶穌再來，象徵著新天新地的到來，亦是外邦人時代的結
束、神權時代的再來，可見聖經是一致的，從神權時代開始和
結束。而但以理書就是預言並專門記載，以色列人從被外邦人
統治一直到耶穌再來，期間會發生的事情。

　　但以理書結構清楚，一共有十二章。前面六章的主題，主
要在講但以理與其三友的個人「歷史」，以及做外邦宰相時的
職場經歷，在本文中我們會用關鍵時刻來解析；後面六章的主
題則是但以理在異象中所見的「預言」，這部分會用定義時刻
來解析，藉此了解他是如何一步步找到外邦先知的命定。

　　全書十二章中的神蹟、奇事及預言，無論是外邦朝代的解
夢、金像與火窰、寫在牆上的字、大樹夢、獅子洞、四獸像、
公綿羊公山羊、七十個七、人子異像、北方王與南方王，以及
末時異像等，其真實性從科學角度觀之，難免遭到質疑。

　　質疑的重點是，哪有人被丟到火窰會不死？而且約瑟替
法老王解夢，至少法老王還記得夢的內容，尼布甲尼撒王都已
經忘了自己的夢，但以理還能解夢，這就恐有杜撰之虞了。但
堅信神的人就知道，以神在主要原因介入次要原因中來解釋，
一切就都說得通了（詳見本書第五章）。

　　除此以外，但以理也堪稱是雙職事奉的楷模。他在三任外

邦君王執政期間擔任宰相，對國家和君王都有實質貢獻，依此為神做出美好見證，同時替神贏得榮耀。因此，從世界的職務來看，他的命定是擔任外邦宰相，在神的國度中，他的使命則是外邦先知。

外邦時代孤身挺立的巨人

有很多以色列先知都不得好死，但以理卻罕見地得以壽終正寢。同時他的出身也比較好，原是猶大國皇室的後代，之所以在巴比倫蒙召當先知，是因為公元前 606 年時，巴比倫滅了猶大國，擄走了一萬名菁英，當時年僅十七歲的但以理就是其中之一。自新舊巴比倫王朝，一直到瑪代人大利烏滅了巴比倫，建立起了瑪代及波斯王國，他一共在外邦國家事奉七十多年，在九十多歲過世。

但以理說的預言都很有份量的。以往先知看見的都是以色列本國和相關國家的訊息，只有但以理透過神賜下的異象，看到的是全世界，乃至於整個歷史上的大變遷。由巴比倫開始一直講到東西羅馬帝國，最後還講到末世。換句話說，其他先知傳遞的只是微觀的地區性訊息，但以理預言的卻是關乎宏觀的國際視野，格局更大也更廣。

在前六章的歷史中，每一章就代表一個故事。第一章的開頭便提到，以色列被擄到巴比倫的菁英中，有四個猶太族年輕人被挑選出來（但以理、哈拿尼雅、米沙利、亞撒利雅），在尼布甲尼撒王為他們開辦的學校學習。關於這點，我們不得不說，雖然有人認為尼布甲尼撒王生性殘暴，但很多地方顯示，

他其實很懂得選才、愛才、惜才。

以上述那四位的菁英人才來說，尼布甲尼撒王非但沒有把他們當成戰敗國的奴隸來對待，還透過國家的培訓機制，讓他們習慣巴比倫的文化習俗，再預備他們成為治理國家的人才，極具遠見和策略性，在這治國之道方面沒有一個以色列王能與他相比。

此外值得一提的是，但以理及其三個朋友，他們當中沒有一個人是祭司，亦非神職人員，但他們的行為卻說明了，他們雖然不是聖殿裡的人，卻把聖殿的教導真真實實的活在工作上，是以色列信仰的真正守護者。

至於他們的信心為什麼能夠如此堅定？根據但以理書前三章記載，他們四人必定有某種形式的定期聚會，一起崇拜、禱告、解經、共同做決定，並且從中得到面對困境的力量。這就是為什麼他們站出來為神做見證時，信心會如此堅定，而且可想而知，這個四人小組的領袖就是但以理——他是個孤身挺立的巨人。

但以理書也提醒了當代的我們，一個信仰的存續與否，不能單靠在本國內的復興，也不能專靠聖殿內神職人員及體系的維護。以色列國滅了，聖殿遭摧毀，但只要世界上有一小批流離失所的信徒，在面臨現實生活艱困的考驗時，仍能持守信仰的價值，那麼信仰的火種就永不熄滅。

假如把聖殿當成今天的教會，一個真正維護基督信仰的人，通常也不會僅限於神職人員，而是看誰能夠把信仰教導的價值，在最不容易實踐的職場活出來，並且透過工作表現榮耀神，那是最難但也是最有果效的傳福音方式。

找到職場呼召的六個關鍵時刻

接下來我們就根據聖經來探討，神是如何藉著六個關鍵時刻，讓但以理從一個被巴比倫擄去的奴隸，變成一國宰相，而且他在一步步高升的過程中又如何榮耀了神；繼關鍵時刻後，神又是如何讓但以理經歷四個定義時刻，透過看見異象輔以天使的解說，一步步重新定義出自己在外邦做先知的使命。

■第一個關鍵時刻：飲食與信仰的衝突——合作卻不妥協

但以理和三個朋友原先生活在以色列時，一定有很多因信仰的飲食文化和習慣，這些未必都能夠適應於巴比倫。比方說，以色列人不吃豬肉，巴比倫的人卻可以吃；以色列人不吃祭拜過的食物，巴比倫人卻會。

我們千萬不要以為當時只有一個猶太教，實際上巴比倫也有自己國內的神和信仰。但以理他們在面對異國文化與信仰的衝突時，最終也發展出一個生存原則——合作卻不妥協——平時積極融入到巴比倫人的生活習慣，但有些事情只要一跟信仰起衝突，也絕不妥協。

表面看起來全然融入，但骨子裡仍堅守信仰。此一原則若是落實在當今的職場，信徒們可以採取的作法是，工作時，面對老闆交代的任務一定要按時、按質做好，設定的業績也要盡力做到，而不是推諉說信仰教導我要謙卑知足，所以工作稍微努力就好，這種態度在職場是行不通的。

反觀，什麼叫做妥協呢？那就是老闆設定一個業績目標後，指使你用不對的手段去達成，而你也照做了，這便是神所

不喜悅的事，因為即使神希望信徒把份內的工作做「好」，採
取的方式也必須是「對」的。

　　但以理對太監長所派管理但以理、哈拿尼雅、米沙利、亞
撒利雅的委辦說：求你試試僕人們十天，給我們素菜吃，白水
喝，然後看看我們的面貌和用王膳那少年人的面貌，就照你所
看的待僕人吧……過了十天，見他們的面貌比用王膳的一切少
年人更加俊美肥胖。（但 1:11-15）

　　可能有許多人認為身處異國為奴的但以理，在持守以色列
的飲食方式上毫無選擇的餘地，他卻堅持要做對的事，為了不
吃尼布甲尼撒王提供的膳食，便憑信心與負責他們四人膳食的
委辦約定。神也因此介入讓但以理等人蒙恩，四人在只吃素菜
和喝水的情況下，長得反倒更加俊美，委辦無話可說，最後也
只能尊重他們的飲食原則。

　　此一自發性的持守信仰行動，讓但以理及三友蒙神喜悅，
因而賜下工作能力和機會，以及無人能及的智慧，又特別讓但
以理擁有解夢的恩賜。從巴比倫的尼布甲尼撒王到瑪代王大利
烏，以及波斯的古列王，即使改朝換代，甚至還換了國家，但
以理都一樣得到器重。（但 1:17-21）

　　在此要特別說明的是，雖然這一次的信仰衝突，看似沒有
大動干戈，但四人的危險程度，絕不亞於後來那些戲劇化的經
歷。而且我們可以肯定的說，若是但以理當時沒有憑信心做出
此一決定，並因此得到神的回應，後續可能也不會有不畏火窰
與獅子坑的堅信展現。

　　另就整本聖經來看，但以理不吃王膳的決定，與亞伯拉罕決定順服神的話離開家鄉，又或者是摩西在荊棘火焰前決定承擔領導同胞出埃及的使命，三者其實同具重要性，也同樣都是願意先憑信心踏出第一步，然後神才又賦予他們更大的使命。

　　所以鼓勵當今的信徒們，千萬不要輕看自己在小事上的忠心，因為一個在小事上不忠心的人，在大事上也必然不會。神操練我們信心的方式，也常常是先交派我們一件小事，看我們有沒有忠心去做，有的話，祂再給我們下一件更大的事，所以在此奉勸職場中的信徒，在工作困境中，不要千算萬算就是沒有將神算進去。

■第二個關鍵時刻：在工作中見證和榮耀神——要有所作為

　　經過上述的事件過後，但以理信心大增，也具備了解夢的恩賜。時逢尼布甲尼撒王做了一個夢，招來全國最有威望的術士及星象家解夢，但因為連王自己都忘了夢到什麼，再厲害的術士也莫可奈何，因此王大怒要滅絕巴比倫所有的哲士。

　　那時但以理還是個默默無聞的小哲士，神給予的解夢能力正好用上，便透過看見的夜間異象，把王所做的夢重新描述一遍，並且解夢預告未來將有四國崛起，這個夢是神要向王指明一些事，王聽聞之後，隨即謙卑稱伏。

　　當時，尼布甲尼撒王俯伏在地，向但以理下拜，並且吩咐人給他奉上供物和香品。王對但以理說：你既能顯明這奧祕的事，你們的神誠然是萬神之神、萬王之主，又是顯明奧祕事的。（但 2:46-47）

正因為但以理懂得在工作中見證神、榮耀神，因此得到王的抬高，透過政治任命使其在職場能開始有所作為，同時更具影響力（但 2:48-49）。想一想，信徒藉著工作的卓越替主管或部門解決難題，主管及他人因此主動榮耀你的神，此不正是職場宣教的內涵嗎？

■第三個關鍵時刻：三友拒絕向金像下拜——即便如此、即或不然

不同於其他關鍵時刻，第三個關鍵時刻是但以理三個朋友的經歷，再由他把事情寫下來。

當時，但以理的三個朋友已在朝中占有一席之地，也頗得尼布甲尼撒王的看重。有天，王打造了一個代表自己的金像，高六十肘、寬六肘，立在巴比倫境內平原。開光典禮當天，眾人依指示向金像下拜（但 3:1-5），惟但以理的三個朋友不從。

王見狀，問他們為什麼不下拜？沒想到三友人回答時，把話說的更重，也絲毫不畏被丟入火窯的後果。

即便如此，我們所事奉的神能將我們從烈火的窯中救出來。王啊，他也必救我們脫離你的手；即或不然，王啊，你當知道我們決不事奉你的神，也不敬拜你所立的金像。（但 3:17-18）

上述經文中，「即便如此」和「即或不然」這兩句尤其重要，代表三友人不僅堅信神的拯救，為了守護信仰，亦已抱持著殉道者的心志。

當三人真的被捆起來並且丟進火窯中，尼布甲尼撒王竟然在火中看見四個人的身影。怎麼會這樣呢？在場的人包含王在內，全都嚇壞了，也因此開始稱頌神，並說，沒有別神能這樣施行拯救，代表王已經承認以色列的神是獨一真神：

現在我降旨，無論何方，何國，何族的人，謗讟沙得拉，米煞，亞伯尼歌之神的，必被淩遲，他的房屋必成糞堆，因為沒有別神能這樣施行拯救。（但 3:29）

隨後還把他們三人的職位高陞。

■第四個關鍵時刻：解夢勸王要學習謙卑──領王歸主

繼第一次為尼布甲尼撒王解夢之後，王又做夢了，情節其實是跟神呼召王變成信徒有關。這回，王一樣找來但以理解夢，但以理聽聞夢的內容後，甚為驚惶，並指出此夢正是神預告，要透過外在環境來謙卑他，直到明白誰才是諸天的掌權者。

起初，王不覺得這個警告有什麼了不起。經過十二個月，夢終於應驗，一切只因某天王在遊宮時，自豪地說了一句：

這大巴比倫不是「我」用大能大力建為京都，要顯「我」威嚴的榮耀嗎？……當時這話就應驗在尼布甲尼撒的身上，他被趕出離開世人，吃草如牛，身被天露滴濕，頭髮長長，好像鷹毛；指甲長長，如同鳥爪。（但 4:30-33）

歷經七年的曠野黑暗期，尼布甲尼撒王被降為卑，身心靈

全遭受打擊。如同神讓摩西進入曠野操練，自有祂的計畫，王的時候一到，而且也徹底學會悔改謙卑之後，神就讓他重新回到王位，那時候的尼布甲尼撒王已經知道要尊主為大，把神所行的一切事情也看作是美好。（但 4:34-37）

　　用當今信徒比較能理解的角度來解釋，我們不妨把尼布甲尼撒王比喻成黑幫老大。在信仰體系中，我們似乎很容易就把一個十惡不赦的黑幫領袖釘死。但想想看，黑幫領袖能吸引那麼多人跟隨，一定有其可取的一面，也就是可能他的眼力、魅力、動力、魄力都很行，唯獨德力很差，所以才會把好的恩賜發揮在錯的地方；反之，只要能提升其德力，影響力肯定也勝過一般人。

　　而像王這種殘暴獨裁之君，要等惡夢應驗才謙卑悔改的人，但以理都可以把他變成信徒，可見神藉著但以理在職場宣教的作為有多大！

■第五個關鍵時刻：預言巴比倫將要滅國──歷史變遷

　　尼布甲尼撒王藉著經歷四件事情，才真正在神面前悔改謙卑下來，也因此重返王位。但可惜的是，當他過世後，兒子伯沙撒王繼位，並未承襲了父親的謙卑，還囂張的濫用以色列神殿中的器皿，因此觸怒了神，王宮的粉牆上還因此冒出了字。

　　伯沙撒王見狀，頓時驚慌失措，在母親的建議下找來但以理來解讀牆上的文字。但以理先是把王訓了一頓，接著告訴他：

　　所寫的文字是：彌尼，彌尼，提客勒，烏法珥新。講解是

這樣：彌尼，就是神已經數算你國的年日到此完畢。提客勒，就是你被稱在天平裡，顯出你的虧欠。毘勒斯（與烏法珥新同義），就是你的國分裂，歸與瑪代人和波斯人。（但 5:25-28）

果不其然，當天晚上伯沙撒王就被瑪代人大利烏所殺。但以理也再度因聖靈的同在，持續被大利烏王器重，成為瑪代國的宰相。

從地理的角度來看，巴比倫就是今天的伊拉克，伊拉克的右邊的伊朗，則是當時的瑪代和波斯。被滅之前的巴比倫是當時文明世界的領袖，不只滅了以色列國，還往東邊去滅掉了瑪代波斯，後來才會遭到瑪代人和波斯人復仇。

■第六個關鍵時刻：受迫害被丟獅子坑——再度在工作中榮神益人

在瑪代的大利烏王朝期間，王立了三個總長協助治理朝政，但以理是其中一名。因其具備美好靈性及治國能力無人可比，遭到其他總長的忌妒和憎恨，並且共謀要陷害但以理。

歷史上古今中外都一樣，當王不正時，忠臣永遠被奸臣所害，而且忠臣越是公正，奸臣就越會想方設法陷害他。當時，其他總長想出來的一個討好王的辦法是，說服大利烏王訂出一個新規定，就是三十天內，不管是誰都不能向王以外的神或人祈求，一旦違反就要被丟到獅子坑裡去，必死無疑。

這個新規定，擺明就是衝著每天固定向神跪拜三次的但以理而來。雖然王極為不願見到但以理受懲罰，卻又不能自毀規條，只好祈求但以理的神能夠幫助他脫離險境，還因此憂心到

一夜沒闔眼。

　　隔天一早，王趕去獅子坑一探究竟，發現但以理在神的庇佑下毫髮無傷，甚為喜樂。後來改把其他陷害但以理的人，連同一家妻小全都丟到獅子坑，還傳旨給全國百姓，說：「……要在但以理的神面前，戰兢恐懼。因為祂是永遠長存的活神，祂的國永不敗壞；祂的權柄永存無極！」（但 6:26）但以理也再次透過職場宣教，在外邦中榮神益人。

發現國度使命的四個定義時刻

■第一個定義時刻：四大巨獸的異象

　　伯沙撒登基元年，但以理在異象中看見，海中相繼出現四隻巨獸，每一隻的長相不同且都很兇猛，但最終還是被「人子」及「亙古常在者」給逐一消滅。

　　實際上，這個夢的內容與尼布甲尼撒王做的第一個夢，屬於同一個版本，都是指向四國和四王的興起。差別是，王的夢是照歷史朝代變遷的眼光來看（四種金屬做成的巨像），但以理的夢則從神及先知的視角來評估（四頭殘暴的「獸」）。

■第二個定義時刻：兩羊的異象

　　到了伯沙撒王執政的第三年，但以理又看見了一個公綿羊、公山羊的異象。頭上長著兩隻角的公綿羊（象徵瑪代及波斯王），自高自大、傲視群獸，站立在河邊時，卻突遭雙眼之間長著一隻大角的公山羊（象徵希臘的亞歷山大王），一陣猛烈攻擊，最後公山羊戰勝。

之後，公山羊的大角斷裂，從根部又長出了四個角（亞歷山大死後的四個將領崛起分國），其中一個小角（安提阿古四世）漸漸變為強大，行為日益囂張，不僅除掉燔祭還毀壞聖所，目空一切。同樣的，這個異象也是透過了神的使者解惑，但以理才明白。

如果大家還有印象的話，其實這個異象所預告的改朝換代，同樣跟尼布甲尼撒王的第一個夢有關連。身為先知的但以理，於此，也已經可以預言瑪代波斯的即將被滅、以及希臘時代的即將崛起，但因為這事情攸關「末後的定期」，神的使者遂要求但以理封口，不得透露。

照推算，但以理的時代應該是中國春秋戰國的時候，隨著預言的逐一應驗，除了中國之外的全世界的歷史中心，先是從中東的巴比倫到瑪代，再到波斯，然後轉移到歐洲的希臘及羅馬帝國。

■第三個定義時刻：七十個七的異象

先前的章節中提到，以賽亞是第一個預言以色列國會滅、百姓會被擄並有餘民回歸的先知，耶利米則是第一個預言被擄後的七十年，百姓就會歸回的先知。在大利烏王登基的第一年，但以理深知七十年的時限將到，神對本族的拯救快要應驗，便代表國家認罪悔改，並且迫切的禁食禱告。

禱告結束後，但以理得到神的啟示，第三次看到異象，也就是著名的「七十個七」：七個七、六十二個七、一個七。藉此預言在七個七（四十九年）期間，以色列將在艱困中重建；六十二個七（四百三十四年）期間，耶穌降生，然後又被殺；

到了教會時期之後的一個七（七年）期間，主耶穌將會再來。

　　有了前三個異象的印證，但以理已經非常明白，在神的計畫當中，自己不僅單單肩負著外邦的宰相工作，亦有國度的使命在身，也就是說，他對於自己在外邦傳講外邦及本國預言的國度使命，自此變得更加確信。

■第四個定義時刻：大爭戰的預知

　　但以理書的第 10 至 12 章，記載的都是他在波斯王古列第三年（534 BC）所得的異象。很有意思的一點是，向來擅長給王解夢的但以理，面對跟自身命定有關的異象，似乎也得仰賴神的使者來解惑，所以他在每一個定義時刻看到的異象，其意涵都是天使講給他聽的。

　　這次的異象中，神的使者從大爭戰講到大復活，堪稱是「以色列將來史之鳥瞰」。期間一共可分為三個階段：外邦統治時期（但 11:2-35）、災難時期（但 11:36-45）、災難後時期（但 12:1-13）。

　　至此，但以理外邦宰相的職場命定，與其外邦先知的國度使命，兩者方才合一，使其成為名符其實的「雙職事奉」典範。

但以理書的聖俗論及職場宣教

　　雖然本書中的每一位聖經人物的所作所為，都與職場宣教有關，但以理書卻是用來講職場宣教最合適的一卷書。

　　只不過我也發現到，在論及「雙職事奉」或是「職場宣

教」的概念時，不少當代教會的牧長會認為，那是在把屬世的議題帶進屬靈的空間，也就是並不贊成在教會教導職場的課程，更別說培養信徒們從事職場宣教。

但是今天，我們研讀了但以理書之後，對於傳統的神學觀念，以及傳福音的方式，也不得不開始有所反思。

我們先來思考下列這三個問題：

(1) 信奉真神（猶太教）的以色列國，被信奉異教的外邦國所滅，神聖不可侵犯的聖殿也因此被毀，這位他們所信奉的獨一真神，卻毫不吭聲，為什麼？

(2) 以色列是以信奉耶和華立國的，但耶和華在聖殿以外的以色列社會中卻不受尊榮，反倒是在信奉異教的外邦世界中，備受讚嘆和尊敬中得榮耀，為什麼？

(3) 在以色列國中，榮耀神的是在聖殿（牆內）中的神職人員；外邦國沒設立聖殿，榮耀神的卻是身為職場（牆外）人士的但以理和他的三位朋友，為什麼？

關於以上三個問題的解釋，我的觀點是，那可能是神學思想上的偏差，也就是涉及到所謂的「聖俗論」。而聖俗論本身，我又將其區分為「古代聖俗論」和「現代聖俗論」。

■古代聖俗論

早期，猶太教對聖殿的過分神聖化，並認為神是應該被供養在聖殿中的神，所以以色列人是以聖殿來區分聖和俗。聖殿外的世俗世界，幾乎被邪惡勢力所掌控，因此世俗的人一旦犯罪，就必須到象徵神聖的聖殿中去獻一些東西，透過祭司這類的神職人員，幫助他們跟神和好。

　　這種思維大大限制了神的能力。實際上，神允許撒旦在世界上稱王，不是因為祂無力約束，而是出於刻意的自我限制。也就是說，除非在世上找到一個具備堅定信心的信徒，讓神的大能藉由這人的信心去展現，行出各樣的神蹟奇事，否則神寧可尊重人的自由意志。

　　當時聖殿外的以色列人，因為在日常生活中體驗不到神，誤以為真神不夠有力也不夠可靠，許多人轉而去拜偶像，尋求慰藉，最後才會因為百姓集體沉淪敗壞，自取滅亡。

　　這一點，其實也很值得當今世代的借鏡。反思一下，身為牧長或信徒的我們，雖然口頭上的教導是要把信仰活出到生活的方方面面，但實質的心態及行為只關注四面牆內教會的事，以至於影響到不少信徒認為只需要把信仰留在教會（聖殿）裡，而非在自己的心裡，因此限制了神在教會外的作為？

■現代聖俗論

　　這一類迷思的現代版是，目前有部分的信徒及教會，極力主張「聖俗二分」的聖俗論，將他們認為是俗的事物，比方像是工作、金錢等議題，一概拒於教會之外。這些人認為，聖、俗之間有一道深淵，且本質衝突，因此常透過講道教導信徒不可貪戀世界上的工作，而是要多委身在教會的神聖事工，如此方能真正討神喜悅且被神紀念。

　　很顯然的，在此「聖俗二分」的教導之下，也是讓神的能力大大受限，神只被我們允許在主日出場，只做一天，而非七天的基督徒。無怪乎我們會看到，很多信徒週日上教會聽道認罪，認罪的原因之一是沒有花時間委身在教會事工，認罪的原

因之二是在職場中做了不討神喜悅的事情，若教會不教導信仰
與工作合一的正確「工作觀」，以致一走出教會後，週一到週
五照舊在職場犯罪，如此日復一日，內心因而陷入反覆的矛盾
掙扎，卻又得不到教會的屬靈奧援。

　　實際上，除了罪以外，聖與俗都屬於神，而且神管的也不
只是教會內的事。更何況基督信仰，本是一個可落實在生活中
的信仰，並不主張信徒們要住在修道院裡，與世俗隔絕。關於
這方面的教導，神已經在但以理書中，明確啟示了工作和信仰
可以合一的方法，真理的真正護衛者亦是指，在難以實踐聖經
原則的世俗世界中，仍能活出信仰內涵的信徒。

　　作為職場宣教的先驅，但以理及其三友為當代的我們揭
示了，如何從傳統的「聖俗二分」，進化到信仰和工作合一的
「聖俗合一」。因為他們找到了一條途徑，可以在世俗的世界
中，讓神大放異彩的方法。它們是：(1) 分別為聖、(2) 要有作
為、(3) 榮神益人。

　　最基本的改變，就是如何倡導並鼓勵信徒從牆內到牆外專
注，要走出四面牆的教會，在職場及社區去建立許多基督的
肢體，以此走入並影響社會。也就是**在世俗的世界中以工作及
生活見證神和傳福音，同時在教會與社會間建立一條雙向的通
道，這便是我稱之的「職場宣教」。**

■分別為聖─持守信仰

　　作為信徒的我們，在俗世的行事為人理應有所持守，不被
玷汙，如同但以理堅持不被王的膳食玷汙一般。至於要如何身
處世界卻不屬於世界，不妨參考但以理所採取的「合作但不妥

協」原則，也就是要將教會中的信仰如實活出在工作上，千萬不要認為如此做會一輩子沒出息。

聖經記載，但以理及三友分別為聖後，神就在各樣文字學問上賜給他們聰明知識，比全國的術士和用法術的勝過十倍。分別為聖的另外一個說法是，要用「聖」的方式將看似是「俗」的事情做好、做對。

■有所作為─卓越工作

很多人以為，基督徒在職場最需要操練的，只是如何以神的價值觀來做人，因而忽略了，若是懂得用神的原則來做事，並且做得很出色，反而更能在職場做見證、傳福音。當你遇到工作中的困境，不是你應該謙卑知足或逃跑的時候，而是你應該憑著信心去突破困境，為神做美好見證的時候。

況且，創造我們的神只做卓越的事，所以你想神會要祂的兒女不做卓越的事嗎？再者，神既賦予才幹和資源，自然也會期望我們把事做對也做好，在工作上追求卓越。假如不是這樣，那豈不是進到教會來的，都是一群做不好事的人抱在一起取暖嗎？這樣子要怎麼傳福音！因此從這兩個角度來看，我們應該在工作上，向但以理及其三友看齊，在追求卓越中有所作為。

■榮神益人─全職事奉

上述提到，基督徒要在職場追求卓越，或是透過解決難題對部門或公司做出貢獻，最終的目的不是為了彰顯自己有多厲害，而是要藉此榮耀神。這就好比但以理及友人們，歷經多次

的職場關鍵時刻，皆不忘要將榮耀歸於神。所以最難實踐聖經的世俗工作環境中，往往也是最容易傳福音的所在，因為那是最容易跟世界上的人，藉由信神與否來分別出來的地方。

　　我們甚至可以這樣說，其實每個教會的牧者也是在雙職事奉，意即，他們在具備本地牧師職分的同時，也有一個是在國度裡面的位份。神不會只讓牧者牧養本地教會的事情，所以雙職事奉的觀念，並非神職人員就不適用。

　　總而言之，只要能把工作當成志業看待，並且以神為榜樣追求卓越，那麼工作本身就是神聖的，當代信徒們即使身處在俗世的職場，也等同是在教會內全職事奉，蒙神悅納！

 【沉思錄】

Q： 但以理從六個「關鍵時刻」的歷練中，行出「外邦宰相」的職場呼召，以及透過四個「定義時刻」，獲知「外邦先知」的使命，此對你有何啟發？

Q： 你認為從神的角度來看，尼布甲尼撒是個「好」王，還是「壞」王？這是否衝擊到你既有的神學觀？

Q： 誠實評估並分享自己對「聖俗二元論」的看法？若欲落實傳福音及門徒訓練，你認為真正挑戰會是出現在教會內，還是教會外？

Q： 但以理及其三友身處外邦時，神多次藉由他們大大發聲，因此贏得外邦君王的敬畏，但為何在猶大國，神聖不可侵犯的聖殿被外邦人所毀，神卻毫不吭聲，對此你的看法是？

Q： 信徒通常都是把最多、最好的時間花在工作，教會若是只顧四面牆之內，不注重工作與信仰結合的職場宣教，你覺得「大使命」傳得出去嗎？

第十二章
建牆領袖
尼希米

　　每當信徒聽到聖經中信心偉人的故事，常會以為自己很平凡，無法做到像他們那麼偉大的事情。但接下來讀尼希米的故事，或許會讓你改觀。

　　翻開舊約聖經，被神揀選為先知、祭司、君王的聖經偉人居多，但仍有兩人是平凡的以色列人，一個是本文的主人翁尼希米，另一個則是即將在下一章登場的女性聖經偉人——以斯帖。

　　同時代的尼希米和以斯帖，雖然都不具備神職或君王職份，神卻交付兩人極重的任務，他們也沒有辜負神的期望，為神成就的事情遠超過許多先知、祭司和士師。

　　相較於神把工作交給一般神職人員的方式，尼希米和以斯帖領受到神旨意的途徑也很不同。根據聖經中的敘述，我們看到，一般的神職人員被神呼召之前，似乎都會出現「耶和華的話臨到……」，抑或是「神的使者來到……」這類的字眼，反觀敘述尼希米的經節，沒有這些話語，但整本書中尼希米「求告神」的話語卻屢屢出現。

　　尼希米究竟是如何走上服事神的道路呢？從這段經文來看：

　　……他們對我說：那些被擄歸回剩下的人在猶大省遭大難，受凌辱；並且耶路撒冷的城牆拆毀，城門被火焚燒。我聽見這話，就坐下哭泣，悲哀幾日，在天上的神面前禁食祈禱……（尼 1:3-4）

　　從頭到尾，尼希米都沒有聽到神直接跟他說什麼，而是從

接觸的人事物中得知一些關於猶太人的悲慘遭遇後，突然變了一個人。只不過，謀定而後動，尼希米縱然心裡火熱，仍不忘要先禁食禱告，透過靜力聆聽內心深處來自神的聲音。

尼希米如何回應神的呼召？

尼希米和先知、祭司、士師被呼召的方式很不一樣。以神職人員來說，好比當今教會的牧師和傳道，他們都是神呼召出來的，基於特殊職份，神交代的工作是必須遵行的；信徒就不一樣了。雖然基督徒都應該是神使用的器皿，但是神呼召信徒不會像命令牧師和傳道人那樣，而是會把很多人的需要放在面前，讓他們憑著內心的感動，自發性地挺身而出。

正因為尼希米不是神職人員，後來卻為神做了極大的事，才更加凸顯他的難能可貴之處。想想看，祖國已被滅了一百多年，其實大可不必去管被擄回歸的猶太人景況如何。再加上，這些事情照算也是該由猶大省的領袖負責，因此就算尼希米聽完了之後，不做任何回應，神也不會因此責難他。

但我們從聖經中看到的尼希米，卻因為有一顆愛神和愛同胞的心，當下的反應是悲痛萬分，繼而哀哭數日、禁食禱告求神說：

耶和華——天上的神，大而可畏的神啊，你向愛你、守你誡命的人守約施慈愛……主啊，求你側耳聽你僕人的祈禱，和喜愛敬畏你名眾僕人的祈禱，使你僕人現今亨通，在王面前蒙恩。我是作王酒政的。（尼 1:5-11）

　　在命定的隱隱呼喚之下，尼希米經過不斷的禱告，心裡有平安，便甘心樂意地把該擔當的神國位份和世界職份扛下來。

　　說到尼希米的經歷，也讓我想到了，每當我到亞洲、美國等各處進行演講及培訓，最常被問到的問題不外是：「孔老師，你可不可以告訴我該去做什麼，以及如何活出自己的潛能？」不然就是說：「孔老師，我是一個信徒，但若是神清楚地告訴我祂的旨意，我一定很願意去追求神的命定。」

　　這代表多數信徒的心態是，為神事奉沒問題，但前提是神必須先「直接」或「明白」告訴他要去哪裡以及要做些什麼？有的人甚至會因此埋怨神，覺得神偏愛某些人，唯獨就是不把旨意告訴他。

　　但從尼希米身上，我們看到的卻是一個信徒，如何選擇跟隨自己內心的感動，繼而採取實際的行動。也就是說，身為一個當代信徒的你，是否曾經注意過周遭包含在教會裡面，有沒有什麼事工讓你有委身的感動？

　　如果我們能夠主動打開耳朵跟心靈的窗，就不難在教會聽到牧者公開呼籲說，缺少委身教主日學的老師、缺少出去探訪的人、有幾個重要事工遲遲都沒有人接，或者是短宣隊總是招不齊人、新到的人沒有誰去向他傳福音等等──這些當代常見的事工需求，其實都如同尼希米當初所聽到的，「耶路撒冷的城牆拆毀，城門被火焚燒」的呼聲。

　　問題在於，有感動到你嗎？而且即使有感動，你有像尼希米那般刻苦己心在神面前禁食禱告嗎？還是一味地以感動為出發沒錯，做事的過程卻全憑己意、自以為神呢？若能全然地謙卑委身，神就會把更多事情交給你。

另外，我也發現聖經那麼多的故事當中，似乎有一個規律是，信心偉人一開始在為神做事的時候，通常沒有想太多，只管盡力去完成。然而一旦在「關鍵時刻」把神託付的命定做成，神就又因此讓他經歷更多的「定義時刻」，進而找到使命。

如同尼希米一樣，當他願意把責任放在自己身上，便蒙神開路和祝福，在做猶大省長的命定當中，依序完成重建聖牆及重建聖民的使命。

命定、使命、呼召的內涵與分別

講到這裡，或許有人會好奇，命定、使命、呼召，三者有什麼不一樣呢？簡而言之，**「使命」指的是，神永世計畫當中，我們在國度裡的位份；「命定」則是與該位份相匹配的、在世界上的職份。使命和命定的俗稱是「人生目的」。**

以先前介紹過的約瑟和但以理為例，他們都是雙職事奉的典範，在世界上做的事情，在神國度也占有一個位份。神如何一步步呼召他們的過程，創世記以及但以理書中都有啟示，雖然當今世代的我們，沒有他們如此顯赫的人生目的，但也鼓勵大家在與神互動的過程中，藉由類似的思路來得知神的旨意。

再以尼希米來說，他的「使命」是透過重建聖牆來重建聖民，這是國度位份；為了完成此使命，神又為他安排了一個「命定」，透過國王派他去當猶大省的省長，賦予他在世界上的一個職份。

舉凡信徒大概都會認知到，神創造我們的真正目的是為了與祂同工。意即，在世界上的某一時段、某一地點，總有某一

件事情是我們命中注定要與神合作去完成的。我們生來就是為了要做此事，同時也是最佳人選，在成就以前，我們一生都在為此做準備，就連你生為美國人還是中國人，以及生在那個時代，都與此有關。

那麼「呼召」又是什麼呢？就是時間一到，神一步步帶領我們去發現和認知到自己人生目的的過程。

有關命定跟呼召的發現，在此特別提醒大家，這是你跟神之間的個人關係，是靈裡面的事情，只有你自己有辦法領受，別人無法告訴你。聖經上記有許多被呼召的例子，其中我最喜歡的就是尼希米的經歷（尼第 1 章）。

當初，神讓尼希米聽到耶路撒冷城牆被毀和猶太人的事情，別人聽了就算，唯獨他卻過不去，甚至因此禁食禱告，代表他有一個特別的負擔，這就是神開始在呼召他了。

論到人生目的，聖經上亦有相對應的經節。以弗所書第 1 章 10 節就已清楚啟示：「我們原是他的工作，在基督耶穌裡造成的，為要叫我們行善，就是神所預備叫我們行的。」

由此延伸出的三大重點內涵為：

(1) 就是神所預備叫我們行的：這句話明確點出，當人的靈被神創造出來時，人生目的就已經定下來，因此人的命定是什麼？就是神所定，在我們命裡注定要去做的一件事情。

(2) 在基督耶穌裡造成的：這句話即是在說，一個人想找到人生目的，必須透過跟神互動。易言之，當你遇到一個拐點時；其實就是神在呼召你的時候，藉此要你回轉向祂，與祂互動。

(3) 我們原是他的工作，為要我們行善：這句話使我們明

白到，我們人生的目的並非孤立，也不是為己，而是跟神永世的計畫有關係，是神偉大旨意的一部分。當你找到人生目的，做的是榮神益人的事情，人生方向就大致底定，過程中即使遇到再大困難都會想辦法克服，心裡也很得平安。

　　只要我們願意跟隨呼召，並且因此求告，所求內容也符合神的旨意，那麼神就會給予回應。一如尼希米記第 2 章 1-10 節記載，當國王看到尼希米臉上的愁容，便主動關心他怎麼了，因而讓尼希米有機會抒發心中的憂心，以及對使命的負擔。而神也藉著國王的安排，讓尼希米被賦予省長職份，還讓他帶著詔書，以及建牆所需的建材，在軍長和馬兵護送之下，回到耶路撒冷開展一系列的事工。

尼希米的關鍵時刻：重建聖牆

　　到了尼希米返回耶路撒冷的時候，才展開了人生中的關鍵時刻，主要記載在尼希米記的第 2-6 章。在此，我們先以扭轉五力來做剖析。

■眼力：面對問題的解決之道
　　──個人層面：追逐夢想、願景，以及評估局勢並改變方向的能力。
　　──管理團隊：發現方向的能力，亦即能清楚說明共同願景，並帶領團隊追求。
　　──領導企業：預先看到他人看不見或看不明白的情勢及機會。

■尼希米的眼力（尼 2:11-15）

秘密出行：「我到了耶路撒冷，在那裡住了三日。我夜間起來，有幾個人也一同起來，但神使我心裡要為耶路撒冷做什麼事，我並沒有告訴人。除了我騎的牲口以外，也沒有別的牲口在我那裡。」

探查情勢：「當夜我出了穀門，往野狗井去，到了糞廠門，察看耶路撒冷的城牆，見城牆拆毀，城門被火焚燒。我又往前，到了泉門和王池，但所騎的牲口沒有地方過去。於是夜間沿溪而上，察看城牆，又轉身進入穀門，就回來了。」

建城牆，事關重大。尼希米為了探查情勢，趁黑帶人潛入當地，把地形地勢都摸得一清二楚之後，腦海中就有一個清晰的異象和看見，知道該怎麼做成這件事。這也顯示，一個有眼力的智慧者，做事情通常是謀定而後動，而非躁進或盲從。正因為尼希米知道接下來該怎麼做，才更能激勵他人跟隨。

■魅力：將心比心的吸才能力

——個人層面：情緒管理的能力，懂得相信自己、激勵周圍的人。

——管理團隊：認知自己需要被激勵時，想到要先激勵他人。

——領導企業：在任何情況下，尤其是負面的環境中，激勵自己也激勵他人，進而吸引人才，並引導人才盡心竭力地投入工作。

■尼希米的魅力（尼 2:16-18）

　　同理處境：在看察了城牆，腦中計畫已成型後，「我對猶大平民，祭司，貴冑，官長，和其餘做工的人他們說，我們所遭的難，耶路撒冷怎樣荒涼，城門被火焚燒，你們都看見了。」

　　凝聚共識：「來吧，我們重建耶路撒冷的城牆，免得再受凌辱。我告訴他們我神施恩的手怎樣幫助我，並王對我所說的話。」

　　眾人回應：「他們就說，我們起來建造吧。於是他們奮勇做這善工。」

　　如同上述所解析的歷程，一個領導人想激勵他人跟隨，必須先具備一定的眼見（遠見），同時照顧到他人的情感面（即同理猶太人被欺負和滅城的委屈），讓對方發自內心主動跟隨，並且願意盡心竭力達到共同的目標，這便是魅力所在。

　　此外，眾人之所以會格外被尼希米的魅力吸引，也與神的同在有關。當大家聽到他說，自己是國王派來的，而且神也會幫忙時，便像是吃了一顆定心丸，意志更加被激勵。但激勵之後，接下來就要進到執行面了。

■動力：行所不行的執行能力

　　——個人層面：以行動落實計畫，並在關鍵時刻解決難題。

　　——管理團隊：在行動中發展出一套可行計畫，並堅持執行直到目標達成。

　　——領導企業：懂得開創出與他人不同的做事方法，就是執行能力。

■尼希米的動力（尼第 3 章、尼 4:6）

設定目標：有些人很會激勵人卻不知道怎麼做，尤其在率領眾人時，更需要有一個可行的計畫去達到目標。當初尼希米看到耶路撒冷原本就有城門，只是沒有連起來，而且被燒了，就計畫用帶來的木材先修建十個城門：羊門、魚門、古門、谷門、糞廠門、泉門、水門、馬門、東門、哈米弗甲門，先將它們逐一整修堅固，與此同步以連結城牆。

專心致志：一件事情要做成，不能只做到 95%，那會前功盡棄。城門修建之同時，如何號召大家進一步築起城門與城門間的一道道牆呢？尼希米的作法也很聰明，就是去說服那些住在城牆邊的人。為什麼？因為把城牆築起來對他們最有好處，否則敵人一攻打就打到他們。過程中因為目標清楚又對百姓有利，「這樣，我們修造城牆，城牆就都連絡，高至一半，因為百姓專心做工」。

■魄力：勇者不懼的膽識能力

——個人層面：不滿現狀並且希望化危機為轉機時，勇於做出艱難決定。

——管理團隊：在其他人都已經累到或傷到一個程度，沒辦法走的時候，你仍然能夠踏出關鍵的一步，而且往往那一步就是勝敗關鍵。踏出之後，也要勇於承擔，隨時做好應變工作。

——領導企業：執行任務中，懂得應變將所有的危機轉變成機遇，並且總能藉著解決難題將組織帶領到更高的挑戰層次。

■尼希米的魄力（尼 4:1-23）

同心抵擋：「我們的敵人且說，趁他們不知不見，我們進入他們中間，殺他們使工作止住……從那日起，我的僕人一半做工，一半拿槍，拿盾牌，拿弓，穿鎧甲，官長都站在猶大眾人的後邊。」

勇敢奮戰：「我察看了，就起來對貴冑、官長，和其餘的人說：不要怕他們！當記念主是大而可畏的。你們要為弟兄、兒女、妻子、家產爭戰……於是，我們做工，一半拿兵器，從天亮直到星宿出現的時候。」

隨時警醒：「那時，我又對百姓說：各人和他的僕人當在耶路撒冷住宿，好在夜間保守我們，白晝做工。這樣，我和弟兄僕人，並跟從我的護兵都不脫衣服，出去打水也帶兵器。」

尼希米率眾重建城門和城牆的時候，馬上就引起宿敵很大的反彈，有人開始想方設法阻擋他們的工作。那些人是誰？其實在尼希米記 2:10 已經埋下伏筆：「和倫人參巴拉，並為奴的亞捫人多比雅，聽見有人來為以色列人求好處，就甚惱怒。」因此，當時尼希米才會要求國王派兵護送。

只不過，雖然平安抵達了耶路撒冷，實際投入重建工作後，這些仇敵仍舊意圖追殺他們。幸而尼希米擁有過人的魄力，因此即便一手拿著盾牌、一手做工，從睡覺到天亮都是拿著兵器防身，甚至還找來一些住在耶路撒冷的猶太人協助在夜間看守，即使搞到每個人身心俱疲，還是定意要將神託付的工作完成，因為如此，外患暫時停止。

智勇雙全（尼 6:1-14）：其實尼希米的魄力展現，還不僅於此。第 5 章提及，德行高尚的尼希米在擔任猶大省長期間，

為了遏止以色列富人剝削窮人的惡風，施行一連串的改革，因而得罪了不少本國人中的既得利益者，這當中不乏名人官長、甚至神職人員等等。這些內奸因為不滿尼希米的德政作為，趁勢拉攏外敵勢力再度共謀陷害，敵方五度打發人來找尼希米，希望當面談一談，但尼希米深知敵方早就要埋伏害他，因此便以修築城牆很忙，予以拒絕。「我的神阿，多比雅，參巴拉，女先知挪亞底，和其餘的先知要叫我懼怕，求你紀念他們所行的這些事。」

　　古今中外似乎都是這樣，做得正的清官總是會被利益驅使的壞官所害，但尼希米智勇雙全，不屈服、不中計，堅持持續花時間投入建造城牆，此可謂既有魄力又兼具德力，最終方能把城牆如願造好。

■德力：德行天下的品格能力

　　──個人層面：鍛鍊品格，信守承諾，當個值得信賴的人。

　　──管理團隊：面對重要且爭議的困難時，學會圓通與堅守道德底線，因而感召他人主動跟隨或學習。

　　──領導企業：建立起一套堅持誠信經營、尊重他人的企業文化，並堅守原則。

■尼希米的德力（尼第5章）

救助貧民：當時尼希米除了要抵擋外敵突襲，還同時要解決內賊擾亂，因為他是很有正義感的人，看不慣有錢的猶太人故意借高利貸給窮人，進而取得窮人的田地，或是逼窮人的兒

女來當奴隸，以至富者更富、窮者成奴。

為了導正社會風氣，他開始推行一連串的德政：

(1) 對富者發怒，召聚大會抨擊富人

(2) 強迫富人免去窮人利息

(3) 強迫富人歸還田地和兒女

(4) 在祭司前起誓、照應許行

這也讓我們看見，君王職份的尼希米做事情的氣度果真不一樣，很勇於跟惡勢力對抗。

清廉愛民：尼希米不僅勇於捍衛公義，本身也很堅守道德底線，並且勤政愛民，因此我們看到他：

(1) 不收省長俸祿達十二年之久

(2) 不置買田產

(3) 每日供一百五十人在席上吃飯

(4) 體諒百姓服役甚重

城牆建成：尼希米的德力之高，也使其更能感召百姓，跟隨他的使命。「*以祿月二十五日，城牆修完了，共修了五十二天。我們一切仇敵，四圍的外邦人聽見了便懼怕，愁眉不展。因為見這工作完成是出乎我們的神。*」（尼 6:15-16），在眾人的齊心協力下，終於完成聖牆。

尼希米的定義時刻：重建聖民

如同先前所言，聖經中的信心偉人原只是單純想做好神的工作（關鍵時刻），沒想到完成之後，神又讓其展開另一段找尋使命的歷程。但是我發現，很多人看完尼希米建完聖牆就不

看了，以為最精彩的部分已經結束，卻沒想到後面還有一個定義時刻才正要展開。（尼 7-13 章）

　　當初一心想回耶路撒冷建城牆的尼希米，達成任務後，卻又與文士以斯拉在聖城不期而遇，兩人聯手展開一連串重建聖民信仰的事工，尼希米也因此找到重建聖民的國度使命。

　　從尼希米記第 7 章開始講到，他是如何以省長的職位來做重建聖民跟治理人民的工作。首要之務，就是導正百姓的宗教信仰。他先是規畫好城市的分層治理要點，再來就是派人調查族譜，再找出有祭司職份的利未人，出來擔當此任，同時也鼓勵百姓要甘心樂意奉獻。（尼第 7 章末）

　　百廢待舉的猶大省，在尼希米的積極帶領下，開始有了大規模的宗教活動。緊接著，尼希米又請文士以斯拉擔任特約講員，舉行盛大講經大會，特別注重講解神的律法（尼第 8 章）；之後又再接再厲舉行培靈大會（尼 9:1-3），以神過去的恩典（尼 9:4-31）因應百姓現今的景況，激發眾人省思，並引領眾民立約。（尼 9:32-38）

　　這次的培靈大會主題叫做「回想神恩」、「內思己過」，百姓靈裡火熱，便重新奉獻，還在神面前簽下誓約說要永久事主（尼第 10 章）。移民政策方面，尼希米再把以色列餘民分配到猶大諸邑，百姓從此安份守己的過生活（尼第 11 章）。

　　至於什麼時候獻牆呢？尼希米記第 12 章記載，他們是刻意選在復興大會結束後，才籌劃舉辦一場盛大的獻聖牆典禮。此一順序考量，顯示尼希米的機警──先有復興，才有感恩──先把百姓的信仰重新建立起來，獻牆的時候，人民才會體會到這一切是源自神的恩典。否則可能只會覺得獻牆儀式是

在辦一個 Party，與神無關。

可惜的是，當尼希米以為一切都已經上軌道，安心地返回波斯向國王回報建城情況，並且住了下來（尼 13:6b）。十二年後重返耶路撒冷，發現百姓們的早年惡習又故態復萌，讓他心灰意冷，深感過去的復興工作都是白費。由此也可見，人心普遍多麼冥頑不靈，需要有強而有力的領袖來帶領，並且協助歸正。

尼希米出於對使命的責任感，以及對神的愛，很快就又重拾信心和盼望，再次進行一次宗教的大改革：

(1) 外邦人不能入神的會

(2) 潔淨神的聖殿

(3) 恢復十一奉獻

(4) 守安息日

(5) 禁止與異族聯婚

藉此屏除惡習、建立正規，再一次慢慢協助百姓，將生活和信仰重新步上軌道。

尼希米先重建聖牆及後重建聖民的使命，於焉終於大功告成。其主動回應且勇於執行神國度需要的精神，亦值得身為當代信徒的我們，起而效尤。因為當今世代所需的神國人才，並非只是大君王、大先知和神職人員，亦需要更多的「尼希米」，而且尼希米的本身經歷亦證明了，榮神益人未必只能在教會內，只要凡事行在神的旨意當中，即使身處如外邦的職場及社區，一樣也能讓神大放異彩！

 【沉思錄】

Q： 你有過與尼希米類似的經驗，聽到某個神國需求後，心裡過不去，因而選擇去承接嗎？

Q： 試用尼希米的「扭轉五力」模式，敘述自己曾經做成的一件大事或小事。可從個人層面、管理團隊、領導企業三方面來切入說明。

Q： 尼希米在建完「聖牆」的事工後，接著神又帶領他經歷「定義時刻」，藉此找到重建「聖民」的國度使命，此歷程對你有何啟發？

Q： 神沒有對尼希米有任何特殊的呼召，他卻憑著羨慕善工的感動，做成了更偉大的事工，這帶給你什麼樣的反思？

Q： 尼希米只是個酒政，神仍能透過能力和權柄的加添，幫助他做到很多原本不可能做到的事。你有想要成為當代的尼希米嗎？

第十三章

拯救全族的
以斯帖

　　從但以理、尼希米，還有本文要介紹的聖經女性人物以斯帖，這三人都是很好的職場宣教題材，因為他們既非神職人員，也不是在聖殿內成就神國的大事。但從世界的角度來看，他們達到的成就，是眾人難以望其項背的。

　　他們的另一個共同點是，沒有一位是神的話臨到，或是神告訴他說要做先知或是怎麼樣，他們才開始起身行動。易言之，他們三人對於神的回應都是跟隨內心指引，自願且甘心樂意去做，過程中也不斷與神互動。

　　講述以斯帖的故事之前，先幫助讀者們了解她所處的時代背景，以便更能理解以斯帖是在一個什麼樣的外在逼迫和威脅下，勇敢做出回應神國需要的行動。

　　歷史上，世界各地發生過許多次的「滅猶運動」，最知名集體屠殺事件，像是希特勒殺死六百萬猶太人。至於以斯帖身處的年代，當時留在波斯國的猶太人，他們遭遇到的最大威脅，就是宿敵哈曼欲藉由國王的權柄，將國內所有猶太人置於死地。

　　背後的原因，則是要追溯到掃羅王時期（1020 BC）。以色列王掃羅因為沒有遵守神的命令，及時殺死亞瑪力王亞甲，使其已經懷有身孕的皇后逃走，生下亞瑪力人的餘種（撒上15:9），以至於代代綿延，五百多年後出現了哈曼，將猶太人視為世仇。換句話說，以斯帖記（486-474 BC）的序幕，早在五百多年前就已經揭開了。

　　身為猶太人的以斯帖，一個在波斯國被視為是奴隸的弱小女子，最後是如何成功拯救全族，做到很多祭司、先知、或士師都做不到的事情？而且不同於多數的聖經信心偉人，都是先

經歷完所有的關鍵時刻，才會進入到定義時刻。以斯帖卻是每經歷一個關鍵時刻，就有一個定義時刻隨之而來，下一個關鍵時刻結束就接著下一個定義時刻。

第一個關鍵和定義時刻──當王后、承使命

■第一個關鍵時刻：被立為皇后

形容以斯帖是一個平民皇后，一點都不為過。自波斯王古列頒佈以色列人大回歸的詔諭後，先後總計有三批人歸回，但仍有眾多的猶太人留在波斯國，以斯帖就是其中一位，並且由同為猶太人的義父末底改扶養長大，成為一個亭亭玉立的美麗女子。

應該是神的時候已到，以斯帖長成的年紀，正逢波斯的亞哈隨魯王廢除王后瓦實提，因而開始徵選新的王后。

根據以斯帖記第 1 章的記載，亞哈隨魯王生性自大，在位第三年，設宴款待國內的權貴和首領，還自我顯榮一百八十天，之後又為書珊城的百姓擺設宴席七日。

第七日，亞哈隨魯王飲酒，心中快樂，就吩咐在他面前侍立的七個太監米戶幔、比斯他、哈波拿、比革他、亞拔他、西達、甲迦，請王后瓦實提頭戴王后的冠冕到王面前，使各等臣民看他的美貌，因為他容貌甚美。（斯 1:10-11）

歷史的轉折就是出現在這裡。當時愚昧無知的瓦實提，自以為國王愛她就任性耍脾氣，無視臣子們的三催四請，始終不

肯盛裝打扮到國王及眾人面前露臉，還傻傻地以為此舉沒什麼大不了。殊不知，有些事情只要一牽扯到政治，通常無關乎對錯，而是一個情勢擺在眼前，你的反應合不合時宜。

瓦實提不識大體，公開讓好大喜功的亞哈隨魯王難堪，國王便在震怒之下問大家說，王后這麼做，他們認為應該如何處置？

大臣們一方面為了討好國王，另一方面也認為王后這樣做不對，覺得如果連王后都可以不理會國王，那麼全國的太太們也可能會仿照，不尊重自己的先生。因著大家你一言、我一語，不斷地把這件事情的嚴重性放大，廢掉王后的聲浪也逐漸高漲，最後亞哈隨魯王只能順應民意——先廢王后瓦實提，再立一個新的王后。

上述這些看似自然而然發生的一切事情，其實也有神的推動。否則，以斯帖如何有機會可以進到宮裡成為王后？在此同時，神也預備當時的猶太人屬靈領袖，同時也是以斯帖義父（實則為堂哥）的末底改，作為一個居中促成的關鍵人物。

當時在御園擔任守門人的末底改，第一時間聽到國王要重新選后的消息，馬上想到這是讓以斯帖攀附亞哈隨魯王、保住猶太人在波斯國地位的大好機會，但為了避免事成之前會節外生枝，還提醒她不要告訴別人說自己是猶太人。又或者是，可能當時有規定在波斯被當作戰俘或奴隸的猶太人不能參選，這部分聖經上沒寫，我們也只能臆測。

後來，以斯帖也確實被亞哈隨魯王選上，當了王后。至於她是如何在關鍵時刻，利用扭轉五力的內涵來勝出？我們首先看到，只憑外貌而無相匹配的氣質，是很難凌駕當時同為候

選人的眾多女子，所以，其無懈可擊的魅力，以及優雅高尚的德力，亦是不可或缺的一環。

魅力：聖經上說凡看見以斯帖的人都喜悅她，但實際上我們知道，那些參與選后的女子們，因為彼此有競爭關係，相處時不免會彼此勾心鬥角，但以斯帖卻得人家的喜愛，可見一定有其獨特的魅力。最後會吸引到亞哈隨魯王，當上王后，自然也不在意料之外。

德力：當時的選后規定，所有候選女子都要先集中待在女院裡面，做一些像是保養皮膚之類的事情，把自己打理好，然後再依序進宮見亞哈隨魯王。而且進宮之前，候選女子無論開口索討什麼東西，王這邊都必定派人供應。

不同於其他女子有多少撈多少的心態，以斯帖雖然知道在物質方面可以有求必應，卻別無所求，還對掌管女子們的太監說，你們給我什麼，我就用什麼，完全不貪心，這也多少給周遭人留下一個好印象，看出她的與眾不同。

以斯帖選上王后之後，有天，末底改在朝門口，無意間聽到兩名太監要密謀殺害亞哈隨魯王，趕緊將此事告訴以斯帖，王也因此逃過一劫。事發當時，亞哈隨魯王雖然不知道是末底改在背後救了他，但神刻意預留這個「救命之恩」作為伏筆，其實是有其日後的用意，這件事情也因此被記載在波斯的歷史書上。

■第一個定義時刻：被末底改說服進宮

若以人生的直道和彎道來比喻。以斯帖成了尊貴的王后，等同是進入到一個直道，以為等待她的是一生的榮華富貴，但

隨著一股巨浪即將席捲，很快的，她就面臨到人生的彎道，也就是我稱之的定義時刻。

這股巨浪的成形，與早先提到的猶太人宿敵哈曼有關。當時，哈曼率領波斯人與希臘人打了勝仗，之後不僅被亞哈隨魯王當成二把手，還被視為是國家英雄，所到之處無不受崇拜，導致他也開始趾高氣昂，規定一般人看到他都要下拜以示尊崇。

如同但以理的三個朋友拒絕向王的金像下拜，末底改因為堅持只向真神下拜，拒絕哈曼要求，氣得哈曼跑去向亞哈隨魯王告狀，運用其本身的影響力，加上允諾要捐一大筆錢給國庫（雖然王並沒有收），最後得到王的同意，立下了毀滅猶太全族的計畫。

正月十三日，就召了王的書記來，照著哈曼一切所吩咐的，用各省的文字、各族的方言，奉亞哈隨魯王的名寫旨意，傳與總督和各省的省長，並各族的首領；又用王的戒指蓋印，交給驛卒傳到王的各省，吩咐將猶太人，無論老少婦女孩子，在一日之間，十二月，就是亞達月十三日，全然剪除，殺戮滅絕，並奪他們的財為掠物。（斯 3:12-13）

末底改知道大事不妙，披麻帶孝，先是一邊在城中行走、一邊痛哭哀號，後又到以斯帖住的朝門前停下腳步。以斯帖聽聞此事，託人拿衣服給末底改換上，末底改拒絕穿上，還請人傳話向以斯帖求救，請她務必去見亞哈隨魯王疏通此事。

以斯帖起初並不明白王后這個新身分，與信仰之間有什麼關係，天真以為麻雀變鳳凰之後，可以過著幸福快樂的日子。

加上按照當時規定，朝廷為了避免國王遭有心人士謀害，若是沒有國王的召見，即使是王后也不能主動求見，擅自入宮是死罪一條。因此對於末底改的提議以斯帖極為害怕，還一度反過來希望末底改配合哈曼就沒事了，而此也正是一個人在直道上的理性思維。

末底改見以斯帖軟的不吃，改用強硬的方式，託人回覆她說：

你莫想在王宮裡強過一切猶太人，得免這禍。此時你若閉口不言，猶太人必從別處得解脫，蒙拯救；你和你父家必致滅亡。焉知你得了王后的位分不是為現今的機會嗎？（斯 4:13-14）

於此，以斯帖終於被點醒，不是單單因為意識到自己是猶太人，到時候可能也會被殺，還連結到了王后這個身份與信仰之間的關係。換句話說，在這個定義時刻，以斯帖終於明白人生目的為何，因此也願意扛下神早就預備託付的拯救責任。最後請人回覆末底改說，她甘願冒著受死的風險去見王，但條件是所有的猶太人都要為此事禁食禱告三天。

你當去招聚書珊城所有的猶大人，為我禁食三晝三夜，不吃不喝。我和我的宮女也要這樣禁食。然後我違例進去見王，我若死就死吧。於是末底改照以斯帖一切所吩咐的去行。（斯 4:16-17）

當以斯帖一說出這樣的話，便顯示她的思維已經從直道切換到彎道。一個人在認知並執行人生的使命時，是不怕死的，因此才會有那麼多先知和耶穌的門徒殉道，而這也是一個人處在彎道時，才會出現的超理性思維。

至於為什麼以斯帖要禁食禱告三天？其實是想要在克苦己心中祈求神的智慧光照，好讓她在見到王之後，知道該如何應對進退，完成此一艱鉅使命。相反地，假如以斯帖沒有禁食禱告就跑去見王，很可能就會落入像瓦實提一樣的愚昧思維，仗著王愛她，一哭二鬧三上吊，結果反而更糟。更何況，以斯帖對亞哈隨魯王的重要性，恐怕還不及於哈曼。

以斯帖也建立了一個很好的榜樣，在彎道時藉著禁食禱告的方式，讓神親自跟她說話。這便告訴我們，信徒**在直道時要追求卓越，但是到了彎道上面，沒辦法用直道上的經驗來突破時，就要放棄自己的能力及掌控，讓神有介入的空間，用神的方法來做神預備成就的大事。**

第二個關鍵和定義時刻——除哈曼、救全族

■第二個關鍵時刻：除去宿敵哈曼

以斯帖記的第五、六、七章很精彩，記載了以斯帖如何在關鍵時刻，透過「設宴」的方式將哈曼除去。

曾經有好幾次，我看這三章時都在思考，為什麼神會讓以斯帖用這個方式，而不是直接到王的面前陳述苦衷？後來想明白了。原因一，王已經在諭旨上蓋章，不容質疑也無法收回；原因二，王若是讓哈曼跟以斯帖當面辯駁或對質，她也贏

不過，因為王早就已經站在哈曼那邊了。

　　因此從扭轉五力的架構來分析，以斯帖具備前述提過的德力在先，在此關鍵時刻，又陸續展現出了眼力、魅力、動力，以及魄力的潛能。

　　眼力：神賜予以斯帖智慧，讓她預先看到唯一能處理哈曼的人，正是亞哈隨魯王自己，其餘沒有任何人動得了他。但要如何讓國王處死哈曼呢？最好的方法絕對不是透過「公說公有理、婆說婆有理」的無效辯論，而是讓王看到哈曼犯罪的事實，也就是讓他成為一個現行犯。

　　這也就是為什麼，當王看到以斯帖站在院內，知其必有所求，主動開口說：「王后以斯帖阿，你要什麼。你求什麼，就是國的一半也必賜給你。」（斯 5:3）以斯帖卻不作反應，沒有趁機獅子大開口。我們再進一步思考一下，假設以斯帖開口說要國的一半，王會真的給她嗎？還是自此看輕她，在王心中的地位不升反降？

　　魅力：以斯帖隱瞞自己是猶太人的身份，亞哈隨魯王又已經同意舉國上下滅殺猶太人，在這種情勢下要去見王，心理壓力肯定很大。但神賜予她調整心情，自我激勵的魅力，態度不卑不亢，也沒有自恃是王的妻子就踰越分寸。

　　當王感受到一國之尊應有的敬崇，加上以斯帖是以顧全大局之姿，禮貌提議說：「王若以為美，就請王帶著哈曼，今日赴我所預備的筵席。」（斯 5:4）王自然樂意促成，並在三人列席中間，又再告訴以斯帖一次，說她要什麼都必成就。誘人的權勢當前，她仍謹記此次宴席是要跟哈曼建立關係、取得信任，以利進行後續的計畫。

　　動力：以斯帖沉穩執行第二輪計畫。面對王屢屢詢問她想要什麼時，她坦承確實有所求，且若是王願意恩准，就請他帶著哈曼再赴宴一次，屆時便會講出自己要的是什麼了（斯 5:7-8）。接下來我們看到，當以斯帖以王后位份佈下了該佈的局，神就開始接管，同時在場外醞釀其他事情發生，以便裡外呼應，共創結局。

　　兩個宴席可能只相隔一天，在這短短時間裡，卻發生了兩件驚天動地的大事情。以斯帖記第五章寫到，哈曼對於兩度被王后點名赴宴，心中狂喜驕傲，返家後趕緊向眾親朋好友炫耀，但一想到走出朝門時，看到末底改坐在朝門前的那副衰樣（猶太人遇到大悲的時候會把衣服撕裂，全身抹灰躺在地上），甚感不悅，便聽從妻子和朋友的建議，打造一個五丈高的木架，趁著明天赴宴時，請王命令將末底改掛在木架上，以洩其心頭之恨。

　　那麼神又是如何在這過程中第二次動工呢？很奇妙，當天晚上，亞哈隨魯王說什麼就是睡不著覺，找人來唸歷史，方才得知末底改透過以斯帖的傳話而救過自己，而且沒有得過賞賜。隔日一早，見到哈曼正欲請求王將末底改掛上去，但王先問哈曼：「王所喜悅尊榮的人，當如何待他呢？」（斯 6:6）

　　得意忘形的哈曼，以為王在說的是他，便喜孜孜地建議說：「當將王常穿的朝服和戴冠的御馬，都交給王極尊貴的一個大臣，命他將衣服給王所喜悅尊榮的人穿上，使他騎上馬，走遍城裡的街市，在他面前宣告說：王所喜悅尊榮的人，就如此待他。」（斯 6:8-9）亞哈隨魯王一聽，覺得太好了，把末底改找來穿上朝服之後，對哈曼說你就在前面給他牽馬吧！

原本要殺害死對頭末底改，害不成就算了，還要反過來尊榮對方，哈曼當然吞不下這口氣，一結束就跑回家跟親友們訴苦。但聽到妻子和一名比較有智慧的友人說，末底改是猶太人，有真神保守，最後一定勝不過他，讓哈曼的心情更糟，也隱隱恐懼了起來。

神的心理戰在此開始作用，趁著哈曼心中的驚恐尚未平息，馬上又讓太監前來催促赴宴，讓他萌生不祥的預感，自此信心節節潰敗。

魄力：但到此為止發生的這兩件事情，以斯帖一概都不知情，全在神的掌管之中。直到第二次宴席，亞哈隨魯王又問以斯帖想要什麼，以斯帖見時機成熟，才以勇者無懼般的態勢，講出心中所求。

王后以斯帖回答說：我若在王眼前蒙恩，王若以為美，我所願的，是願王將我的性命賜給我；我所求的，是求王將我的本族賜給我。因我和我的本族被賣了，要剪除殺戮滅絕我們。我們若被賣為奴為婢，我也閉口不言；但王的損失，敵人萬不能補足。（斯 7:3-4）

亞哈隨魯王聽了很驚訝，追問是誰這麼大膽，竟然敢做出這樣的事。以斯帖伸手指向同席的哈曼，說那人正是他。王完全想不到，意圖殺害王后和其族人的人，竟然是自己的手下愛將，氣得離席，獨自往御園去調整心情。

波斯王朝後宮的律法規定，王不在場時，除了宦官以外，任何男士都不准與王后同處一室。但腦筋嚇到一片空白的哈

曼，不僅忘了這一點，居然留在現場，還急著向王后說情，最後還伏在以斯帖所靠的榻上（當時用膳都是靠在床上吃）求饒。王散心回來見到這一幕，更加氣急敗壞，誤以為哈曼要侵犯以斯帖，便將他以「現行犯」逮捕，而且人證、物證俱足。

　　「人證」指的是，亞哈隨魯王自己親眼看到哈曼伏在以斯帖的床邊；「物證」則是，事後有太監告訴王，哈曼為王的救命恩人末底改打造一個五丈高的木架，意圖殺害末底改。王甚為憤怒，便要人將哈曼掛在那個自製木架上，讓他自作自受，後又將其處決。

■第二個定義時刻：拯救猶太全族

　　哈曼被處死後，猶太全族被滅的危機尚未解除。直到以斯帖為此俯伏在亞哈隨魯王的腳前，流淚哀求解除哈曼的惡謀，王這才在先前已下的詔書之上，授權末底改再寫一個新的諭旨給猶太人，並且用王的戒指蓋印。

　　諭旨中，王准各省各城的猶太人在一日之間，十二月，就是亞達月十三日，聚集保護性命，剪除殺戮滅絕那要攻擊猶太人的一切仇敵和他們的妻子兒女，奪取他們的財為掠物。（斯8:11）

　　末底改為了歡慶猶太人這個重獲新生的時刻，身穿朝服和紫色麻布外袍，頭上戴著一個金冠，與猶太族人們同歡。諭旨傳遍各地後，猶太人開始擺宴慶祝，有些人看到猶太人的勢力崛起，為了自保，還自動入猶太籍。

　　到了十二月十三日當天，波斯全地的猶太人聚集反擊那些
要殺害他們的外族，並且獲得最後勝利，其中包含哈曼的十個
兒子，也都死在猶太人手下。猶太人為了記念脫離仇敵、得平
安，而設立了「普珥日」。在此同時，神也讓末底改的政治運
勢大好，榮升為亞哈隨魯王的宰相。

　　雖然以斯帖記從頭到尾都沒有提到，神對以斯帖或末底改
說了些什麼，整卷書中也不曾出現「神」這個字，但只要仔細
推敲所有事情的發展過程，便不難發現「神蹟」無所不在。

　　以斯帖也堪稱是以色列的女英雄。她的「人生目的」是在
外邦波斯帝國拯救猶太民族，因著這國度的使命，神給了她
一個職場的命定，就是成為波斯王后，因此跟埃及宰相約瑟一
樣，以斯帖的工作就等於是她的使命，此二人亦是雙職事奉的
典範。

以斯帖活出使命的幕後推手——末底改

　　以斯帖成功拯救族人，雖然本就有神的旨意在當中，但末
底改也功不可沒。因此在本文中，若是只講以斯帖而避談末底
改，將有失公允。

　　綜觀整本聖經可以發現，神真的是一位全知、全能、全善
的神，總是知道在什麼時候揀選什麼樣的人才。以色列在出埃
及時，神使用的是像摩西這樣的先知；到了迦南地以後，神使
用的是士師；以色列建國，神又使用君王；等到以色列亡國，
猶太族都被擄到外邦當奴隸的時候，神則開始使用非神職人
員，譬如但以理、尼希米、以斯帖、末底改等等。

　　據考證，末底改是便雅憫支派的人，當時的身份極可能是波斯國境內猶太民族中的屬靈領袖，非等閒之輩，影響力亦不容小覷。後來還因為憑著信心，將以斯帖送進宮去當王后，間接拯救全族人的性命。

　　那麼，末底改有哪些部分值得我們學習呢？

　　敬畏神：古今都是一樣，所有的滅猶運動都有撒旦的陰謀，為要除去神的選民，以阻止彌賽亞的降臨和祂的再來。幸而，末底改是一個敬畏神而非敬畏人的人，才能在哈曼意圖殺害猶太全族時，定意要透過以斯帖來展開拯救行動。

　　堅信神：當以斯帖回答說不能去見王的時候，末底改並未因此退卻，反而信心滿滿的告訴她，就算她選擇置身事外，神也必透過其他方式解救猶太人。意即，末底改堅信神不會讓祂自己的選民被殺滅，因此即使以斯帖不去求告王，他也一樣可以藉著信靠神帶領猶太百姓脫離險境，顯見信心有多大。

　　順服神：以斯帖被末底改點醒，要他去通知書珊城所有的猶太人禁食，末底改就馬上去做，藉此全力支持以斯帖。末底改尤其可取的是，他一心只想保護猶太族人，這就如同尼希米也是自動把擔子挑起來一樣，所以他的功勞也等同歷代的先知、君王和士師，因為他所做的事情關乎猶太人的存亡。

　　我們都很清楚，沒有末底改，就沒有王后以斯帖。但再將視野拉大一點來看，就會看見很多神的作為在其中。換句話說，在整個拯救猶太族的過程中，雖然看似都是靠人在做，但實際上都有神在後面推動。

　　舉個例，你覺得到底是誰擊敗了惡人哈曼呢？

　　(1) 是亞哈隨魯王下的命令？

(2) 是以斯帖勇敢求告於王？

(3) 是末底改一步一步在提醒以斯帖？

(4) 是神在後面及人的心中動工？

答案是，以上皆有，而這也是神完成祂旨意的方法——即使我們還不明白神的整體計畫，但只需要做好自己負責的那一部分，就可以在一件遠超過我們想像的大事當中，找到自己的貢獻。

因此也要鼓勵當代的信徒們，我們常常內心受感動而為神做事情的時候，不需要求告神先啟示我們整體的計畫是什麼，我們只是整體計畫的一小部分，只要忠心做好每一件小事，神自然會把所有的事情串起來，終至成就神國度的大事。

【沉思錄】

Q： 試著參考斯帖面臨關鍵時刻的工作扭轉力，以及面對定義時刻的生命扭轉力，找出自己在面對相似情況時的成敗結果及其原因？

Q： 你是否認同傳福音最好的方式是「不知道自己在傳福音」？並且比較傳福音用「言傳」與「身傳」的方法，那種更難？更有效果？

Q： 試著以「神是整體事件的推動者」為題來分享以斯帖記，並以同樣題目做個人的見證。

Q： 末底改說：「猶太人必然能夠從別處得到拯救」，試著思考這句話的真實性，你覺得末底改的心中真的有備案嗎？

Q： 但以理、尼希米、以斯帖都是在外邦、沒受過「神學訓練」的職場人士，卻能在世俗世界中為神成就大事，讓神在異地倍受尊榮。若有人強調：榮耀神的「地點」是在教會，最好的「善工」是專業的神職人員，對此你的看法和作法會是什麼？

第十四章

教會創建者
彼得

　　繼十三位舊約聖經偉人的介紹之後，本文開始講到了新約，會引用到的新約書卷主要是「四福音書」跟「使徒行傳」。

　　新約總計 27 卷，除了這 5 卷是歷史書以外，其他的都是書信，我們就沒去多談。正如同舊約十三位人物也是從舊約歷史書、大小先知書、摩西五經當中選出，詩歌智慧書我們就談得比較少。

　　新約的四福音書：馬太福音、馬可福音、路加福音、約翰福音，皆按照作者的名字命名。但有趣的是，在整卷福音書裡面，作者都沒有明說自己是誰，只在書中留下線索，暗示作者是誰；用意是希望讀者專注的是耶穌，而非作者。

四福音書是為了見證耶穌

　　耶穌從來沒有寫過一本書，福音書都不是耶穌寫的，而是弟子為了見證耶穌才問世的內容；有點像報紙一樣，當有一件新鮮或重大的事情發生，報紙就會把它寫出來，讓大家知道這件事是怎麼一回事。四福音的觀點差異及定位，可從表 14.1 中一覽無遺。

　　馬可福音的成書地點是在羅馬。彼得在保羅之後抵達羅馬，因為不會講希臘話，就由年輕的馬可擔任翻譯。當時的教會希望將彼得的講道保存下來，便請馬可將彼得傳講耶穌的內容寫成拉丁文，第一部福音書於焉誕生。

　　每卷福音書描述耶穌的層面都不一樣，因為大家看的角度都不一樣。彼得的個性比較魯直，對於耶穌說的比喻和訓詞沒什麼興趣，而是著重耶穌是神的僕人這個事實，以及生平做了

表14.1 從四福音書看耶穌的四個層面

	馬可福音	馬太福音	路加福音	約翰福音
耶穌事蹟	生平作為所作的事	所説的話、講道、訓詞	所説的話比喻連貫	什麼樣的人全人(100%)全神(100%)
耶穌的定位	神的僕人	猶太人的王	世界救主	神的兒子
耶穌的家譜	30歲開始	始自亞伯拉罕	始自亞當	始自起初，太初
耶穌身世來源	親眼所見	從「父親」約瑟	自母親馬利亞	神的啟示
讀者定位	外邦初信者	猶太初信者	外邦信徒	猶太信徒
著成日期	西元50年	西元55年	西元60年	西元90年
著作地點	羅馬	耶路撒冷	該撒利亞	以弗所

哪些事情。因此馬可福音既沒有交代耶穌的生平、亦無家譜，是從彼得遇到耶穌之後的事情開始寫。

馬太福音則是根據馬可福音的時間序來寫的。馬太對猶太教很熟悉，撰寫福音書時，特別注意耶穌講了哪些道，以及其內涵為何，猶太人讀來特別容易接受。

馬太福音著重的另一要點是，強調耶穌是猶太人的王，所以寫家譜時是從亞伯拉罕開始寫的，對於耶穌年幼的蒐集，是從訪問耶穌的「父親」約瑟那邊得知，整卷書比馬可福音晚五年問世。由於馬太一直在耶路撒冷教會中，沒有到外地宣教過，所以寫書地點是在耶路撒冷。

圖14.2 福音書記載的耶穌生平故事

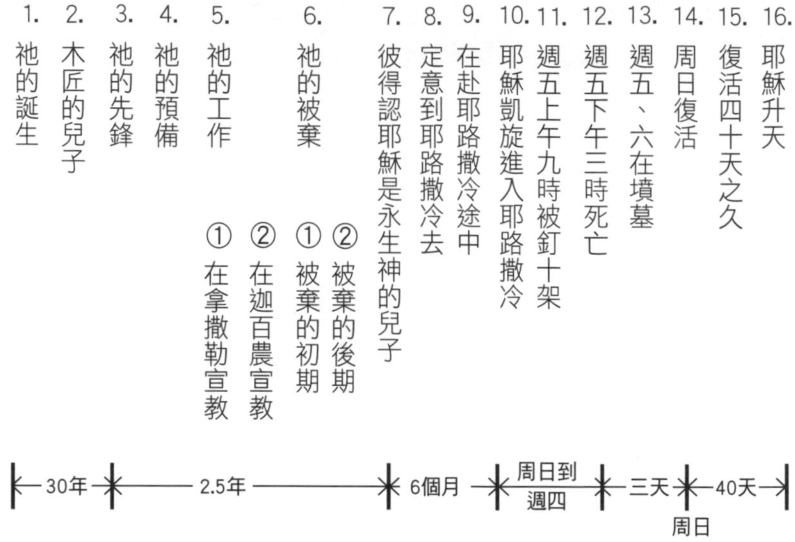

1. 祂的誕生
2. 木匠的兒子
3. 祂的先鋒
4. 祂的預備
5. 祂的工作
   ① 在拿撒勒宣教
   ② 在迦百農宣教
6. 祂的被棄
   ① 被棄的初期
   ② 被棄的後期
7. 彼得認耶穌是永生神的兒子
8. 定意到耶路撒冷去
9. 在赴耶路撒冷途中
10. 耶穌凱旋進入耶路撒冷
11. 週五上午九時被釘十架
12. 週五下午三時死亡
13. 週五、六在墳墓
14. 周日復活
15. 復活四十天之久
16. 耶穌升天

├─30年─┼──2.5年───────┼─6個月─┼─周日到週四─┼─三天─┼─40天─┤
　　　　　　　　　　　　　　　　　　周日

　　四福音書的歷史 —— 也就是耶穌在世的整個時間架構 —— 是彼得在馬可福音訂出來的。透過圖14.2可見，耶穌的生平故事分成十六個階段，前三十年的耶穌是一個木匠之子，至於為什麼是在三十歲才開始傳福音？主要是舊約規定三十歲才能當祭司（民數記第四章）。

　　是故，圖14.2的第五段才開始提及耶穌的福音工作。起初，耶穌是在北方宣教，除了家鄉的人不相信他之外，前兩年半在北方都很受歡迎。但耶穌很守律法，一有節慶就到南方去，也因此在耶路撒冷聖殿與法利賽人、文士、祭司，展開一連串的辯論。

　　就歷史脈絡來看，南方人和北方人確實不怎麼合。主要原因是，北方的支派不服大衛，自波斯回歸以後，多數的猶太人

也都住在耶路撒冷一帶。

　　北方的猶太人不僅沉迷拜偶像，又與外邦人通婚，血脈不
純正，被區分稱為撒瑪利亞人，也因此南方的猶太人看不起北
方的猶太人。

　　耶穌雖然是在南方的伯利恆出生，卻是在北方長大，一開
始出來傳福音時，大家還覺得很新鮮，但到了耶路撒冷，大家
就開始在辯論耶穌到底是誰？而且猶太人認定彌賽亞應該是
君王出身，怎麼會是耶穌這種出身平凡又到處流浪的木匠之子
呢？於是引發了很大的反彈聲浪，耶穌在南方的被棄，也是
意料中的事。

耶穌的開路先鋒——施洗約翰

　　在此之前，神也替耶穌準備了先鋒，就是施洗約翰。所以
耶穌傳福音時做的第一事情，就是從加利利來到約旦河，接
受約翰的施洗。聖經記載，當時施洗約翰曾對耶穌說「你比我
大，我怎麼可以幫你施洗？」耶穌的回應則是說「按照律法他
必須要做這件事」，約翰便聽命照做。

　　耶穌受了洗，隨即從水裡上來。天忽然為他開了，他就看
見神的靈彷彿鴿子降下，落在他身上；從天上有聲音說：「這
是我的愛子，我所喜悅的。」（太 3:16-17）

　　耶穌出來傳道後，雖然跟施洗約翰一樣是對大家說：「天
國近了，你們應當悔改。」但不同於約翰是用水給人施洗，耶

穌是用聖靈和火。

　　而早在耶穌出來傳道前，施洗約翰就已經在猶太人中間引發轟動。因為已經有長達四百多年，神都沒有對猶太人說話，加上當時又被外族奴役，猶太人很希望有一個彌賽亞來拯救他們，也因此一度誤以為施洗約翰就是以賽亞書中說的「彌賽亞」，便爭相前來接受施洗。

　　對此，施洗約翰也澄清，說：「我是用水給你們施洗，叫你們悔改。但那在我以後來的，能力比我更大，我就是給他提鞋也不配。他要用聖靈與火給你們施洗。」（太 3:11）

　　而且在施洗約翰當時的想法中，雖然也自己曾說過：「看哪！神的羔羊，背負世人罪孽的。」（約 1:29）但骨子裡還是用以賽亞書提及「彌賽亞君王」般的政治領袖來看待耶穌，希望他能帶領猶太人脫離羅馬人的桎梏，建立一個強如大衛王時代的以色列國。

　　換句話說，即使施洗約翰知道耶穌是神的兒子，卻不知他是先以僕人身份來到世上的這個真相，以至於對耶穌有錯誤期待。這一點，從他被希律王關進牢裡時，曾經希冀能夠得到耶穌的拯救，便可窺見。而也因為耶穌未如其所願，約翰不禁懷疑起自己早先的預言，還打發門徒去問耶穌說：「那將要來的是你嗎？還是我們等候別人呢？」（太 11:3）

　　接著我們就看到，耶穌的回應是：「凡不因我跌倒的，就有福了！」（太 11:6）意思是要告訴施洗約翰及當時的猶太人，不了解我第一次來到世上是僕人身份的人，沒關係，只要你沒有因誤解我的身份，而對我失望，那麼你就有福了。

　　至於為什麼耶穌又在馬太福音第 11 章 11 節說：「我實

在告訴你們，凡婦人所生的，沒有一個興起來大過施洗約翰的」，意思是指，像摩西和但以理先知都比約翰小，因為他不僅是耶穌福音工作的開路先鋒，還負責為耶穌施洗，所以福氣大過於在他先前的那些聖經人物和信徒。

「然而，天國裡最小的比他還大」則是在說，雖然舊約裡的先知、祭司、君王，以及所有一切敬拜神的人，皆在將來的新天新地中有份，但即使是說此預言的以賽亞，他都不了解耶穌具備雙重身份的奧秘。所以耶穌才說，他們在地上的這段時期，福氣遠不如我們這些在新約中的信徒，因為在新約中，我們藉著信靠耶穌，都是神的兒女，在認識神的同時便已明白神國奧秘。

而如同所有的電影或電視劇一般，舉凡真正的主角登場之後，原先的配角就要消失，施洗約翰的下場也是如此。身為舊約時代裡面的人，同時也是舊約與新約銜接橋樑的他，在耶穌開始出來傳福音沒多久，就因為指責希律王娶了自己兄弟妻子的不當而下獄，爾後被斬。

馬可、馬太福音書特色及作者背景

■馬可福音

馬可福音，就實質上來說又可稱之為彼得福音，因為是馬可根據彼得在羅馬教會講道的內容所構成。

出身耶路撒冷的馬可，家世顯赫，擁有猶太名、拉丁名及希臘名，本身雖是猶太人，卻跟羅馬政府關係良好。之所以有機會擔任彼得在羅馬講道的翻譯，是因為表哥巴拿巴是初代教

會中的四大基督徒領袖之一，他也因此成為得力助手。馬可在羅馬認識路加，所以馬可和路加這兩本福音的關係非常密切。

雖然整卷馬可福音都沒有提到馬可的名字，其內容敘述，仍可見馬可身影。在第 14 章 12-15 節記載，門徒問耶穌要去哪裡預備逾越節的宴席，耶穌回答說可去一個主人家的客房作預備，那個主人就是馬可的父親。

另外，第 14 章 51-52 節提及：「有一個少年人，赤身披著一塊麻布，跟隨耶穌，眾人就捉拿他。他卻丟了麻布，赤身逃走了。」這個少年人指的可能是馬可。

馬可福音的特色跟主述者彼得很有關係。比方說，彼得個性莽撞衝動，常常管不住自己的嘴巴。馬可忠實呈現此一講道風格，因此我們會看到，有關「隨即」、「立刻」等字眼出現達 41 次之多，也讓馬可福音成為四福音書當中，最生動逼真且振奮人心的一卷書。

也因彼得對於耶穌所行的「神蹟」很感興趣，講道大多以此為主，馬可記載的神蹟奇事亦比其他福音書多，共 18 件。至於耶穌說的「比喻」，馬可福音中僅僅 4 件，相較於馬太福音的 18 件，以及路加福音的 19 件，顯見彼得對於神蹟的關注遠大於比喻。比起耶穌的「言論」，彼得也更加熱愛闡述耶穌的「作為」，讓馬可福音猶如一卷耶穌的行動福音。

再來就是，因著彼得悔改後的謙卑使然，我們在馬可福音中看得到「撒旦，退到我後面去吧！」（可 8:33）這樣的話，卻不見「你是彼得，我要把我的教會建造在這磐石上」（太 16:18）的陳述；馬可福音亦只記載彼得三次不認主，未述及他如何重拾信心，可見這時期的彼得已經變得謙卑，講述跟耶

穌互動的事情時，總是坦承自身弱點，避而不談做對的事情，
免得高舉自己。

透過馬可福音的呈現，我們看到的是什麼樣的耶穌呢？

上述提過，馬可福音定位耶穌是「神的僕人」，而且不同
於其他三卷福音書，馬可福音是唯一記錄到，耶穌在剛出來的
前兩年半，是如何在行神蹟的同時又低調隱藏自己的身份（可
1:44、可 3:12、可 5:43、可 8:26、可 9:30），原因很可能是，
祂第一次來是以受苦的僕人身份，而非彌賽亞君王的身份。

馬可福音也獨特記載了，耶穌在家鄉不被尊重時，如何自
我設限（可 6:4-6）。這亦表明，當人的不信而導致神得不到榮
耀，神寧可選擇不動工。也就是說，即使神在任何情況下都能
行使神蹟，卻選擇只在「信」的人身上動工，藉此榮神益人。

至於耶穌的死，四福音書作者的作法則為一致，皆用了超
過三分之一的篇幅來記載。總歸耶穌的被處死，可以從兩大層
面來理解：

(1) **神性層面**：自稱為神 → 褻瀆神的罪名 → 觸犯猶太教
律法 → 必須被處死

(2) **人性層面**：自稱為猶太人的王 → 叛國罪 → 觸犯羅馬
律法 → 必須被處死

■**馬太福音**

繼馬可福音問世約莫五年後，由耶穌門徒馬太（原為稅吏）
所撰述的馬太福音也正式誕生。

可能有人會好奇，為什麼在聖經當中，馬太福音會編排
在新約四大福音書的最前面？主要是因為馬太福音更貼近舊

約，引用到的舊約經文比較多，直接和間接引用的地方，合計高達 150 處。

馬太福音也被視為是猶太味最濃厚的一卷福音書。不僅因馬太是猶太人，其內容認定耶穌是猶太人的王，以及謹守猶太教分寸而不敢妄稱神的名，並且用「天國」這個字眼來指稱神的國，在在都表明了其在成書的過程中，預先設定的讀者群是猶太人。

雖然時間架構參考自馬可福音，但馬太福音的篇幅比馬可福音長得多，而且重點主要在闡述耶穌「講」了哪些訓誨世人的話，對於耶穌「做」了哪些事的記載反而比較少。馬太福音也藉此指出，其實天國很近，只要謹守耶穌的訓詞，從我們的角度來說就是活出神的道，那麼每個人都可以在世上活出天國。

但難也就難在，通往天國的道路，猶如一道窄門，唯有堅持且願意付上代價的人，方能如願抵達。因此馬太將耶穌的講道，以言（言教）行（身教）交替的方式整理成五大主題，全都跟天國有關，在此列舉如下：

(1) **天國的生活**：登山寶訓，如何在地上過著在天國的生活（太 5-7 章）

(2) **天國的使命**：如何傳揚天國（太 9-10 章）

(3) **天國的成長**：如何在天國裡長成（太 13 章）

(4) **天國的社會**：如何活在天國的社會（太 18 章）

(5) **天國的未來**：如何預備主的再來（太 24-25 章）

屢敗屢戰的教會創建者──彼得

彼得是最早跟隨耶穌的門徒之一，也是被耶穌罵最多的人，難道是彼得比較差勁嗎？其實不然。彼得個性率真又容易衝動，常常會因為對耶穌身份及使命的誤判，而不小心講錯話，需要耶穌的不斷指正。

但換個角度來說，彼得會犯錯跌倒的地方，也是所有信徒可能會犯下的缺失，只不過多數人較能隱忍，或基於順服及害怕犯錯，而不敢講出來。若不是彼得的莽撞，福音書的篇幅可能只有一半，可看性也會大幅地減少。我們得要感謝彼得，讓我們學到更多，因為有很多事情都是他引發出來的。

對比福音書裡的彼得、自然生命表現地那麼「俗」，使徒行傳中的彼得完全變了一個人，像是被聖靈改造過變成出奇的「聖」。這也激勵身為當代信徒的我們，雖然受洗之後不免會犯錯，但只要學習彼得的「屢敗屢戰」，並且懂得及時認罪悔改，仍舊有機會「從俗至聖」。

透過彼得的例子，也讓我們反思到，我們常常嘴巴上說愛耶穌，但似乎一遇到挫折就跌倒了。不然就是，當牧師引用以賽亞書第 6 章 8 節問會眾們說，當神問「我可以差遣誰去？」有誰願意跟隨時，很多會眾因著當下感動或團體的氣氛影響，常常會感動得痛哭流涕，舉手說「我願意」，等到激情過後就又回到老樣子，以至於神的工場還是缺乏工人。

這種應景式的舉手表態，其實跟早期的彼得沒兩樣，都是一種靠眼見、憑感覺而行事；而且很多時候我們也跟彼得一樣，自以為靈命不錯，可以為主站立得住，殊不知只要逼迫一

來，照樣變得膽小如鼠；更別說，很多人自稱可以為主撇下一切，卻還是私藏一堆東西，捨不得丟開，這亦與彼得無異。

為了進一步了解，彼得是如何一步步從「俗」至「聖」，至終成為耶路撒冷以至普世的「教會磐石」，接下來，我們將專注在彼得經歷的四個定義時刻。

■第一個定義時刻：彼得在工作中蒙召

路加福音第 5 章 1-11 節記載了，耶穌如何在革尼撒勒湖邊呼召彼得的過程。彼得是一個平凡的漁夫，有次整夜勞力卻一無所獲，直到在半信半疑中聽了耶穌的指示，往水深之處去撒網，才得以滿載而歸，也因此馬上認罪悔改，決定放下一切跟隨耶穌。

上述這段關於彼得蒙召的過程，一切看似發生得很自然，但實際上，若是在這過程中：

(1) 彼得沒有面臨到人的盡頭──一無所獲

(2) 沒有選擇開放自己的工作平台（船）──為神使用

(3) 沒有放下一開始對神的懷疑──整夜勞力

(4) 沒有至終跟隨內心的指引──但依從你

那麼後續的神蹟奇事也不會發生，更別說要跟隨耶穌了。

另外，我在《第一與唯一》的書中也提到過，當我們在工作上遇到困難時，不妨效法彼得，想想看他是怎麼請神進入到工作平台中？如何在神跟他對話以後願意與神合作？最後又是如何在順服中期待應許，因而經歷了神？

換言之，經歷神的三個原則非常簡單：

・ 第一個是「神的同在」──耶穌在船上

- 第二個是「與神合作」——耶穌下指令
- 第三個是「期待應許」——我就下網

　　至於彼得雖然相信並跟隨了耶穌，但在其後的生活上仍處在自然生命階段，聖經記載其表現有多麼「俗」呢？

　　小信——當彼得學耶穌在水面上行走時：「只因見風甚大，就害怕。將要沉下去，便喊著說，主阿，救我。耶穌趕緊伸手拉住他，說，你這小信的人哪，為什麼疑惑呢？」（太14:30-31）

　　衝動——當主耶穌對門徒說要被釘十字架時：「彼得就拉著他，勸他說，主阿，萬不可如此，這事必不臨到你身上。耶穌轉過來，對彼得說，撒但退我後邊去吧。你是絆我腳的。因為你不體貼神的意思，只體貼人的意思。」（太16:22-23）

　　自滿——當少年官捨不得丟下產業，憂愁離開時：「彼得就對他說『看哪，我們已經撇下所有的跟從你，將來我們要得什麼呢？』」（太19:27）

　　自信——當耶穌預告彼得不認主時：「彼得說，眾人雖然為你的緣故跌倒，我卻永不跌倒。耶穌說，我實在告訴你，今夜雞叫以先，你要三次不認我。彼得說，我就是必須和你同死，也總不能不認你。」（太26:33-35）

　　小勇——當兵丁要來逮捕耶穌時：「有跟隨耶穌的一個人（指彼得），伸手拔出刀來，將大祭司的僕人砍了一刀，削掉了他一個耳朵。耶穌對他說，收刀入鞘吧。凡動刀的，必死在刀下。」（太26:51-52）

　　害怕——當彼得三次不認耶穌時：「彼得在眾人面前卻不承認，說，我不知道你說的是什麼……彼得又不承認，並且起

誓說，我不認得那個人……彼得就發咒起誓地說，我不認得那個人。立時雞就叫了。 彼得想起耶穌所說的話，雞叫以先，你要三次不認我。他就出去痛哭。」（太 26:70-75）

■第二個定義時刻：耶穌復建彼得的信心

約翰福音第 21 章 15-19 節記載，耶穌復活之後，曾經連問彼得三次「你愛我嗎？」不知道大家有沒有注意到，每次只要得到彼得的正面回應，耶穌就會接著說「你去牧養我的羊」。

想想看，為什麼耶穌不直接開口提出這樣的請求？原因是，祂必須要先確定彼得對祂的愛，是不是已經真的從「愛情」提升到「愛心」。所謂的愛情，指的是魂與體層次的愛，也是一種**「因為……所以」**的有條件的愛，行動上看似熱切，只要一碰到困難就會退卻，如同早期的彼得「因為」怕死，「所以」三次不認主。

反觀出自於靈的愛心，因為是一種**「即使……仍然」**的無條件的愛，例如「即使」信耶穌要處死我，我「仍然」選擇用殉道來回應。這種愛的層次方能活出永恆，並且為了所愛的人犧牲自己或戰勝一切。這也就是為什麼，耶穌要確定彼得的愛是出於愛心之後，才放心將自己的羊交給祂。

■第三個定義時刻：彼得走上成聖的道路

神永世救贖人計畫的全貌，其實是分為三個階段：

——因信稱義

——因義成聖

——因主得榮耀

　　「因信稱義」階段的彼得，只是一個得救者，直到晉升到「因義成聖」的階段，才成為一個得勝者。什麼是「因義成聖」？

　　簡單來說，就是信徒願意為信仰付代價，因而持續改變生命的一個過程，因為「因信稱義」是神的作為，「因義成聖」卻是信徒的責任，所以必須付上代價。「因主得榮耀」則是得勝者在耶穌再來時，藉著身體復活進階到得冠者，以神國的職份與神同掌王權。

　　不要以為只要得救了就可以持續穩坐其上。人類自始祖亞當與夏娃犯罪受咒詛後，在物質世界和心靈世界中，就產生了一個「不進則退」的定律。也就是說，除非有外力的介入，無論是大自然界還是人的心靈，都有自然退化的傾向，隨著時間從有次序變成沒次序。

　　路加福音第 24 章 44-49 節，以及使徒行傳第 2 章 1-11 節當中皆記載到，耶穌復活後，透過聖靈充滿（屬靈的外力）開門徒們的心竅，其中也包含了彼得。靈命被聖靈改造後的彼得，開始流露出「聖」的品質：

　　——**發言人**：第一次講道就有三千人悔改（徒 2:41）

　　——**醫病者**：使生來是瘸腿的站起走路（徒 3:6-8）

　　——**有膽量**：官府長拿住他，彼得約翰說：「聽從你們，不聽從神，這在神面前合理不合理，你們自己酌量吧。」（徒 4:19）

　　——**不屈從**：使徒在公會前受審，彼得和眾使徒回答說：「順從神，不順從人，是應當的。」（徒 5:29）

　　——**行神蹟**：使瘸腿的站起來走路，使多加從死裡復

活。（徒 9:32-43）

　　——**見異象**：彼得辯白應向外邦人傳福音（徒 10 章）

　　——**不怕死**：希律王第二天就要辦彼得，他卻能安睡在兩個兵丁中間。（徒 12:6）

　　——**受規勸**：在安提阿教會裡，彼得放下身段，謙卑接受保羅當眾指責他假冒偽善，因為他怕得罪猶太人，就和外邦人分開吃飯。（加 2:11-14）

■第四個定義時刻：彼得的殉道——倒釘十字架

　　我實實在在地告訴你，你年少的時候，自己束上帶子，隨意往來，但年老的時候，你要伸出手來，別人要把你束上，帶你到不願意去的地方。耶穌說這話，是指著彼得要怎樣死榮耀神。說了這話，就對他說，你跟從我吧。（約 21:18-19）

　　耶穌呼召彼得之初，雖然早就知道會有三次不認主的事情發生，仍未因此撇棄彼得，因為耶穌同時也預見了，有一天彼得會為祂受死，只是聽聞這段經文時的彼得，或許還不明白。當時耶穌唯一在乎的事，就是上述所提，彼得對耶穌的愛是否已經提升到愛心層次？因為要牧養耶穌的羊，不能夠再感情用事，哪天要為耶穌死的時候，也不能怕死。

　　最後，彼得真的有為主殉道嗎？雖然聖經沒記載彼得曾到訪羅馬，但教會界一致公認，彼得是在羅馬暴君尼祿殘迫教會時被處死。據傳，被釘上十字架之前，他自認不配與耶穌姿態同等，自行說要倒釘十字架，壯烈成仁。

　　身為當代信徒的我們，即使信主後不免會犯罪，或是個性

莽撞率直而不小心講錯話，皆無須因此輕看自己。重要的是，
在發現自己問題之後的我們，能不能以學習彼得的屢敗屢戰為
榜樣，慢慢透過聖靈的改造，一步步從俗到聖，相信那才是神
真正看重的事。

 【沉思錄】

Q： 你是否從彼得的「俗」中，看到自己的影子？像彼得如此「俗」的人都能得救、成勝，此對你有何激勵與啟發？

Q： 你是否從彼得的「聖」中，看到自己的影子？像彼得如此「聖」的人，至終人生的出路是為主殉道，此對你有何震撼與啟發？

Q： 你可曾有「見證神」的經歷？過程中你較專注於敘述經歷神的事實，還是感覺中的想像？

Q： 試分辨「屢戰屢敗」與「屢敗屢戰」的有何不同？在人生或工作上，哪一種態度是你的寫照？

Q： 從彼得身上，你學到了哪些功課？試著整理出自己如何從「俗」到「聖」的定義時刻。

第十五章
福音拓荒者
保羅

　　如同介紹馬可福音和馬太福音時，一定要講到彼得；路加福音和使徒行傳的作者雖然都是路加，背後的促成者卻是保羅。

　　我們先來說說作者路加。身為醫生的他，出生於猶太地區以外的敘利亞的大城安提阿，他也是聖經作者當中，唯一的外邦人，因此在寫福音故事時，反而能帶進更寬廣的視野。信主之後，他成為保羅傳福音時的得力助手，以及旅行中的私人醫生。

　　路加寫兩卷書（路加福音和使徒行傳）的目的，並不單單為了傳揚耶穌這個人，更是替被羅馬政府關在牢中的保羅所寫的辯護書，上呈的對象是羅馬法庭的大人提阿非羅。

　　使徒行傳講的是宣揚基督信仰的保羅，路加福音講的則是建立信仰的耶穌，裡面寫的也全是耶穌活在世上的事情，耶穌升天以後才呼召保羅，所以保羅只有在路加所寫的使徒行傳出現。

　　兩卷書的內容雖然大不相同，但路加的訴求皆在於，強調耶穌和保羅兩人未曾違抗羅馬政府，更沒有犯法，所以不該遭受牢獄之災，希望羅馬政府可以釋放保羅。

　　路加福音約比馬太福音晚五年問世，對耶穌的定位是世界的救主、罪人的朋友，所以路加也對撒瑪利亞人、外邦人、邊緣人（痲瘋病人）、稅吏、牧羊人、娼妓、女人、窮人、罪人等，非主流人士特別感興趣。

　　但其本身既非耶穌門徒，也不曾親眼看過耶穌，關於耶穌年幼時的生平敘述，很多是從耶穌的母親馬利亞那邊取得，因為耶穌是全人類的救主，所以其家譜的寫法是從亞當開始說起。整卷路加福音的重點除了描述耶穌所做的事情，也對耶穌說的比喻特別有興趣，這些素材亦是路加運用醫生的敏銳觀察

力，對一些與耶穌互動過的人訪問得來。

而且路加的文筆好，使其在陳述耶穌說的比喻時，特別注重比喻與比喻之間的連貫性，比方說，好撒瑪利亞人的比喻；失羊、失錢、浪子的比喻；不敬虔的官、法利賽人和稅吏的比喻；不義管家，拉撒路和財主，還有兩個欠債人的比喻。當今教會在耶誕節演出的劇目，也大多是取自路加福音的內容。

外邦使徒保羅，將福音傳到地極

若稱保羅是新約聖經的中流砥柱，一點都不為過，因為新約的二十一封書信中，就有十三封是保羅寫的。書信裡頭除了述及許多基督信仰的真理，像是因信稱義和因義成聖這些重要概念。神使用保羅作為一位很重要的宣教使徒，神在安提阿教會選召了巴拿巴和保羅，到亞西亞一帶去傳道，但在此之前，他們原先的傳教對象是猶太人。而想想看，什麼地方最容易找到猶太人？當然就是猶太人的會堂。以前敬拜神都是在聖殿裡面，但聖殿被毀了之後，以斯拉就開始在外邦創辦一些猶太教的會堂。

在會堂裡面，有不信的人，也有很信猶太教的人，並且有拉比在教人舊約聖經。另外也有一批是渴慕追求真理的外邦人，他們是很好的傳教對象，也很容易照單全收，所以保羅和巴拿馬一進到會堂裡面，就開始指正猶太教哪裡講錯了，希望導正到聖經的應驗是在耶穌。

這景況有點像是公然到猶太會堂踢館，而且越辯論，外邦人就越會相信耶穌基督教導的真理，而不信猶太教。不稍多

久，保羅和巴拿馬就被猶太教信徒視為公敵，再加上猶太人的不信，兩人就遠至亞西亞（土耳其，歐洲與亞洲的交界）一帶去傳道。後來因著馬其頓呼聲，保羅第二次出去宣教的時候就進入歐洲，那邊的猶太人不多，他們一到歐洲就以外邦人為主，但次序上仍舊是以猶太人為先。（羅 1:16）

即便在歐洲，只要有猶太人會堂的地方，保羅都會進去本著信心和猶太人辯論，他們若不接受，保羅就再到外邦人中間去傳福音。也因此，他在歐洲建立了不少教會，如哥林多、帖撒羅尼迦、腓利比等，連羅馬的教會也是保羅間接建立的。

神透過保羅把基督福音遠帶到外邦人當中，一旦離開猶太教信徒這邊的是非之地，教會就可以立根下來往全世界去發展。而保羅之所以能完成這樣的使命，主要是因為神給的啟示很多。但同樣地，他為神所受的苦難也是最多，所以保羅可說是神揀選的中流砥柱。

在保羅的預先鋪路之下，現今文明世界裡面，基督信仰已經深植人心，至少歐洲和美洲、亞洲等一些地區，即使人們不一定信基督信仰，卻多少活出基督信仰帶出來的文化，進而阻止人們奔向毀滅的途徑，因此在針對外邦人的宣教工作上，保羅功不可沒。

若是我們以企業永續經營和全球布局的概念來分析，就會發現到，神在預備保羅做傳福音的事情時，也是極具遠見和策略。

在當時很多人看來，可能會認為相對於耶穌嫡系的十二個使徒，保羅根本是個空降部隊，但若從神國度的整體宣教策略來思考，保羅可以說是神精心挑選的一位跨國人才。這就如

同一家本國企業意識到要往海外開拓市場時，深知內部人才不足，而找來一位具國際視野的跨國企業管理人才。

保羅是何許人也？究竟有何特殊的素質堪當此任？我們隨後將會逐一解析。現在先來談談當時教會面臨到哪些危機，以至於神藉著十二個使徒，把耶路撒冷教會根基建立起來之後，仍要透過保羅積極將福音往外邦去傳。

　　‧**危機一：羅馬政府迫害**，因為羅馬政府擔心猶太人忠於上帝甚過忠於凱撒。

　　‧**危機二：猶太教徒的反撲**（尤以耶路撒冷為甚），因為質疑耶穌的身份。

　　‧**危機三：教會內領袖安於現狀**，因此神利用司提反事件，驅散信徒進到猶太全地和撒瑪利亞。

為什麼說神是有策略性的在進行這些事情？因為祂早已預知，猶太全地和撒瑪利亞的教會至終會被摧毀，之後回教徒也會侵占亞西亞一帶，所以才會差遣保羅在第二次宣教的時候往歐洲去建立教會，並以此做為廣傳福音的橋頭堡。

保羅的生平事蹟及扭轉五力

保羅能擔當國際宣教的重責大任，成為神眼中的跨國人才，與其出生及成長背影很有關係。

他是在主後五年出生於基利家省的首府大數，一個具有羅馬公民身份的家庭。九歲時在伽瑪列門下受教，然後在耶路撒冷成為法利賽人，成為拉比；三十歲曾經拿著大祭司所發文書迫害基督徒，後來因為在大馬色遇見復活主耶穌，才進而悔

改、受洗，並且領受異象。

如同摩西在曠野歷練四十年，讓神改變他的個性、習性，並且得到很多來自神的啟示。保羅在三十到三十三歲期間，也在亞拉伯曠野待了三年，並於第三年時，首次前往耶路撒冷15日，之後又返回家鄉大數。過了十四年（加 1:18-2:1）才受巴拿巴之邀，到敘利亞的安提阿教會參與服事。

保羅出生在猶太地之外，本身視野就比只在猶太地生活的人寬廣，加上又具有羅馬公民的身份，在國際之間遊走比較吃得開，出了事也比較好處理，所以很適合到各國去傳福音。為了神國度的整體福音布局，神也因此呼召他出來補上嫡系門徒不足之處。

當然了，當時肯定有很多比保羅學問更高的人可揀選，但為什麼神還是選擇保羅，我想重要因素之一就是他很認真地尋求真理。保羅被揀選之前就學會很多本事，以下我們就來看看保羅的扭轉五力。

■眼力：善於思考

保羅是個有學問的人，不僅學識淵博、精通古今，還了解歷史中的奧祕，而這也是他可以成為猶太教拉比的原因。神需要他來做外邦使徒，是因為原本神呼召的十二使徒不是漁夫就是稅吏，知識水平普遍不高，所以特別需要有一個像保羅這樣，受過神學訓練又具國際觀的高知識份子來擔當此一職分。

■魅力：忠於熱情

保羅是個敢愛敢恨的人，敢於視自己不認同的人為眼中

釘，且除之而後快；但只要遇到能使他心服口服的人，那麼就是拋頭顱、灑熱血，他也願意拚命投入。這就如同他以前曾對猶太教忠心盡心，但信主以後明白了真理，就轉而為基督信仰大發熱心。

同時，神也給保羅一顆熱情洋溢的心，使其熱愛旅行，又善於與人建立關係。我們看到他的魅力不僅和提摩太、提多師徒情深，西拉和路加兩人也都甘心跟從。

■動力：付諸行動

保羅是個做事有條不紊的人，不僅將教會的組織和行政效率辦得十分完備，也相當善於建立制度，為教會立下了不少規章典範，無怪乎能在短時間內建立起眾多教會。

這讓我們想到，放眼當今世代的教會領袖，或許有人具備保羅一部分的執行力，卻少有他全部或大部分的才能，所以他是神當時發展宣教運動的一個重要先驅。

■魄力：有膽有識

講到魄力，保羅更厲害了。保羅處事黑白分明、敢作敢為，早年熱心律法時，雖然既非大祭司也不是文士，卻自告奮勇在耶路撒冷逼迫基督徒，甚至連遠在大馬色的基督徒也不放過。信主後，他明白什麼才是真正事奉神的方式，於是又勇於前往耶路撒冷，與眾使徒辯論外邦人守律法的事，也勇於指責彼得險些造成猶太和外邦基督徒的隔閡，以及寫書信批評當時教會的錯誤。

■德力：敢於求真

保羅是個虔誠的猶太教徒。他曾說過：「按著律法，我是無可指責的。」這並非指保羅從來沒犯過律法，而是在說他是完全按著律法的規定去做。像他這樣的人在當時的猶太人中是少之又少，顯示其並不是個假冒偽善的法利賽人，乃是腳踏實地的律法信徒，只是一度對耶穌基督的真義有所誤解而已，所以，神看重的是真心追求真理的敬虔人。

保羅的六個定義時刻

■第一個定義時刻：受主蒙召──生命的分水嶺──外邦使徒

掃羅行路，將到大馬色，忽然從天上發光，四面照著他；他就仆倒在地，聽見有聲音對他說：掃羅！掃羅！你為什麼逼迫我？他說：主啊！你是誰？主說：我就是你所逼迫的耶穌。（徒 9:3-5）

保羅在歸入主的名下之前，原名為「掃羅」，而且因遵從猶太教律法而多次逼迫基督徒。神為呼召他，刻意選在他前往大馬色的路上，用大光照射使其暫時眼瞎，藉由製造一個「危機」的方式，讓他親身經歷神的信實，進而心服口服。

當神對掃羅揭露自己的身份之後，隨即告訴他如何解套，那就是到城裡去等候耶穌的門徒，以便從其口中得知自己接下來該做什麼事。似乎從這個時候開始，掃羅便對神展現出順服，當時他聽話起身且進了大馬色，三天不能看見也不吃不

喝，「執著堅持」地相信神必會有所行動，因而專注守望。

三天後，神差遣門徒亞拿尼亞主動去找掃羅，並且按手在他身上禱告，使其眼睛得以重見天明。掃羅受聖靈感動，認罪悔改之後領受成為「外邦使徒」的新身份，就此從掃羅改名為「保羅」，意思是微小，顯示其信主後轉而謙卑，且在主面前自認渺小。

經過三年的曠野歷練，神啟示他要去傳講福音，保羅就放下原先「拉比」光環，謙卑忠心地執行外邦使徒的命定，一直到為神殉道為止。而如同門徒亞拿尼亞當初問神的一樣，很多當代信徒讀到這裡也常會覺得不解，為什麼神完全沒追究保羅當初迫害基督徒的事情呢？

原因是，神知道保羅這麼做是出於無知，且誤以為那個方式是在事奉神，所以就沒有為此懲罰他。這便告訴我們，一個真正有心想認識神的人，即使一度走偏去拜假神，神也終會把他導正。

而這也同時說明了，為什麼神沒有揀選大祭司、文士和其他的法利賽人。神很清楚這些人的行為舉止看似虔誠，內心卻不是真的在事奉神，而是在事奉自己。

■第二個定義時刻：曠野反思──思想的分水嶺──唯獨耶穌

然而那把我從母腹裡分別出來，又施恩召我的神，既然樂意將他兒子啟示在我心裡，叫我把他傳在外邦人中，我就沒有與屬血氣的人商量，也沒有上耶路撒冷去，見那些比我先作使徒的。惟獨往亞拉伯去。後又回到大馬色。過了三年，才上耶

路撒冷去見磯法，和他同住了十五天。（加 1:15-18）

　　保羅的猶太教學得很好，也曾為猶太教大發熱心，但是當他得到神的啟示之後就開始認真思考什麼是神的福音。上述這段經文就是在解釋說，當初為什麼沒有加入耶路撒冷教會，乃是因為知道神對他有一個特別呼召，他的領受也僅有耶穌。

　　相較於保羅原先像個法利賽人，信了耶穌以後，他明白到信耶穌的重點並非在於守很多的律法或是行割禮，更無須每天在聖殿跪拜，因為這些都是宗教所講究的形式（宗教在於形），但一個人真正的得救是生命改變（信仰在於心），而且改變之後的我們，將越來越少想到有關以己為中心的人生觀，而是越來越多為神國的事情變得火熱。

　　如何做到生命改變？是在於要跟耶穌有直接親密的關係，因為生命改變是在不斷的認罪悔改中做成的，且認罪悔改的對象正是耶穌。總而言之，**熱愛耶穌 —— 耶穌的最終目的 —— 不是要信徒奉行儀式，而是與其建立個人關係，所以祂才會說，「我」就是道路、真理、生命，來到我這裡，讓你的靈魂從我裡面得到安歇，你的心從我身上得到喜悅，你的人生藉著我而有意義。**

■第三個定義時刻：第一次宣教之旅 —— 策略的分水嶺 —— 福音轉向外邦人

　　保羅和巴拿巴放膽說：神的道先講給你們原是應當的；只因你們棄絕這道，斷定自己不配得永生，我們就轉向外邦人去。因為主曾這樣吩咐我們說：我已經立你作外邦人的光，叫

你施行救恩，直到地極。（徒 13:46-47）

　　神呼召保羅展開第一次宣教，並未明確表示要他馬上（徒 9:15, 22:21, 26:19）成為外邦使徒，所以一開始，保羅和巴拿巴到會堂去傳講神的道，也是鎖定猶太人。但因為猶太人的心剛硬，加上他們看到許多外邦人跑來聽，擠滿了會堂，心裡很不是滋味，就當眾毀謗和反駁保羅講的道，保羅便自此明白，原來神是要他去傳福音給外邦人。

　　當時對抗保羅的猶太人主要分為兩類，一類是信猶太教的猶太人，一類信耶穌卻還在猶太律法裡的猶太人。相較之下，會堂內的外邦敬虔者，反而更容易接受耶穌是神的真理，因此宣教的分水嶺就此展開。

　　而我們也藉此來對照一下，當時跟當今的宣教策略有何不同？論人才，當時宣教都是差派最好的人出去，不像當今反而是把最好的人留在教會；論經費，當時的宣教不會事先考慮經費問題，而是差派出去的宣教士，要一邊工作一邊傳道，也就是所謂的職場宣教，當今卻大多是要先籌足經費才動身。

　　當時的會堂裡聚集了四種人：不信者、信猶太教的猶太人、信耶穌卻仍強調謹守猶太律法的猶太人、外邦的敬虔者。其中的「不信者」，其實就如同當今教會中也有一些不信的人來到，敬拜的時候不開口唱歌，牧師講道的時候就開始睡覺。最容易尊崇基督教真理的，除了虔誠的信徒本身，自然就是那些外邦追求真神的敬虔者。

■第四個定義時刻：耶路撒冷大會 ── 教義的分水嶺──因信稱義

有幾個人從猶太下來，教訓弟兄們說：你們若不按摩西的規條受割禮，不能得救。保羅、巴拿巴與他們大大的紛爭辯論；眾門徒就定規，叫保羅、巴拿巴和本會中幾個人，為所辯論的，上耶路撒冷去見使徒和長老……因為聖靈和我們定意不將別的重擔放在你們身上；惟有幾件事是不可少的，就是禁戒祭偶像的物和血，並勒死的牲畜和姦淫。這幾件你們若能自己禁戒不犯就好了。願你們平安！（徒 15:1-29）

因為保羅和巴拿巴不斷在會堂踢館，引起許多律法派的猶太人不滿，就有人從耶路撒冷教會來到，如影隨形般地出現，每到一處就唱反調，兩人與會堂的猶太人辯論未果，便決定返回耶路撒冷直接聽總部高層如何定奪。使徒行傳第 15 章提到，當時就連彼得和雅各也出來為他們兩人護航，希望大家不要為難神所揀選的外邦使徒以及外邦信徒。

幾經爭辯，最後終於做成結論，就是如上述經文所言，眾長老們表態信徒們可以擺脫律法和割禮的挾制，但務必謹慎不要做出會讓他人跌倒的事情，譬如說要「禁戒偶像的污穢和姦淫，並勒死的牲畜和血」（徒 15:20）而此言一出，也再次確立了基督信仰「因信稱義」的基要真理，避免信徒們落入「因行為稱義」的律法陷阱。

就信仰角度觀之，當時開的耶路撒冷大會，其重要性在於，不僅促使保羅在教會的領導地位更加顯明，也讓耶穌基督的教義免於淪為猶太教的一個支派、耶穌被降格成為猶太教眾

多先知中的一位，這將大大有違基督信仰的緣起脈絡及救贖內涵。

另外，保羅與猶太人的爭辯也帶出了，做敬虔事和做敬虔人的不一樣。主張做敬虔事的信徒，如同新約裡的尼哥底母，雖然貴為猶太人的官，以及猶太教的律法教師，內心卻很空虛，因為缺乏屬靈的生命。而這也對應到當今世代中的一些基督徒，看似每天過著合乎聖經規範的生活，奉行禱告、敬拜、查經、教主日學，幾乎所有基督徒該做的事情都做盡了，但可能完全與耶穌無關，因為唯獨生命沒有改變，靈命沒有增長。

■ **第五個定義時刻：第二次宣教之旅 —— 方向的分水嶺——福音西進入歐洲**

在夜間有異象現與保羅。有一個馬其頓人站著求他說：請你過到馬其頓來幫徒助我們。保羅既看見這異象，我們隨即想要往馬其頓去，以為神召我們傳福音給那裡的人聽。（使徒行傳 16:9-10）

由於聖靈禁止保羅在亞西亞講道，加上馬其頓呼聲的主動到來，保羅便往歐洲去宣教。歐洲第一個信主的女人是住在馬其頓地的呂底亞，第一個信主的男性，身份則是一位獄卒，因為這兩個人，福音就在歐洲立根下來。

在那之後，福音也開始自東往西傳。傳到歐洲以後，以大國來說，又向西跨越大西洋傳到了美國，之後也必然要傳到中國，再由中國自東向西傳到中東，最後回到耶路撒冷——而這也是繼教義的分水嶺之後，福音走向的第二個分水嶺——神的

介入，改寫了世界歷史。

如先前所言，雖然保羅從神而來的啟示很多，為神蒙受的苦難也不少。繼前兩次宣教，保羅為了再次在外邦宣教，又展開第三次的宣教旅程，這次宣教的中心是以弗所。在以弗所服事兩年後，再出發堅固其他歐洲眾教會，最後即使在以弗所眾長老痛哭勸阻下，保羅仍執意往耶路撒冷去。到耶路撒冷後在聖殿前被捕，因為是受保護的羅馬公民，而轉移到該撒利亞受審，入監兩年。在此期間路加寫了路加福音為保羅脫罪。

■第六個定義時刻：第四次宣教之旅 —— 使命的分水嶺——在羅馬宣教並殉道

進了羅馬城，保羅蒙准和一個看守他的兵另住在一處……所以你們當知道，神這救恩，如今傳給外邦人，他們也必聽受。保羅在自己所租的房子裡住了足足兩年。凡來見他的人，他全都接待，放膽傳講神國的道，將主耶穌基督的事教導人，並沒有人禁止。（徒 28:16-31）

以保羅當時的認知來說，要到世界的地極西班牙，先要經過羅馬（羅 15:28）。所以，當他一被釋放，又隨即展開第四次宣教，並因此首次在羅馬入獄，被關兩年，在獄中寫了四封監獄書信（弗、腓、西、門）同時路加也寫了使徒行傳，為在獄中的保羅辯護。

出獄後的保羅，又用了幾年的時間探訪各教會，並留提摩太於以弗所、提多於革哩底。可惜的是，相較於前幾次被捕的大難不死，保羅終究還是在尼祿王火燒羅馬城七天後，在迫害

基督徒的指令下，再次被關進羅馬獄中後，遭斬首殉道，與彼
得差不多時間為主受難。

耶穌的兩匹駿馬：彼得和保羅

　　耶穌明明有十二個門徒，為什麼我會說唯有彼得和保羅，
是耶穌廣傳福音時的兩匹駿馬呢？原因其實是根據自聖經。

　　翻開新約聖經的歷史書和那些書信內容，可以發現到，耶
穌十二個門徒跟了耶穌三年，除了猶大之外，耶穌復活後又
開了他們的心竅，也讓聖靈降在他們身上，但在福音書及使徒
行傳中鮮有他們的事蹟，在著作方面，僅有彼得和約翰留下書
信。而非嫡系的保羅，其所寫的書信十三卷比例竟占了新約中
二十一卷書信題材的三分之二；再以四福音來說，除了門徒之
一的馬太寫了一本馬太福音，以及約翰寫的約翰福音之外，馬
可福音和路加福音也都是間接由彼得和保羅催生，兩人的重要
性及影響力可見一斑。

　　神用彼得在百廢待舉中建立起耶路撒冷教會，他是教會
的領袖；又藉著保羅自安提阿教會，將福音立根於歐洲，進而
放眼全世界。若是以「羊性」和「馬性」來區分教會的基督徒
屬性，那麼很明顯地，彼得和保羅兩人皆是典型的「馬性基督
徒」。以下我們就來逐一分析，神是如何將彼得和保羅這兩匹野
馬，慢慢馴服變成了駿馬，並成為讓福音得以廣傳的歷史偉人。

■從西門到彼得

野馬時期的西門，個性率真卻也不免莽撞，經常直言不諱

得罪人，採取行動時也常常不假思索就去行了。面對一些迎面而來的鬥爭或衝突，更是一副萬夫莫敵的模樣。但矛盾的是，在「舉刀護主」之後，接著又是「否認主」，顯示他雖然一心想要表現得勇敢無懼，內心卻是極為惶恐。而馬匹特性也是這樣，一見情勢不妙，行為就變得莽撞不可理喻。

　　當初耶穌一發出呼召，他便放棄原有的生活，義無反顧地跟從耶穌。駿馬時期的彼得，延續著一開始就展示出千里馬的特性——認定伯樂就勇往直前，誓死跟隨——耶穌的十二個門徒當中，他也是首位不顧周遭眼光或認同與否，就勇敢承認耶穌是基督、永生神兒子的門徒。

　　西門成為門徒之後，耶穌就為他起了一個新名字，名叫彼得，藉此宣告彼得將要成為眾教會的磐石，但他真正活出這個呼召的時間點，是在耶穌復活之後。歷經「從俗成聖」的蛻變，彼得不僅被聖靈改造成全新的人，以前馬的一些劣根性也被磨練成羊的一些優越性，還成為群羊的牧人，謙卑地以神的智慧牧養教會，讓教會根基在新約時代得以建立起來。

　　因著神親自的牧養，彼得也不再是當年那匹只有匹夫之勇的野馬，而是打從內心真正生出了捨我其誰的勇氣。面對早年叫他害怕得否認主的那些人，彼得不僅可以無所畏懼的談經論道，在五旬節的講道也帶有恩膏和大能，當天講完道之後，一口氣就吸引幾千人加入教會。

　　而且隨著他這匹駿馬的日益成熟，神後來還差派他去牧養另一匹外邦之馬——羅馬軍官百夫長哥尼流。神知道哥尼流的心正在尋找真神，但猶太人鄙視他是外邦人，不願將福音傳給他，神為此差派彼得主動趨前協助，事後也勇敢地爭辯他傳福

音給外邦人的行動是出於主的啟示，自此促進了福音廣傳到外邦的運動，充份地表現出駿馬的特質。

■從掃羅到保羅

　　野馬時期的保羅，原名為掃羅，是個有羅馬公民身份的猶太人，既是法利賽人也是拉比，因個性激進又嫉惡如仇，在不明白基督教真理時，曾拿著大祭司所發的文書迫害基督徒。

　　面對這匹十足的野馬，神是如何馴服他變成駿馬，並且擁有一顆牧者的心腸呢？第一步就是透過「暫時性失明」，讓保羅不得不慢下來，恢復光明後，又利用他待在亞拉伯曠野三年的時間，賜下異象和啟示；在敘利亞的基利家事奉神的時間，與神建立關系，最終成了一位愛神又愛人的領袖。

　　立功——保羅藉著四次宣教旅程建立並堅固教會，後來還將福音傳到歐洲，最後在羅馬為主殉道，培養西拉、路加、提摩太、提多等接班人，不辱使命。

　　立言——新約有 21 卷書是書信體裁，出自保羅的就占了 13 卷，其中 9 卷是寫給教會、4 卷是寫給個人。其所提出的三位一體論、因信稱義論、愛的真諦論、教會論、末世論等等，皆對後世影響甚大。

　　立德——保羅曾經為了神，三次入獄，且為了達成將福音傳到地極的使命，過程中擔重擔、受勞苦，即使冒死也仍不屈不撓。保羅若非有馬性不怕爭戰的性格，根本無法擔當這些事情。

　　個性堅毅的同時，保羅的心也變得更加柔軟。其書信中，不僅頻頻關切教會及信徒的靈命，且流淚相勸，其生命也展現

圖15.1 耶穌—良善的牧羊人—美善的馴馬師

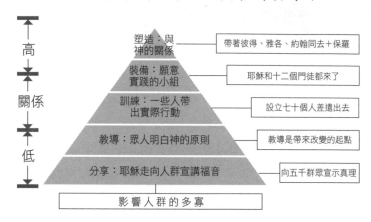

出一種視死如歸、無愧於心的態勢：

> 那美好的仗我已經打過了，當跑的路我已經跑盡了，所信
> 的道我已經守住了。從此以後，有公義的冠冕為我存留，就是
> 按著公義審判的主到了那日要賜給我的；不但賜給我，也賜給
> 凡愛慕他顯現的人。（提後 4:7-8）

從圖 15.1 可以看到，耶穌在培訓、裝備，並且激勵眾人
之後，便把他的事工交給門徒，要他們在人群中「建立他的教
會」，亦即將福音推展應用出來，並殷切期待收成。這當中，
除了大部的門徒在耶路撒冷教會內服事之外，使徒行傳兩位主
角彼得及保羅，是耶穌特別親自馴服的兩匹駿馬。他們也在接
受塑造之後，效法耶穌奮勇在社區及人們工作的職場做宣教，
繼而建立教會。

圖15.2 傳統宣教與職場宣教的異同及互補

傳統宣教	職場宣教
● 以信仰的角度切入 ● 傳福音 ● 做門徒訓練 ● 差派牧者、宣教士、傳道人 ● 委身教會、牧區、宣教工場 ● 牆內專注	● 從工作的角度切入 ● 傳福音 ● 做門徒訓練 ● 差派帶使命的專業人士、企業家、商人、職場牧者 ● 委身職場、國度、宣教工場 ● 牆外專注

　　因此我也希望激勵教會領袖，學習耶穌祂那兼顧牧羊人和馴馬師的模式，來積極裝備教會內的職場人士。也就是說，在牧養牆內羊群（多數會眾）的同時，也不要忽略要激勵教會內的駿馬（會眾小群），使他們專注教會四面牆之外的國度職守，在職場及社區建立眾多基督的肢體，推廣並介紹真理福音以及職場的門徒訓練，以建立起教會與社會之間的雙向通道。（請見圖15.2）

職場宣教：讓福音從牆內延伸到牆外

　　當今，牆內專注的教會，在宣教上面臨以下三大瓶頸：

(1) 如何向年輕世代傳福音？

(2) 如何關懷、幫助，以及影響社會？

(3) 如何有效地向「10/40之窗」傳福音？

　　因應之道無他，唯有將教會影響力從教會的牆內，透過職場宣教延伸到牆外，方能真正觸及寬廣的福音新藍海。在神

圖15.3 職場宣教讓福音從牆內延伸到牆外

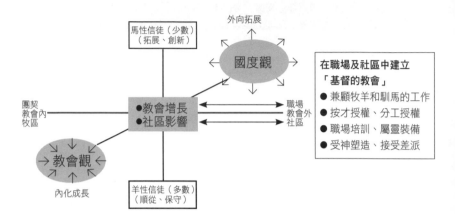

的計畫當中，福音的傳揚分為兩條觀點路線，一是牆內專注的「教會觀」，一是牆外專注的「國度觀」。相對於羊性基督徒的屬性，較適合教會的服事；馬性基督徒，則更傾向國度的事奉。（請見圖 15.3）

■教會觀：牆內的基督徒領袖

——可能偶爾出外宣教，但本質上，以專注於當地教會牆內的事工，或進行單一教會的服侍。

——祭司職分的呼召，用魅力帶對人、用動力做對事。

——管理型的人物，適合做「守成」的職份，在信徒中屬於主體。

■國度觀：牆外的基督徒領袖

——向牆外拓展新事工、在職場及社區建立基督的肢體以影響社會，或進行跨教會、跨機構、跨地域的服事。

——君王職分的呼召，用眼力鎖定方向、用魄力處應變。

——領導型的人物，適合做「拓展」的事工，在信徒中屬少數。

「羊性基督徒」的個性偏向和平冷靜、看重歸屬感，所以注重群體意識，並在參與中受益，也比較順從教會牧者的教導，是教會的忠心會友。

「馬性基督徒」的個性則較為強勢激進、願意接受挑戰，有較強的主導意識，並且具備獨當一面的開創能力，因此就算沒有擔任什麼教會領袖職務，通常也會在教會外的社區或職場扮演著舉足輕重的角色。但無論是羊性還是馬性的基督徒領袖，謙卑、誠信的德力及犧牲，順服的靈力都是一個最基本的必備條件。

企業的版圖拓展需要仰賴開創性的人才，教會也不例外，因此「國度觀基督徒」在突破教會持續增長這一塊顯得尤其重要。但放眼古今中外的教會牧長們，大家共同面對的一個難題就是，不知道該如何好好牧養教會中的少數「國度觀基督徒」，導致神國精兵一個個流失，相當可惜。

但同時我也認同，馬性的基督徒確實並不好管。他們勇於爭戰、喜歡領先推動一些事情，也很有自己的主見，在尚未被馴服為駿馬之前，常令牧者和會友們感到頭痛。再加上，他們作為職場的領袖，有些時候依靠自身的能力和經驗多過於依靠神，對付他們的自我中心和驕傲，最好的時機點就是當他們面

臨到重大生命或工作挫敗時。所以，牧者可以藉機轉化這些不怕爭戰，靠力大和腿快的馬性基督徒，成為敬畏神和盼望祂慈愛的人。(詩 147:10-11)

　　意思就是說，牧養馬性的基督徒最好的時候是在一個人走到盡頭、需要神幫助的時候。以彼得為例，如果不是三次不認主之後，又看到耶穌被釘十字架，心裡感到極度愧疚，他也不會謙卑回轉向神；保羅也是，神為什麼要他三天看不見？目的就是要讓他發現靠自己已經沒辦法了，他才會心甘情願順服於神。

　　彼得和保羅的例子也證明了，「國度觀基督徒」只要經過神的親自教導，並且經歷過一番屬靈歷練，他們向外推展福音的潛力非常驚人。

　　我無意比較「教會觀基督徒」和「國度觀基督徒」兩者誰比較好，因為在神永世計畫中，兩者都同樣重要。也不鼓勵信徒們憑自己的喜好來做選擇。真正的要點是，認知到我們每一個人都是神獨一的創造，神所喜悅的，是勇於順應秉性，還原本質地活出「唯一」命定的信徒。

　　倒是要提醒當今教會的牧長們，一方面教會的長期發展及持續增長不能只靠「教會觀基督徒」，另一方面與其害怕「國度觀基督徒」的挑戰威脅，不如以耶穌為榜樣，學習如何成為一位好的馴馬師。「人的盡頭」對牧者來說就是一個好時機，要抓住這個時候帶領他們進行生命轉化，讓神親自塑造他們成聖。但教導時切記不要用指責或貶低的方式，以免適得其反。

　　當「國度觀基督徒」從教會的搗亂者，在靈命上一步步被提升為教會牆外事工的好幫手，教會內又有一群「教會觀基督

徒」在牆內穩定固守，內外並重之下，教會必能得到大幅度增
長。

　　聖經告訴我們，神賜信徒有祭司做牧養、先知做教導、君
王做管理的職份及恩賜，所以一個健全及能夠不斷成長的教會
或機構，應該是由這三種信徒所組成並且各司其職。但實際上
我們卻看到，有些神學院及教會因為太過專注祭司的呼召，而
忽略了君王職份人才的培訓，以至於「國度觀基督徒」感覺自
己被拒於教會的主流事工之外。

　　再加上，有些教會和福音機構高舉「聖俗論」，將教會以
外的職場歸在俗的一方，以至於那些在職場表現傑出，甚至
位居領導地位的「國度觀基督徒」，反而不受到教會牧者的重
視。若是教會認為工作的目的，主要是在追求世界上的成功，
因此屬於世俗，那麼反而會讓世界上的人，將教會看作是一種
宗教律法的表徵而不願進入。

　　**其實除了罪之外，聖與俗都是屬於神，而且神也不只管教
會內的事**。教會牧者只要協助駿馬明瞭，他當前的職場影響
力，不單只是個人成就的舞臺，更是為神發展事工的重要據
點，那麼在神的掌權之下，這些駿馬便能成為職場上的牧者或
傳道人，讓教會的影響到從牆內的教會延伸到牆外的社會。

 【沉思錄】

Q: 在保羅「扭轉五力」的特質中,你自認具備哪些?

Q: 耶穌讓保羅經歷六個「定義時刻」之後,尋得真正的命定,此歷程和結果對你有何啟發?

Q: 相較於彼得猶如一個本地的學徒出身,保羅就像是學成歸來的博士生,神用不同的方式「調教」他們,讓他們在神國度的「福音企業」中,成為兩個跨世代的支柱,從中你體會到什麼「上帝企管學」?

Q: 針對本文當中提到,教會分為「教會觀基督徒」跟「國度觀基督徒」,與你的實際觀察是否符合?你自認是屬於這兩者中的哪一種?

Q: 無論你是牧者還是會友,就你所知,過往你的教會是如何看待或對待「國度觀基督徒」?你認同教會的領導層應同時兼具「優秀的牧羊人」及「卓越的馴馬師」的特質嗎?

第十六章
真理衛道者
約翰

整個新約中，我們逐篇介紹的關鍵人物，依序為彼得、保羅、約翰。在早期教會面臨三大「關鍵時刻」，這三個人物做出了不可磨滅的貢獻，因此又可被視為成就福音廣傳的三個接力棒。他們三人在同時代為主作工見證主，又彼此支援和服事不同的對象，各自先後在福音的擴張上，發揮不同的功用。

第一棒彼得：在神永世計畫的藍圖中，主後 30-44 年，耶路撒冷是教會的起源地，彼得在百廢待興及百般逼迫中，成為教會的建立者和領導者。

第二棒保羅：主後 44-68 年，使徒保羅使敘利亞的安提阿，成為國外佈道的中心，還經由四次的宣教將福音帶到歐洲，讓基督信仰得以流傳至今，所以保羅是福音及教會的推廣者。

第三棒，則是我們本文中要介紹的約翰：主後 68-100 年，使徒約翰使以弗所成為世界教會的中心，因此成為真理的護衛者。而且其用來護衛真理的重要方式之一，就是撰寫了約翰福音。

「約翰福音」可說是一本「基督論」的課本，其內容明確指出，耶穌基督是舊約所預言的彌賽亞、永生神的兒子，信靠祂的人便可得永生。出版的背景則是源自主後 70 年時，耶路撒冷遭焚毀後，門徒死的死，其他的星散各地，多人搬到以弗所居住，包含約翰在內。

以弗所頓時成為當時的教會中心，但當地教會受到希臘哲學二元論影響頗深，主張物質和屬靈兩者不能共存，加上與耶穌互動過的見證人相繼過世，關於耶穌的傳奇和謠言滿天飛，教會長老便希望約翰以「目擊見證人」的身份，把主耶穌的事

蹟記錄下來，以釐清信徒們對於耶穌究竟是何許人的困惑，約翰福音就在此背景下誕生，約翰福音的重點如下：

耶穌是道，耶穌是神

太初有道，道與神同在，道就是神。這道太初與神同在。萬物是藉著他造的；凡被造的，沒有一樣不是藉著他造的。（約 1:1-3）

耶穌來到世上之前，約翰稱祂為「道」（LOGOS）且具備三個特質：

(1) 祂是自有、永有、永恆的，而且一開始就存在，所以沒有名字。

(2) 祂是三位一體神中的一個位格，而且與神親近、有關係，因而是有生命的。

(3) 祂是神，這道就是獨一真神。

依據約翰所說「萬物是藉著他造的」的觀點，我個人有一個延伸的看見就是，宇宙的規律其實分為兩大類，我們看到的物質世界屬於次要原因（secondary cause），而看不見的靈界才是主要原因（primary cause）。

主要原因是原本就存在、不可複製，而且是絕對的，所以人類對於主要原因，只能夠知其然而不知其所以然，這就是真理屬於靈命世界，而神本身就是主要原因——神的創造，是從主要原因中，做從「無」到「有」的事情，像是神蹟奇事的發生。

次要原因，是主要原因創造出來的物質世界及其規律。次

要原因具備相對性，所以人類可發現、可解釋清楚，並複製其成果。譬如說在次要原因中，牛頓只能解釋說三大定律 what happened，卻沒有辦法解釋 why it happened，而 why 就是主要原因，所以主要原因是因，次要原因是果──人類的複製，是在次要原因裡面，做從「有」到「優」的事情。

既然世界上的一切東西都是由道所生，那麼耶穌當然也是以下所有學術的源頭：

──科學：從原子到宇宙運轉及結合的規律性

──工程：自然應用及實踐的規律性

──人文：人類情感及感受的規律性

──藝術：人類對美觀認同的規律性

──經濟：人類對供求心理認同的規律性

──醫學：人類生理及心理運作的規律性

──數學：人類邏輯思維的規律性

──農學：農作物生長的規律性

■耶穌是神的兒子──道成肉身的全神和全人

有一個人，是從神那裡差來的，名叫約翰。這人來，為要作見證，就是為光作見證，叫眾人因他可以信……這等人不是從血氣生的，不是從情慾生的，也不是從人意生的，乃是從神生的。道成了肉身，住在我們中間，充充滿滿的有恩典有真理。我們也見過他的榮光，正是父獨生子的榮光。（約 1:6-14）

約翰提筆撰寫約翰福音時，耶穌已升天六十多年。其之所以特別了解耶穌，除了因為他是耶穌的表兄弟、所召的第一批

門徒，耶穌亦對他信任有加，在十字架上斷氣前，耶穌託付母親馬利亞的對象，正是約翰。可能因為如此，相較於其他的門徒，約翰是最後過世且唯一得終老的一位。

當時，在二元論的思想下，眾人對耶穌普遍的誤解有三：

(1) **神性大過人性**——耶穌是神，只是藉著人的形式出現。

(2) **人性大過神性**——他是凡人，但靈修生活特別好，所以和上帝有完美溝通。

(3) **一半的神性和一半的人性**——他只是介於兩者之間，不可能兩者兼具。

關於耶穌的傳言和傳奇很多，而真實的耶穌究竟為何？約翰說，耶穌是神的兒子，並且道成了肉身，所以既是百分之百的全神（屬靈命），也是百分之百的全人（屬物質）。約翰還說，耶穌說過：「我就是道路、真理、生命，若不藉著我，沒有人能到父那裡去。」（約 14:6），這邊講的真理指的就是耶穌，堅信耶穌是全人全神，同時堅信是耶穌成全了因信稱義，就是得到真理，耶穌方能幫我們除罪。

易言之，耶穌若不是完全的神和完全的人，救恩（因信稱義）就無法完成。而且當我們選擇接受真理之後，還要在持續相信中（堅信），按著真理去做，如此才能得著真正的永生（因義成聖）。

約翰用來證明耶穌是「人」的方式是，在約翰福音中提及：

——耶穌哭了（情感表現）

——耶穌餓了，渴了，需要喝水（身體需要）

　　──耶穌會疲倦，驚訝（人性反應）

　　──耶穌的禱告生活（靈命需求）

　　證明耶穌是「神」的方式，則是在約翰福音中指出：

　　七位見證人：其分別為施洗約翰（約 1:34）、拿但業（約 1:49）、耶穌自稱（約 5:17）、彼得（約 6:68）、馬大（約 11:27）、多馬（約 20:28）、門徒約翰（約 20:31）。

　　七大神蹟：把水變酒（約 2:11，攸關化學跟時間）、醫治大臣之子（約 4:54，攸關空間）、醫治畢士大池瘸子（約 5:9，攸關醫學）、餵飽五千人（約 6:10，攸關物理）、行走在水面（約 6:19，攸關物理）、醫治天生瞎眼（約 9:11，攸關生理學）、拉撒路死而復活（約 11:44，攸關生理學）。

　　七個自述：耶穌說，我是 (1) 生命的糧（約 6:35）、(2) 世上的光（約 8:12）、(3) 羊圈的門（約 10:7）、(4) 好牧人（約 10:11）、(5) 復活及生命的主（約 11:25）、(6) 道路、真理、生命（約 14:6）、(7) 真葡萄樹（約 15:1）。

　　也正因為耶穌自稱如上，最後被釘十字架。

■耶穌是「因信稱義」的中心

　　彼得說：「你們各人要悔改，奉耶穌基督的名受洗，叫你們的罪得赦，就必領受所賜的聖靈。」（徒 2:38）

　　保羅說：「約翰所行的是悔改的洗，告訴百姓，當信那在他以後要來的，就是耶穌。他們聽見這話，就奉主耶穌的名受洗。保羅按手在他們頭上，聖靈便降在他們身上。他們就說方言，又說預言。」（徒 19:4-6）

　　依據上述兩段經文，可歸納出「因信稱義」的四扇門。這四扇門在我們用心靈與神的互動當中同時完成，其中包含了經歷救恩的行動跟過程，所以罪人藉著信靠耶穌基督得救的過程，稱之為「因信稱義」。

　　· 第一扇門——**認罪悔改**：人都是有罪的，認罪悔改與神和好的對象是聖父。

　　· 第二扇門——**堅信耶穌**：罪人不能見神，惟有耶穌寶血遮蓋了罪，聖父才能夠原諒我們。

　　· 第三扇門——**接受洗禮**：受洗真正的含意，是個人心裡的一個潔淨自我過程。

　　· 第四扇門——**領受聖靈**：自我潔淨後，方能領受聖靈到內心做因義成聖的工作。

■耶穌是「因義成聖」的源頭

　　神愛世人，甚至將他的獨生子賜給他們，叫一切「信」他的，不至滅亡，反得永生。（約 3:16）

　　在這句話中的「信」，在希臘文中是現在進行式，也就是說不是想要相信的人就能得永生，而是能持續相信的人方會得永生，持續相信就是「堅信」的人。如此就不難明白，這段經文並非福音。相對於「因信稱義」，是神白白給我們的恩典；「因義成聖」是要付代價，不斷地經歷前述所說的四扇門，並捨棄心中最重要的東西（如：名利地位等）。因信稱義之後，信徒必須持續追求生命的成長和改變，方能臻至「因義成聖」的境界。

關於這一點，我們從希伯來書第 11 章 6 節來看，或許會比較容易理解。「人非有『信』就不能得神的喜悅，因為到神面前來的人，必須『信』有神，且『信』祂賞賜那尋求祂的人。」

但在實際輔導一些個案時，我也發現到，有些信徒對於經文中提到的「信」似乎有所誤解，以為只要「相信」耶穌就能得賞賜，殊不知這裡所說的「信」，指的是「堅信」。

由此便說明，雖然神會因著我們選擇相信，而看顧你我的日常需求，但論到賞賜與信心之間的關係時，就必須要提升到「堅信」的層次，因此我才會說，信的真諦在於「堅信」。

堅信的人，雖然會蒙受比較多來自神的試煉，但相對也比較有機會獲得來自神的賞賜。但期待得到神的賞賜之前，仍要先符合三個條件：(1) 賞賜必定是神旨意的一部分，不是我們的私慾；(2) 賞賜必定是神國度計畫的一部分，不是人計畫的一部分；(3) 行事為人必須完全順服神的指令，不是照己意而行。

福音書中的小婦人

約翰寫了約翰福音，卻沒有留下自己的名字，只稱自己是「主所愛的那門徒」。所有使徒中主耶穌最愛的就是約翰，約翰沒有彼得那樣衝動，他是從心裡愛耶穌，耶穌說什麼他都接受，他跟隨耶穌，很少說話。所以，在其他三福音書中，很少會看到他的敘述。

主耶穌愛約翰，是因為約翰確實有很多可取的地方。雖然他沒有像馬利亞那樣地打破玉瓶，也沒有彼得那樣地鮮明。但

是他愛耶穌的心，耶穌完全能體會得到，因為他和主耶穌太親密了，對主耶穌的了解也最深刻。這也提醒我們，愛主不只是在行動上，更要在心裡面要有那愛主的感動。

主耶穌復活之後，不在墳墓裡，約翰和彼得一起跑去看，約翰卻比彼得跑得更快。約翰不但愛主耶穌，他也認識主耶穌的神性。所以，主耶穌也在拔摩海島上向約翰顯現，讓他看到了將來的異象，而寫下了啟示錄。所以約翰可以稱為新約中的但以理。

除了約翰是愛的使徒之外，福音書中也記載了三位非常愛主的婦女事蹟：

過了不多日，耶穌周遊各城各鄉傳道，宣講神國的福音。和他同去的有十二個門徒，還有被惡鬼所附，被疾病所累，已經治好的幾個婦女，內中有稱為抹大拉的馬利亞……又有希律的家宰苦撒的妻子約亞拿，並蘇撒拿，和好些別的婦女，都是用自己的財物供給耶穌和門徒。（路 8:1-3）

耶穌帶著十二個門徒到處宣教，背後卻有一個婦女組成的佈道團，在宣教沿途幫耶穌及其門徒打點生活所需，或者是奉獻金錢，藉此讓耶穌和門徒傳講神的訊息時，無後顧之憂。耶穌在世時從她們那邊得到的心裡安慰和實質幫助，有時甚至比門徒給予的還多。

可別小看這些婦女們的付出，小兵立大功，她們各個都是忠於自己的呼召，用自身的能力所及來表達出對神的愛。她們也深信，自己做在耶穌和門徒身上的事情，就是等同是親自做

在神的身上，就好比當今世代的基督徒，也常會透過在教會服事來為主做工。

■抹大拉馬利亞誓死跟從——萬人叫好不如一人跟從到底

還有些婦女遠遠的觀看；內中有抹大拉的馬利亞，又有小雅各和約西的母親馬利亞，並有撒羅米，就是耶穌在加利利的時候，跟隨他、服事他的那些人，還有同耶穌上耶路撒冷的好些婦女在那裡觀看。（可 15:40-41）

新約聖經提到很多次「馬利亞」這個名字，除了耶穌母親馬利亞之外，就屬抹大拉的馬利亞與耶穌的關係最靠近。抹大拉之所以如此感念耶穌，還出錢出力支持佈道團，原因是耶穌曾從她身上趕出七個鬼，救其一命。

自從彼得稱呼耶穌是神的兒子以後，耶穌就用六個月的時間，從北方走向耶路撒冷一路傳道，最後在當地被釘十字架。這段期間，抹大拉的馬利亞，以及一些被耶穌醫治過的婦女們都緊緊跟從，但抹大拉的馬利亞是在耶穌死後，唯一膏主的人。因此三天後，主耶穌復活的那一天早晨，不是先向祂所愛的那個門徒顯現，也不是先向祂所常帶著的那三個門徒顯現，而是先向抹大拉的馬利亞顯現。這抹大拉馬利亞有什麼過人之處的，不是她的知識或行動，乃是她那一顆尋找主的心。

從抹大拉馬利亞對耶穌的 (1) 忠心跟隨；(2) 奉獻自己的財務、時間、才幹實際供應耶穌之需；(3) 堅信耶穌復活並勇敢傳耶穌復活的事；(4) 個性是「討喜熱血、和平冷靜型」，用神的「愛心」來體會主，有「祭司」的恩賜。我們也看見了，

她已經找到自己在神國度的服事位份。

■伯大尼馬利亞死前膏主──萬人都教不如一人真被教懂

馬利亞就拿著一斤極貴的真哪噠香膏，抹耶穌的腳，又用自己頭髮去擦，屋裡就滿了膏的香氣……耶穌說：由他吧！他是為我安葬之日存留的。（約 12:3-7）

伯大尼馬利亞是第一個明白耶穌必須受死，且因信回應的人，回應方式就是用上等的香膏去膏耶穌，讓耶穌心裡很得安慰。耶穌講道時，她也隨即放下手邊的工作，選擇坐在一旁安靜聆聽。

與抹大拉的馬利亞一樣，伯大尼的馬利亞也找到了自己服事的位份，因為她 (1) 選擇上好的福分，專注於主和主的話，相信生命就會改變；(2) 體察神的心意，主動且及時地將最珍貴的獻給主；(3) 勇敢地做在主身上的美事，萬國萬代都要傳講；(4) 個性是「完美憂思、和平冷靜型」，從「真理」的角度認知神，有「先知」的屬靈恩賜。

■伯大尼馬大做事愛主──萬人造勢不如一人專注服事

他們走路的時候，耶穌進了一個村莊。有一個女人，名叫馬大，接他到自己家裡。他有一個妹子，名叫馬利亞，在耶穌腳前坐著聽他的道。馬大伺候的事多，心裡忙亂，就進前來，說：主啊，我的妹子留下我一個人伺候，你不在意嗎？請吩咐他來幫助我。耶穌回答說：馬大！馬大！你為許多的事思慮煩擾，但是不可少的只有一件；馬利亞已經選擇那上好的福

分，是不能奪去的。（路 10:38-42）

伯大尼位於耶路撒冷東南方，是耶穌在南方傳福音的中心（在北方是加利利省的迦百農），也是耶穌升上天的地方，耶穌「再來」之處則是聖城東邊的橄欖山。耶穌在耶路撒冷的最後一周是住在伯大尼，落角處正是伯大尼馬利亞、馬大，以及他們的兄弟拉撒路住的地方，因為他們經常招待耶穌。

當時，許多信徒認為耶穌是彌賽亞，不相信祂將要去死，唯有馬利亞最先相信耶穌將要為我們受死；她的姊姊馬大，則是婦女們當中最先相信耶穌是基督、是神兒子的人（約 11:27）。

馬大總是用自己可以做的方式來愛主和事奉主，因此在上述經文中，耶穌並不是批評馬大做的事工，而是在說比起馬利亞選擇上好的「靜」中服事，馬大是採取次好的「動」中服事。

馬大是如何盡心盡性盡意盡力地支援耶穌的宣教事工？(1) 具備正確的信仰：指出耶穌是神的兒子；(2) 且在耶穌讓弟弟拉撒路死後復活一事上，擁有超乎常人的信心；(3) 聖經提及馬大素來討主的喜愛，她也很愛主，願意開放家裡且勞心勞力的伺候主；(4) 個性偏向「強勢激進、討喜熱血型」，用「領導」方式事奉主，有「君王」的屬靈恩賜。馬大的例子也提醒了我們，每個人都應當按著自身的恩賜來事奉神，方可達到事半功倍之效。

最不像領袖的領袖——耶穌基督

　　最後我們一起來看看，主耶穌在這世上短暫的一生，以世界的角度來說是否有資格被稱為領袖？

　　耶穌未曾有過官職，也從未帶領過軍隊，沒有寫過一本書，也未曾出國流學。耶穌在世的前三十年，是木匠的兒子，默默無聞、毫無作為。受難的前三年，他帶領著一小群無名小卒，新約中稱他們為「沒有學問的小民」，居無定所，到處流浪。耶穌拚命地以無比的愛心在傳沒有太多人相信的福音，沒完沒了地與當時的宗教領袖辯論他的身份，沒有一點自己的時間，所做的事總是被別人打斷。

　　結果人們排擠他，還誣告他。在生活上不僅一無所有，無財、無妻、無子、無著作，披星戴月的醫治救人，還被家人及人們摒棄加誤解，門徒有的不認祂、有的出賣祂，最後被他所愛而要拯救的族人處以極刑，死在十字架上——在耶穌復活之前的一生，可說是真的失敗透了！所以要選擇耶穌這位最不像領袖的人，來當改變世界的候選人，實在太困難了！

　　但數千年後的今天我們卻看到，像耶穌這麼一個在當時眾人眼中的失敗流浪漢，其所帶領的信仰小團體，竟然廣為流傳至今，耶穌短暫的一生，卻建立起萬世無疆的神的國度，祂所興起的事工仍在擴展，而當時將祂處決的大羅馬帝國，卻早已不復見。

　　這事兒若在當年說給任何一個人聽，絕對沒有人會相信。若領袖的定義是在一定的時段，一定的範圍內展現領導力，那麼領袖中的領袖就是超越時空的影響力！現在我們就一起來

思考耶穌是如何在兩千年間改變了世界，直到今日，仍然影響著我們人活的每一個層面：

(1) **聖誕節慶**：兩千年來，不僅世人記得祂的名字，全世界也慶祝祂的生日。

(2) **歷史年代**：今日全世界的年代，是以耶穌的出生年代為準，分為主前（BC）及主後（AD）。

(3) **十架標誌**：敵人用來釘死祂的工具十字架，本是羞辱的象徵，但今天卻經常出現在教堂的屋頂上，墓碑和首飾的設計，以代表崇敬、榮耀、聖潔。成為世人最容易辨識的記號。

(4) **地圖坐標**：許多世界上大城市的名字，也讓我們很難不聯想到耶穌。像 San Francisco、San Jose、San Paul、San Antonio、Saint Petersburg 等，都是為了紀念聖方濟、聖約瑟、聖保羅、聖彼得等聖徒而用他們的名字為城市命名的，他們之所以行善是因為受到耶穌的感召而改變了生命，而且這些耶穌門徒所表現出的慷慨和愛心激勵了更多的人。

(5) **教會運動**：無可質疑地說，普世教會的建立是全世界最有影響力的運動，在教會出現之前，有哪個事工曾積極召聚每個人──不分種族、地位、語言、貧富和性別，成為一個帶來轉化的社群？

(6) **慈善組織**：耶穌生活的殖民年代，是我們今天難以想像的黑暗世界，是耶穌改變了這個世界表達「憐憫」的方式，顛覆了「弱肉強食」的固有思維：

──孤兒院：那時的人們將瘦弱、有缺陷或女性的初生嬰兒，遺棄在街道上等死，然而當時有這麼一個小團體稱為基督徒，開始收留棄嬰，孤兒院就是這樣開始的。

——醫院：在第二世紀時在歐洲有兩次大瘟疫，導致四分之一的人死亡，當時的人們會把剛發病的家人驅離，任由病人自生自滅，但這個被稱為教會的奇怪小團體的人，竟然到路邊把不認識的病人帶回去，甘冒生命的危險照顧他們。事實上，世界上第一家醫院，是在第四世紀的一位耶穌的門徒聖本篤所創立的。

(7) **人文藝術**：福音書是敘述耶穌事蹟的書，已被翻譯成兩千兩百種語言，是史上出版最多的書。而且最感人動聽的詩歌，最優美而振奮人心的繪畫及雕刻，最莊嚴宏偉的教堂建築物都是在讚嘆耶穌中，受啟發的傑作。

(8) **教育平等、男女平等**：學習是人類的天性，但自古以來只有出生貴族的男孩才有資格受正規教育，但耶穌教導跟隨他的每一個人，男女不拒有教無類。往後的教會不但承習了這優良的傳統，也經此影響到社會。

(9) **宗教自由**：耶穌曾說過：「凱撒的物歸凱撒，神的物當歸給神」。在古代宗教，理所當然是歸政府所管，但耶穌卻說不是這樣，還有另一個屬靈的國，從此立下了政教分離的政治體系。但耶穌也因為這話簽下了死刑狀。

(10) **人權宣言**：耶穌的門徒保羅也曾說過：「不分猶太人或外邦人，為奴的，或自由的，男人或女人，在基督耶穌裡都成為一體了。」耶穌這理念改變了我們對人權與人性尊嚴的看法。美國的獨立宣言中有句名言，深受耶穌這人權宣言的影響，是民主政治最核心的價值：「那是不證自明的真理，凡人生而平等，秉造物者之賜，擁諸無可轉讓之權利」。基於以上各點的理念綜合，也成就了文明的社會以及民主自由的政治體系。

　　若把當時的羅馬帝國看成是直道，而耶穌的作為是彎道，至終，耶穌這位最不像領袖的領袖卻成就了對世界不可磨滅的影響。這也正代表神的智慧及意念絕非我們所能測度和相提並論，但其在彎道上「典範轉移」的精神，卻值得當今世代的我們起而效尤──擅用拐點，活出命定中的影響力！

【沉思錄】

Q： 你自認是一個真理的衛道者嗎？

Q： 神安排了彼得、保羅、約翰在不同時期、不同地點，以接力棒的方式，解決了初代宣教史上的不同難題，你認為可從中效法的想法或作法是？

Q： 其他三福音書已經論到耶穌在世做過的「事」、說過的「話」（講道和比喻），為何約翰還要在約翰福音裡特別強調耶穌是「誰」？他的用意為何？

Q： 本文提到，耶穌若不是全人（100%的人）又是全神（100%的神），便難以建立起「基督論」（因信稱義、因義成聖、因主得榮耀），此論述對你的啟發是？

Q：「福音書中的小婦人」的論述，對你有何啟發及鼓勵？

國家圖書館出版品預行編目資料

雙職事奉：扭轉歷史的16位聖經人物 / 孔毅著. -- 初版. -- 臺北市：啟
示出版：家庭傳媒城邦分公司發行, 2019.10
面；　公分. -- (Talent系列；45)

ISBN 978-986-98128-1-8 (精裝)

1.聖經人物　2.聖經故事

241.099　　　　　　　　　　　　　　108016264

Talent系列；45

雙職事奉：扭轉歷史的16位聖經人物

作　　　者／孔毅
企畫選書人／彭之琬
責 任 編 輯／彭之琬
版　　　權／黃淑敏、翁靜如
行 銷 業 務／莊英傑、周佑潔、林秀津、王瑜
總 經 理／彭之琬
事業群總經理／黃淑貞
發 行 人／何飛鵬
法 律 顧 問／元禾法律事務所 王子文律師
出　　　版／啟示出版
　　　　　　台北市南港區昆陽街16號4樓
　　　　　　電話：(02) 25007008　傳真：(02)25007579
　　　　　　E-mail:bwp.service@cite.com.tw
發　　　行／英屬蓋曼群島商家庭傳媒股份有限公司城邦分公司
　　　　　　台北市南港區昆陽街16號5樓
　　　　　　書虫客服服務專線：02-25007718；25007719
　　　　　　服務時間：週一至週五上午09:30-12:00；下午13:30-17:00
　　　　　　24小時傳真專線：02-25001990；25001991
　　　　　　劃撥帳號：19863813；戶名：書虫股份有限公司
　　　　　　讀者服務信箱：service@readingclub.com.tw
　　　　　　城邦讀書花園：www.cite.com.tw
香港發行所／城邦（香港）出版集團
　　　　　　香港九龍土瓜灣土瓜灣道86號順聯工業大廈6樓A室 E-mail: hkcite@biznetvigator.com
　　　　　　電話：(852) 25086231　傳真：(852) 25789337
馬新發行所／城邦（馬新）出版集團【Cite (M) Sdn Bhd】
　　　　　　41, Jalan Radin Anum, Bandar Baru Sri Petaling, 57000 Kuala Lumpur, Malaysia.
　　　　　　電話：(603) 90578822　傳真：(603) 90576622
　　　　　　Email: cite@cite.com.my

封 面 設 計／李東記
排　　　版／極翔企業有限公司
印　　　刷／韋懋實業有限公司

■ 2019 年 10 月 8 日初版　　　　　　　　　　Printed in Taiwan
■ 2024 年 3 月 12 日初版 5.5 刷
定價 420 元

城邦讀書花園
www.cite.com.tw

104　台北市民生東路二段141號2樓

英屬蓋曼群島商家庭傳媒股份有限公司城邦分公司　收

- -

請沿虛線對摺，謝謝！

書號：1MB045　　書名：雙職事奉

讀者回函卡

感謝您購買我們出版的書籍！請費心填寫此回函卡，我們將不定期寄上城邦集團最新的出版訊息。

姓名：＿＿＿＿＿＿＿＿＿＿＿＿＿＿＿＿＿＿＿ 性別：□男 □女

生日：西元＿＿＿＿＿＿年＿＿＿＿＿＿月＿＿＿＿＿＿日

地址：＿＿＿＿＿＿＿＿＿＿＿＿＿＿＿＿＿＿＿＿＿

聯絡電話：＿＿＿＿＿＿＿＿＿＿ 傳真：＿＿＿＿＿＿＿＿

E-mail：

學歷：□ 1. 小學 □ 2. 國中 □ 3. 高中 □ 4. 大學 □ 5. 研究所以上

職業：□ 1. 學生 □ 2. 軍公教 □ 3. 服務 □ 4. 金融 □ 5. 製造 □ 6. 資訊
　　　□ 7. 傳播 □ 8. 自由業 □ 9. 農漁牧 □ 10. 家管 □ 11. 退休
　　　□ 12. 其他＿＿＿＿＿＿＿＿＿＿＿＿＿＿＿＿＿＿＿＿＿

您從何種方式得知本書消息？
　　　□ 1. 書店 □ 2. 網路 □ 3. 報紙 □ 4. 雜誌 □ 5. 廣播 □ 6. 電視
　　　□ 7. 親友推薦 □ 8. 其他＿＿＿＿＿＿＿＿＿＿＿＿＿＿＿＿

您通常以何種方式購書？
　　　□ 1. 書店 □ 2. 網路 □ 3. 傳真訂購 □ 4. 郵局劃撥 □ 5. 其他＿＿＿＿

您喜歡閱讀那些類別的書籍？
　　　□ 1. 財經商業 □ 2. 自然科學 □ 3. 歷史 □ 4. 法律 □ 5. 文學
　　　□ 6. 休閒旅遊 □ 7. 小說 □ 8. 人物傳記 □ 9. 生活、勵志 □ 10. 其他

對我們的建議：＿＿＿＿＿＿＿＿＿＿＿＿＿＿＿＿＿＿＿＿＿
＿＿＿＿＿＿＿＿＿＿＿＿＿＿＿＿＿＿＿＿＿＿＿＿＿＿＿＿
＿＿＿＿＿＿＿＿＿＿＿＿＿＿＿＿＿＿＿＿＿＿＿＿＿＿＿＿

贏在扭轉力

關鍵時刻，發揮與眾不同的變商（XQ），
成為變局中的贏家

孔毅 著
定價360元

在快速變動的時代中，除了IQ、EQ，更需要的是應變能力XQ，
因為，你無法贏在起點，而是必須贏在拐點。

遇到決定性時刻時，你如何引領人生的方向？

不同的人生階段會有不同的挑戰，不同的處理方式帶來不同的結果，這一生所行是否為上行之旅、可以不斷地朝目標和理想前進，正取決於面對重要挑戰的結果。因此，「如何處理關鍵時刻」的淬練，就成了人生重要的功課。無論是職場問題、家庭問題、社會問題或者是心靈問題，在關鍵時刻，我們該怎樣認識人生的轉捩點，該如何引領自己的人生？面對關鍵時刻，需要什麼樣的能力？

此外，二十一世紀正式進入後資訊時代，環境變化速度快得令人目不暇給。在此之前，成功者多數贏在起點，憑恃的是學歷、經驗、年資、知識、證照；今日，想在職場上出人頭地，不僅得重視IQ、EQ，還得重視XQ（變商，即面對未知的應變能力）；唯有練就過人的XQ才能擁有扭轉局勢的能力，唯有兼具IQ、EQ、XQ，才能在職場上站穩腳跟、出類拔萃。

在關鍵時刻要反敗為勝、在快速變動時能扭轉逆境、解決困難，需要的就是本書揭櫫的扭轉力（torsion force）——即眼力、魅力、動力、魄力、德力。

這五力就像一個人，眼力代表著一個人的頭腦，任何時候要先想清楚然後再去做。魅力和動力好比是人的雙手，魅力的重點是帶好人，動力的重點是做對事。魄力則猶如雙腳，是調整應變所有事件的重心。德力代表心，指引著人良心上的平安。當這五力得到良好的發展時，就好比一個人平衡發展、身心健全；這種健全讓人面對關鍵時刻能夠臨危不亂。

期許本書能陪伴讀者在面對決定性時刻、或是需要扭轉的情境、或遇到不如意狀況時，在靜中決定自己的人生，然後有魄力去改變，有確定方向的眼力，有足夠的魅力在解決問題的過程中激勵自己和他人，也有足夠的動力取得最佳結果，而且能夠在做所有這一切時，都能因為德力而擁有內心深處的平安，使人生的每個關鍵時刻，都成為上行的臺階、活出與眾不同！

第一與唯一
跨國總裁的16堂人生課

孔毅 著
定價360元

在工作中活出你的真實身分

從職場到信仰，從道理到真理，從生活到生命，
你需要智慧的橋樑。

本書的出版，是作者數十年生命經驗的集結，亦是回應天命、實踐生命意義的體現。這些年，透過「職場課程」、「人生講座」、「一對一輔導」，作者更加瞭解人們對幸福的渴求和滿足程度，是人生是否過得圓滿的重要衡量標準。幸福是一種「感受」，取決於我們的基本需求是否得到恰當的滿足，這基本需求是神內建在我們靈魂體裡，可分為四大方向：
◆情感需求（emotional needs）　　◆智識需求（intellectual needs）
◆身心需求（physical needs）　　◆靈命需求（spiritual needs）

其次，幸福也是一種「心理狀態」，在個人的心理層面，幸福就是關於我們的：
1. 將成為什麼（becoming somebody）──你能接納自己，內心有平安嗎？
2. 在做什麼（doing something）──你超越自己正在做的事嗎？
3. 擁有什麼（having something）──你能提供所需，善待自己？
4. 你是什麼（being somebody）──你知道自己是誰，找回真正的自己嗎？

能接納自己，滿足了情感需求，我們才有機會建構健全的人格；能超越自己，讓自己的智識需求充分發揮，我們就可以成就一番事業；能善待自己，讓身心需求得到撫慰，我們就可以有健康的身心；能找回自己，就是讓生命找到歸屬，這是滿足靈命需求的重要關鍵。
本書從個人關切的「在做什麼」、「擁有為什麼」（「第一」的命題）和「將成為什麼」、「你是什麼」（「唯一」的命題）這兩個方向，探討如何滿足我們的四大基本需求，成就有意義而且是卓越的人生；只有在完善的唯一中我們方能就令人欣喜的第一。